악에서 벗어나기

Escape from Evil

Escape from Evil

어니스트 베커 지음 | 강우성 옮김

악에서 벗어나기

P 필로소픽

프로이트의 제자 중 가장 진귀한 재능을 지닌 사상가로
세상에 알려질 오토 랑크를 추모하며

의심할 여지 없이 건강한 정신이 철학적 교리에 부적합한 까닭은,
그 정신이 적극적으로 해명하길 거부하는
사악한 사실들이 현실의 진정한 일부이기 때문이다.
그 사실들은 결국 삶의 의미에 이르는 최상의 열쇠,
나아가 어쩌면 우리가 진리의 가장 깊은 차원에 눈뜨도록 해줄
유일한 개방자일지 모른다.

— 윌리엄 제임스[1]

더 나은 것을 위한 길이 있다면,
최악을 직시하는 시선에 놓여 있을 터.

— 토머스 하디

왜, 우리 현존재의 짧은 순간을 월계수처럼
다른 모든 초록빛보다 좀 더 짙은 빛깔로,
나뭇잎 가장자리마다 (바람의 미소처럼)
작은 물결들을 지니고서 보낼 수 있다면,
왜, 인간이어야만 하는가, 그리고 운명을 피하면서도
운명을 그리워해야 하는가? …
오, 행복 때문은,
다가오는 상실이 줄 성급한 이득이 존재하기 때문은 아니다.
호기심 때문도, 마음을 단련하기 위함도 아니며,
월계수에도 있을 그런 호기심 때문도…
오히려 이곳에 있음이 소중하고, 찰나의 이승이
희한하게도 우리를 원하며 염려하기 때문이다. 가장 찰나적인 우리를.
모든 존재는 한 번, 한 번뿐. 단 한 번이자 더 이상은 없는.
그리고 우리 역시 한 번뿐. 더 이상은 없다. 그러나 한 번 있었음은,
비록 단 한 번뿐이지만, 이 지상에 있었음은
돌이킬 수 없어 보인다.

그래서 우리는 스스로를 몰아세워 그것을 얻으려 하고,
그것을 투박한 손 안에 담으려 하며,
넘치는 눈길과 먹먹한 가슴 속에 간직하려 한다.
그것이 되고자 한다. 누구에게 주려고? 아니,
모든 걸 영원히 간직하고자… 하지만 다른 영역으로 향하며,
허나, 무엇을 가지고 갈 수 있나? 여기서 그토록 더디게 배운
바라보는 힘도 아니고, 여기서 벌어진 어떤 일도 아니다.
아무것도.

— 라이너 마리아 릴케, 《두이노의 비가》의 〈제9비가〉

차례

책머리에

죽음을 앞두고 어니스트 베커는 자신의 유작인 이 책의 원래 원고를 출판하지 말고, 책상 서랍 속에 미공개로 남겨두라고 부탁했다. 더 이상 신과 거래할 힘이 남아 있지 않다는 이유였다. 이 책이 어니스트의 과학적이자 문학적인 경력의 성대한 마감이 되리라 믿는 로버트 윌러스와 나는 (처음에는 불경한 짓이 아닌가 하는 약간의 고뇌가 없지 않았지만) 출판을 하기로 단단히 마음먹었다. 시간이 더 남아 있었더라면 글쓴이 자신도 본인의 인생 역작으로 여겼던 이 책을 출판했으리라는 것을 알았기 때문이다. 다른 곳에 이미 실린 몇몇 대목은 빠졌지만, 편집과 의례적인 출판 작업을 빼면 이 책은 전부 어니스트의 몫이다.

— 마리 베커

머리말

이 책은《죽음의 부정》의 후속편이다. 그 책에서 시작된, 인간에 관한 과학적이고 비극적인 관점을 종합하는 작업을 마무리하고 있다. 나는《죽음의 부정》에서 인간이 죽음에 대한 본래적이고 포괄적인 두려움으로 인해, 문화적으로 표준화된 영웅 시스템과 상징을 통해 죽음을 넘어서려는 시도를 한다고 주장했다. 이 책에서는 필멸성을 부정하고 영웅적인 자기 이미지를 얻으려는 인간의 자연적이고 불가피한 충동이 인간악의 뿌리 깊은 연원임을 보여주고자 노력한다. 이 책은 또한 내가 오토 랑크Otto Rank의 작업과 씨름한 최종 결과이며, 그의 작업이 일반적 인간과학에서 갖는 의의를 풀어보려는 시도이다. 물론 가장 바람직하게는 두 책을 나란히 읽어야만 한다. 그래야만 저자 자신이 품은 (혹은 품고 있다고 상상하는) 통합적이고 전반적인 그림이 주어지기 때문이다. 그러나 각각의 책은 그 자체로 오롯하며, 다른 책 없이도 읽을 수 있다.

전에 쓴 글들에서 나는 인간과학의 종합이라고 할 만한 논의를 펼쳐보려고 노력했다. 이제야 알게 된 그 글들의 주된 약점 중 하나는 밑바탕이 되는 뼈대 개념과 연관이 있다. 나는 전체를 아우르는

"자존감 유지의 원칙" 하나만으로도 충분하다고 판단했다. 그러나 5장에서 곧 알게 될 터이지만, 그 원칙은 너무 추상적이고, 몸통이 없었으며, 구체적이고 확고한 동기의 형태를 띤 보편적이고 설득력 있는 내용을 포함하지 못했다. 이러한 동기들을 나는 랑크의 작업에서 찾았는데, 그는 삶과 죽음에 대한 두려움이라는 인간 행위의 근본적 역학을 역설했고, 문화적으로 형성된 영웅주의를 통해 이 두려움을 초월하려는 인간의 충동을 강조했다.

지금까지 내 저술들은 정말로 사악한 인간 행위에 관해 충분히 다루지 못했다. 이는 내가 내내 사로잡혀왔던 딜레마이고, 인간과학의 계몽주의 전통을 고수하려고 노력해온 다른 많은 사람도 똑같이 처한 곤경이다. 인간에 관한 경험적 데이터를 어떻게 해석할 것인가. 다시 말해 역사를 통틀어서 인간이 얼마나 끔찍하게 파괴적인 생명체였는지, 그러면서도 여전히 작위적이거나 냉소적이지 않은 과학을 보유하고 있는지 증명하는 데이터를 어떻게 해석할 것인가. 만일 인간이 겉보기만큼 사악하다면, 그 인간이 선량한 삶에 이르도록 행동을 강하게 통제하거나 아니면 인간과학이라는 희망을 통째로 포기해야만 할 터이다. 이런 식으로 대안들이 나타났다. 이는 분명 엄청난 문제이다. 즉 인간은 그 자신의 동기의 많은 부분에서 진정 악을 불러일으키는 **존재**이지만, 이를 넘어서 건전하고 재생력을 지닌 행동의 가능성으로 향해갈 수 있음을, 관료적 과학과 절망을 넘어 어떤 형태로든 제3의 대안을 품을 수 있음을 증명하는 문제이다.

내 생애 처음으로 인간을 정면으로 바라보면서, 내가 그러한 제3의 대안의 가능성을 열어두는 데 성공했는지는 다른 사람이 판단할 몫이다. 이 책을 쓰는 과정에서 나는 "머리말"에서 말하고 싶은 바를 적은 쪽지 무더기를 한데 모았다. 내 생각이 크게 바뀐 문제, 내 관점을 여전히 유지하고 있는 문제 등등이 담긴 편린들이었다. 하지만 이 모든 것이 군더더기일 수도 있다. 관심이 있는 연구가는 마음만 먹으면 누구든 내 실수와 횡설수설을, 이른바 한 과학자의 생애를 특징짓는 개인적 성장과 깨달음의 피할 수 없는 기록을 쉽사리 찾아낼 수 있을 터이다. 비록 나는 많은 사안에서 내 생각을 바꾸었지만, 이런 변화에도 불구하고 내 딴에는 계몽주의의 근본 전제를 그대로 간직하고 있다고 말하고 싶다. 나는 우리가 이 전제를 버리고서 과학자로 활동하기는 힘들다고 생각한다. 달리 말하자면, 우리의 운명을 어떤 식으로든 통제하는 일을 방해하고 우리 자손을 위해 세상을 더 건전한 곳으로 만들지 못하게 하는 그 무엇도 인간이나 자연 안에 존재하지 않는다고 믿는다. 이는 내가 한때 생각했던 것보다 분명 훨씬 더 힘든 일이며, 하나의 도박에 더 가깝다. 하지만 그렇기에 우리의 헌신적 노력을 강화하고, 우리의 상상력을 진정으로 북돋아야 할 것이다. 많은 인간이 게으르거나 잘난 체해왔고, 나머지 인간은 지나치게 낙관적이고 단순했다. 세상의 현실에 직면하여, 우리는 더 나은 과학자가 되어야만 한다. 희망을 배제하지 않는 비관주의와 희망이 없는 냉소주의는 분명 다르다. 그러므로 나는 이 책에 담긴 많은 사유가 상대적으로 어둡다는 점에 대해 굳이 변명하지는 않을 것이다. 내게는 이 책이 노골적으로 경험적이다. 10여 년이 넘게 인간 본성의 어두운 면모를 인정하는 데 저항해온 나로서는, 이러한 사유가 내 타고난 기질, 즉 내가 자연스럽게 친숙함을 느끼는 상태의 단순한 반영이라고 생각하지 않는다. 또한 불안한 우리 시대가 끼친 단순한 영향 때문도 아니다. 왜냐하면 이 비관론은 많은 성향과 여러 시대를 망라하는 위대한 인물들이 집대성한 사유이기 때문이며, 따라서 내 생각에는 우리가 인간이라고 부르는 생명체의 보편적 상황을 객관적으로 반영한다고 말할 수 있다.

끝으로, 두말할 나위도 없이 이는 한 인물이 두 장의 표지 사이에 넣으려고 애쓰기에는 방대한 기획이다. 내가 성공하지 못했을 수도 있다는 사실, 모든 것을 짜 맞추려고 과욕을 부려서 책을 너무나 옹색하게 만들었을 수도 있다는 사실을 나는 뼈저리게 느끼고 있다. 대부분의 다른 작업에서처럼, 이 책도 내 능력을 한참 벗어난 지점까지 나아가게 되었고, 어쩌면 현란한 몸짓만 부렸다는 평판을 영원히 얻게 될지도 모른다. 하지만 시대는 여전히 나를 압박하고 숨돌릴 틈을 주지 않는다. 그래서 내게는 이 야심 찬 종합의 시도를 피할 방도가 없다. 축적된 사유를 어떤 식으로든 거머쥘 것인가, 아니면 계속 무기력하게 타성에 젖어 풍요 속에서 굶주릴 것인가. 그래서 나는 과학을 등에 업고 글을 쓴다. 하지만 이 도박은 내게 매우 중차대하고 피할 수 없다.

이 연구는 사이먼 프레이저 대학 총장 명의의 연구 지원금을 받았다.

1972년 밴쿠버에서

어니스트 베커

인간 조건: 욕구와 재능 사이에서

인간의 본모습, 즉 그 인간이 어떤 존재였는지, 무엇을 이루려고 했는지, 그리고 결국 이 모든 게 무엇을 위한 일이었는지 '드러낼' 수 있는 가장 간단한 방법은 무엇일까? 이제까지 나는 수년 동안 이 문제와 씨름해왔다. 즉 복잡한 문제들을 좀 더 선명하게 드러내고, 가면과 거추장스러운 것들을 걷어내며, 인간에 관한 정말로 기본적인 문제, 즉 무엇이 인간을 진짜로 추동하는지 이해하기 위해 애써왔다. 이제야 나는 한편에는 인간의 피조물성(욕구appetite)이 있고, 다른 한편에는 인간만의 재능ingenuity이 있으며, 둘을 분명히 구분해야 함을 알게 되었다.

인간은 동물이다. 라이오넬 타이거, 로빈 폭스, 콘라트 로렌츠의 학문, 즉 **동물행동학**이라고 부르는 현대 학문 체계의 결론은 기본적인 인간 조건에 관해 상기시켜준다. 바로 인간은 다른 무엇보다도 태양 빛을 받으며 지구 행성 위를 돌아다니는 동물이라는 것이다. 인간의 다른 모든 특징은 여기에 기반을 둔다. 이 동물행동학자들은 우리가 이런 동물적 본성으로부터 출발하지 않으면, 결코 인간을 이해하지 못할 것이라고 주장한다. 이 점은 정말로 근본적이다.

이 지구 행성에 관해 우리가 알고 있는 유일하게 **확실한** 사실은 이곳이 기어 다니는 생명체, 유기체적 생명체의 무대라는 점이다. 그리고 적어도 우리는 유기체란 무엇이며, 그것이 무엇을 도모하는지를 알고 있다.

가장 기초적인 차원에서 인간 유기체는 기어 다니는 생명체와 마찬가지로 입, 소화기관, 항문, 몸체를 지켜주는 피부, 그리고 음식물을 얻는 데 필요한 부속기관을 지니고 있다. 모든 유기체의 삶에서 생존은 먹고살기 위한 끊임없는 투쟁이다. 즉 다른 어떤 유기체든 자기 입에 들어갈 수 있으면 질식하지 않을 정도로 식도로 밀어 넣어 흡수하려는 투쟁이다. 이렇게 적나라한 용어들로 표현하면, 이 지구 행성에서의 삶은 피비린내 나는 광경이자 과학소설 속 악몽이다. 즉 한쪽 끝에서는 이빨이 달린 소화기관을 통해 가능한 한 많은 살코기를 물어뜯으려 하고, 반대쪽 끝에서는 더 많은 살점을 찾아 어슬렁거리는 동안 김이 나는 찌꺼기 배설물이 쌓인다. 내 생각에 이 점은 왜 공룡 시대가 우리를 묘하게 매혹시키는지 설명해준다. 그 시대는 거대한 몸집의 배우들이 벌이는 하나의 전설적 음식 잔치이며, 이 공룡들은 유기생명체가 무엇에 진심을 다하는지 에누리 없이 보여주기 때문이다. 민감한 사람들은 이 지구 행성에서 벌어지는 날것의 생명 드라마에 충격을 받았다. 다윈이 당대의 사람들에게 그토록 충격을 주었던 (그리고 여전히 우리를 성가시게 하는) 이유 중 하나는, 이런 뼈가 으스러지고 유혈이 낭자하는 드라마를 가감 없이 불가피한 과정으로서 그려냈기 때문이다. 이렇듯 유기체들이 서로 잡아먹지 않으면, 생명도 지속될 수 없다. 만일 각각의 인간이 삶의 마지막에 이르러 자신이 살아남기 위해 흡수했던 모든 유기체가 살아 있는 광경을 마주하게 된다면, 그 사람은 자신이 섭취했던 살아 있는 에너지를 보며 끔찍하다고 느낄 터이다. 미식가뿐만 아니라 평범한 개인의 눈앞에도 수백 마리의 닭, 어리거나 다 큰 양의 무리, 소규모의 황소 무리, 돼지가 꽉 찬 우리, 수많은 물고기로 가득할 것이다. 그들이 내는 소음만으로도 귀가 먹먹할 터이다. 엘리아스 카네티의 말로 풀어보자면, 각 유기체는 시체가 널린 들판 위로 고개를 쳐든 채, 햇빛을 보고 웃음 지으며 인생은 살 만하다고 외친다.

다른 유기체를 씹어 먹는 즐거움 너머에는, 그저 생존을 지속하고 있다는 포근한 만족감이 존재한다. 즉 지속적으로 육체적 자극을 경험하고, 자신의 내부 맥박과 근육계의 움직임을 느끼며, 신경계가 전달하는 쾌감에 기뻐한다. 유기체가 일단 포만감을 느끼면, 이는 모든 것을 상쇄하는 광적인 임무가 되어 어떤 대가를 치르더라도 삶에 집착하게 된다. 그런데 인간의 경우 그 대가는 치명적일 수 있다. 이러한 에로스, 즉 끈질긴 생존에 대한 절대적 전념은 모든 유기체에 보편적이며 지구상에 존재하는 생명체의 본질이다. 그리고 이 본질에 압도되기 때문에, 우리는 그것을 자기보존을 위한 본능이라고 부른다. 인류학자 아서 호카트Arthur Hocart의 말처럼, 인간에게 이 유기체적 열망은 인간 사회의 보편적 야망인 "번성prosperity"에 대한 추구라는 형식을 띤다. 이제 번성이란 한마디로 고차원적 유기체의 기능이 유지될 것이라는 뜻이고, 따라서 이에 거스르는 그 무엇이든 방지되어야 한다. 다시 말해 인간에게 욕구

충족에 대한 추구는 의식적인 활동이 되었다. 인간은 자신이 음식을 원한다는 사실을 **알고 있으며**, 만일 음식을 구하지 못하거나 구한다고 해도 병이 들어서 그 혜택을 누리지 못할 경우 어떤 일이 벌어질지 **알고 있는** 유기체이다. 인간이 자신에게 번성이 필요함을 인식하는 동물이라면, 그 인간은 지속적인 번성을 거스르는 모든 것이 나쁘다는 점을 아는 동물이기도 하다. 따라서 우리는 어떻게 인간이 질병과 죽음을 인간의 유기체적 조건의 두 가지 주요한 병폐라고 보편적으로 식별하게 되었는지 알게 된다. 질병은 살아 있는 동안 번성의 기쁨을 분쇄하며, 죽음은 번성을 냉혹하게 중단시킨다.

절멸: 무의미의 공포

이를 통해 우리는 인간 조건의 독특한 역설에 이른다. 즉 인간은 여느 동물이나 원시 유기체와 마찬가지로 존속하기를 바란다. 인간은 소비하고, 에너지를 변환하며, 지속적인 경험을 누리고자 하는 동일한 열망에 이끌린다. 하지만 인간은 다른 어떤 동물도 지니지 못한 부담을 짊어지는 저주에 걸린다. 즉 인간은 자신의 종말이 불가피하며, 자신의 욕구가 사멸하리라는 사실을 알고 있는 것이다.

영원한 번성 외에 아무것도 원치 않기에, 인간은 애초부터 죽음이라는 전망과 함께 살아갈 수 없다. 내가《죽음의 부정》에서 주장했듯이, 인간은 자신의 궁극적 종말에 대한 두려움을 잠재우기 위해, 나아가 더 시급한 관심사인 무한한 지속의 약속을 마련하기 위해, 낡지도 쇠락하지도 않는 문화적 상징을 세웠다. 인간의 문화는 자연이 인간에게 부여한 것보다 더 오래 지속되고 더 강력한 대체-유기체alter-organism를 선사한다. 예컨대 이슬람교도의 천국은 인간 유기체가 진심으로 희망할 수 있는 그 무엇, 대체-유기체가 누리길 바라는 그 무엇을 보여주는 아마도 가장 직접적이고 자의식 없는 전망일 것이다.

내가 말하려는 바는, 인간이 문화를 통해 춤추는 여자로 가득한 향기로운 천국에서 양고기를 배불리 먹는 것 같은 단순한 (혹은 순진한) 전망을 통해서만이 아니라, 훨씬 더 복합적이고 상징적인 방식으로도 죽음을 초월한다는 얘기이다. 인간은 자기 욕구의 지속적인 충족을 통해서뿐만 아니라, 특히 자기 삶의 의미, 즉 자신에게 들어맞는 모종의 더 거대한 구도scheme를 찾음으로써 죽음을 초월한다. 즉 인간은 자신이 신의 섭리를 완수했다거나, 조상과 가족에게 의무를 다했다고, 혹은 인류를 풍요롭게 만드는 일을 성취했다고 믿을 수 있다. 육신의 엄연한 한계를 마주한 인간은 이런 식으로 자기 삶의 확장된 의미를 확보한다. "불멸의 자아"는 매우 정신적인 형태를 띨 수 있으며, 이 정신성은 배고픔과 두려움의 단순한 반영이 아니다. 이는 살려는 의지의 표현이자, 생물체가 의미를 찾고 지구 행성에 자취를 남기려는 불타는 욕망이다. 왜냐하면 인간은 이 지구 위에서 살았고, 등장했으며, 분투했고, 고통받다가, 삶을 마감했기 때문이다.[1]

죽음을 앞둔 톨스토이가 진짜로 경험한 것은 자기 삶의 의미에 관한 불안감이었다. 그는 《고백록》에서 이렇게 회한한다.

> 내 모든 인생의 파국은 무엇이 될까? (…) 나를 기다리고 있는 불가피한 죽음이 파괴하지 못하는 내 삶의 의미는 과연 무엇일까?[2]

이것이야말로 죽음을 마주한 인류의 오래된 딜레마이다. 죽음이라는 사태의 의미야말로 지고의 중요성을 갖는다. 인간이 진짜로 두려워하는 것은 절멸이 아니라, **무의미한** 소멸이다. 인간은 자신의 삶이 어떤 식으로든 의미가 있었는지, 자기 자신에게가 아니라면 적어도 세상의 더 큰 구도에서는 자기 삶이 하나의 자취를, 의미 있는 족적을 남겼는지 알고 싶어 한다. 한때 살아 있던 어떤 존재가 의미를 갖기 위해서는, 그가 남긴 영향이 어떤 형태로든 영원히 살아 있어야만 한다. 또는 만약 잰걸음으로 지구에 머물다 간 인간 삶의 '최종' 합산('최후의 심판')이 있다면, 자기 삶이 남긴 자취가 그 합산에 포함되어서 그가 누구였고 그가 행한 일이 얼마나 의미 있었는지 기록으로 남아야 할 것이다.

우리는 유기체의 자기 영속화, 즉 종교가 인간에게 가장 특징적인 기본 동기임을 알 수 있다. 랑크가 지적했듯, 모든 종교는 그 가장 밑바닥에서 "자연적 죽음에 대한 두려움보다는 (…) 궁극적 파멸에 대한 두려움으로부터" 발원한다.[3] 그러나 순전히 종교적이든 아니든 상관없이, 이런저런 형태로 죽음의 초월을 체현하는 것은 문화 자체다. 인간을 탐구하는 연구가라면 이 점에 대한 분명한 인식이 매우 중요하다. 즉 문화는 그 자체로 신성하다. 왜냐하면 **문화**는 어떤 식으로든 그 구성원의 영속화를 보장하는 '종교'이기 때문이다. 오랫동안 사회 연구자들은 사회적 삶을 '성聖'과 '속俗'의 대렵이라는 측면에서 사유하길 즐겼다. 그러나 이러한 형태의 단순한 이분법에 대해 꾸준히 불만이 제기되었는데, 그 이유는 인간의 상징적 사안들에서는 실제로 성과 속이 기본적으로 구분되지 않기 때문이다. 인간은 상징을 갖는 순간, 문화를 통해 인위적으로 만들어진 자기 초월도 갖게 된다. 모든 문화적인 것은 제작된 것이며, 물질적 자연에 의해 주어진 의미가 아니라 정신에 의해 부여된 의미를 갖는다. 이런 측면에서 보면 문화는 "초자연적"이며,[4] 모든 문화의 체계화는 결국 동일한 목표를 갖는다. 문화는 인간을 자연 너머로 길러내며, 인간에게 온 우주에서 자신의 삶이 한갓 물질적 사물이 갖는 의미보다 어떤 식으로든 더 중요하다는 사실을 확증해준다.

이제 우리는 이 짤막한 서문의 요점에 이르러, 이 글이 어디를 향해왔는지 알 수 있다. 독자는 필시 이미 문제점을 발견하고, 내심 필멸성의 상징적 부정은 피와 살로 이루어진 유기체를 위한 한 조각의 상상에 불과하다고 이의를 제기했을 것이다. 또한 인간이 악을 피하고 자신의 영원한 번성을 확보하려고 애쓴다면, 그 사람은 여태껏 과학적으로 전혀 증명되지 않은 환상을 살고 있는 것이라고 반박했을 것이다. 이에 대해 나는 환상이 해롭지만 않다면 괜찮다고 덧붙이고자 한다. 사실 문화를 통한 자기 초월은 인간에게 죽음의 문제에 대해 손쉽고 직접적인 해결책을 주지 않는다. (내가 이전 책에서 주장했듯) 죽음의 공포는 문화적 억압 아래서도 여전히 우르릉대고 있다.[5] 인간의 성취는 죽음의 두려움을 문화적 영속성이라는 더 높은 차원으로 옮겨 놓은 일이다. 그런데 바로 이 승리로 인해 상서롭지 못한 새로운 문제가 야기된다. 인간은 이제 소중한 삶을 위해서 자신이 살아가는 사회의 자기 초월적 의미를 고수해야만 하기에, 자신에게 모종의 무한한 지속을 보장하는 불멸성의 상징에 의지해야만 하기에, 새로운 종류의 불안정과 불안이 생겨난다. 그리고 바로 이 불안은 인간사에 넘쳐나게 된다. 인간은 악을 피하기 위해 노력하는 과정에서, 유기체가 그저 자신의 소화기관을 단련하기만 하면 감당할 수 있던 것보다 더 많은 악을 세상에 들여온 책임이 있다. 동물적 본성이 아니라 인간의 재능이 바로 동료 생명체에게 그토록 모진 지상의 운명을 부여했다. 이것이 이 책의 핵심 주장이며, 이어지는 장에서 나는 이 일이 정확히 어떻게 벌어졌는지, 인간의 불가능한 희망과 욕망이 어떻게 세상에 악을 축적해왔는지 보여주고자 한다.

1장

원시 세계:
실용 기술로서의 제의

제의의 목적은 충만한 삶을 보장하고 악에서 벗어나는 것이다.

— 아서 호카트[1]

인간이 원시사회에서 무엇을 도모하려고 했는지 실제로 전혀 알지 못한 채로도, 우리는 수년 동안 인류학(심지어 최상의 인류학)을 읽을 수 있다. 인류학에는 너무나 많은 사실과 너무나 많은 낯선 풍습이 담겨 있고, 아주 복잡하고 틀을 벗어나는 장면이 제시되기에 어디에도 중심이라고 할 만한 것이 없는 듯하며, 따라서 그 현상을 개념적으로 파악하기가 힘들다. 레비스트로스의 두툼한 통찰조차도, **왜** 원시인이 그렇게 복잡하고 기발한 지적 작업을 수행했는지 실제로 알려주지는 못한다. 내가 읽은 사람 중 원시 세계에 관한 포괄적인 관점을 제공했던 유일한 인류학자는 바로 호카트였다. 분명 요한 하위징아의 《호모 루덴스》도 그에 필적할 만하지만, 호카트야말로 방대한 인류학적 데이터와 세부 사실을 통해 문제의 핵심을 파고들었다.

이미 언급했듯이 호카트는 번성의 성취, 즉 행복한 삶이 인간의 보편적인 야망이라고 보았다. 이러한 열망을 충족하기 위해 인간만이 가장 강력한 개념을 창조할 수 있었고, 이를 통해 인간은 영웅이 되는 동시에 철저한 비극도 맞게 되었다. 이는 바로 제의의 발명과 실행인데, 제의는 다른 무엇보다도 행복한 삶을 촉진하고 악을 피하는 기술이다. '제의란 **생명을 부여하는 기술**이다'라는 문구에 너무 집착하지는 말자. 이 문제는 결정적으로 중요한데, 왜냐하면 장구한 선사시대 내내 인류는 자신이 **삶을 통제**할 수 있다고 상상했기 때문이다! 우리는 삶을 주술이나 주문 혹은 마법으로 통제할 수 없다고 믿기 때문에, 이 관념을 비웃는다. 그러나 호카트가 경고하듯, 이 기술의 효용성을 우리가 믿지 않는다고 해서, 이러한 제의가 인류의 삶에서 차지했던 결정적인 위치를 간과할 이유는 없다.[2]

사실 원시인은 자신이 생명을 하나의 사물에서 다른 사물로 이전할 수 있다고 상상했다. 예컨대 적의 머리통에 들어 있는 영혼 권력*을 취할 수 있으며, 적절한 춤과 노래를 통해 그 생명을 이전 소유자로부터 새로운 소유자로 옮길 수 있다고 생각했다. 혹은 오스트레일리아 원주민의 저 유명한 토템적 번식 의례에서 보듯, 원시인은 동물이 탄생하는 동작을 모방함으로써 현실에서 캥거루, 에뮤, 애벌레의 수를 늘릴 수 있다고 생각했다. 이 기술은 아주 정확해서,

* [옮긴이] spirit-power. 영혼이 지닌 현실을 움직이는 힘을 가리킨다.

원주민은 그 캥거루가 회색이 아닌 갈색이라고 색깔을 지정할 수도 있었다. 또 이 기술의 목표가 일반적이고 광범위할 때도 있어서, 온 우주와 태양 그리고 지구 전체를 개조할 수도 있다. 마지막으로 제의는 곰이나 얌yam 혹은 온 우주의 생명을 만들어낼 수 있을 뿐만 아니라, 개별 영혼도 생성할 수 있다. 이것이 바로 '통과의례' 의식의 의미로서, 탄생, 성숙, 결혼, 그리고 죽음의 순간에 행해진다. 제의를 통해 상징적으로 죽고 다시 태어남으로써, 개인은 존재의 새로운 차원으로 고양되었다. 삶은 우리가 알고 있듯 탄생이라는 영零의 상태에서 죽음이라는 또 다른 영의 상태로 돌아가는 곡선이 아니었다. 원시인에게 탄생은 영의 상태지만, 매우 흔하게 죽음은 영혼이 초인적인 힘과 무한한 지속성으로 나아가는 최후의 승격으로 간주되었다.

이 사안에 관해서는 분명 더 이상 언급할 필요가 없다고 믿는다. 대부분의 독자에게 이런 내용의 문헌은 익숙할 터이지만, 어떤 경우라도 호카트, 미르체아 엘리아데, 헨리 프랑크포르트, 제인 해리슨이나 이들에 버금가는 권위자의 흥미진진한 글에서 세부 사항을 읽는 경험을 대체할 수는 없다. 내가 강조하려는 요점은 아주 간단하고 명확하다. 인간은 제의 기술을 통해 물질세계를 확고하게 통제한다고 믿었으며, 동시에 자신을 초자연적 존재로 만들어서 육체적 쇠락과 죽음을 넘어서게 하는 자기만의 비가시적 프로젝트를 꾀함으로써 바로 그 세계를 초월한다고 생각했다. 제의의 세계에는 어떠한 우연도 존재하지 않는다. 잘 알다시피 우연은 삶을 가장 위태롭고 의미 없게 만드는 것이기 때문이다. 빼어난 미모의 한 소녀가 단지 산길에서 발을 헛디뎠다는 이유로 처참하게 죽는 경우를 생각하면, 우리는 허탈한 마음이 들 터이다. 만일 삶이 이렇게 우연에 좌우된다면, 삶에는 대단한 의미가 없을 것이다. 그렇지만 우리가 살아 있고 생명체가 이렇게나 경이로운데, 어떻게 그럴 수 있을까? 원시인은 자연에 대한 자신의 통제력이 꽤 완벽하다고 생각함으로써, 그리고 어떤 경우든 누군가가 그런 일이 생기길 바라지 않는 이상 아무 일도 벌어지지 않는다고 상상함으로써 이 문제에 대처한다. 따라서 누군가 산길에서 발을 헛디딘다면, 이는 모종의 강력한 죽은 영혼이 삶을 시기하거나 어떤 마녀가 은밀하게 그 사람을 해치려는 의식을 거행하기 때문이다.[3]

내 판단에 인류 역사는 거대한 두 시기로 나뉜다. 첫 번째 시기는 태곳적부터 대체로 르네상스 혹은 계몽주의 시대까지 존속했으며, 자연에 대한 제의적 관점으로 특징지어진다. 두 번째 시기는 근대 기계시대의 개화, 그리고 과학적 방법 및 세계관의 지배와 함께 시작되었다. 두 시기 모두에서 인간은 삶과 죽음을 통제하길 원했지만, 첫 번째 시기에는 이를 행하기 위해 비非기계적인 기술에 의존해야 했다. 정말이지 제의는 산업사회 이전의 **제조 기술**이다. 호카트가 지적하듯, 그 기술은 반드시 새로운 사물을 만들어내진 않지만 생명력을 이전하고 자연을 개조한다. 하지만 우리는 어떻게 기계장치 없는 제조 기술을 가질 수 있을까? 다름 아니라 제의용 제단을 세우고, 그 제단을 생명력의 이전과 재생을 위한 장소로 삼음으로써 그럴 수 있다.

> [세상에] 실재하는 기계장치가 고장 났을 때 분해하고 수리해서 다시 조립할 수 없기에, [제의 주관자는] (…) [제의의] 제물을 통해 그 형태를 조각낸 뒤 재구성한다.[4]

제단이 한 사람의 몸(기계장치)을 상징한다면, 그 제단이 얼마나 정교하게 구성되는가에 따라 그 몸은 제대로 혹은 잘못 작동할 것이다. 호카트가 덧붙이듯, 그리고 레비스트로스가 최근에 최종적으로 주장하듯, 그 시대에 우리 자신의 정신과 다르게 구성된 정신이 존재했다고 상정할 필요는 없다. 인간은 무엇이든 고안해내서 자연을 통제하며, 원시인은 제의용 제단과 이를 작동시킬 마술적 장치를 발명했다. 근대의 기계공이 자기 도구를 소지하듯이, 원시인은 용의주도하게 주술을 전용하고 제단을 다시 세운다.

우리는 그것에 효력이 있다고 믿지 않기 때문에 이를 마법이라 부르며, 반면 우리의 기술에는 효과가 있다고 믿기 때문에 과학적이라고 말한다. 나는 마치 원시 주술이 우리의 과학만큼 자연에 대한 통제에 효과적이라는 양 주장하려는 게 아니다. 현대에 우리가 모종의 낯설고 불편한 깨달음과 함께 살아가기 시작했다는 얘기다. 제의를 통해 생명을 만들어내는 원시적 방식은 우주를 실제로 통제하지는 못했지만, 적어도 삶을 파괴하는 어떤 위험도 결코 초래하지 않았다. 우리는 삶을 어느 한도까지, 즉 우리가 그 삶을 파괴하게 되는 듯한 지점까지 통제한다. 게다가 자연을 기계적으로 통제하는 일의 효율성에 관한 우리의 믿음은 그 자체로 주술과 제의에 대한 신뢰의 요소를 지니고 있다. 기계는 당연하게 그리고 오류 없이 작동한다고 여겨지는데, 왜냐하면 우리가 기계에 모든 신뢰를 쏟아부어야 하기 때문이다. 따라서 자신들의 제의가 서구 문화와 무기 앞에서 작동하지 않음을 알았을 때 원시인의 세계관이 무너졌듯이, 기계가 작동하지 않으면 우리의 모든 세계관도 무너지기 시작한다. 우리가 비행기 추락의 정확한 원인을 찾기 위해 얼마나 전전긍긍하는지, 혹은 그 추락을 기계의 실패가 아니라 '인간의 오류'에 귀착시키기 위해 얼마나 애쓰는지 생각해보자. 아니 더 나아가, 어째서 러시아인은 그들의 비행기 추락에 대해 함구할까? 기계의 낙원에서 어떻게 기계가 실패할 수 있는가?

서구인이 자신의 사유 방식에 매우 이질적인 기술을 직면했기 때문에 사태의 자초지종을 몰랐다는 사실은, 아마도 원시사회의 조직 원리에 관한 우리의 오래된 당혹감을 설명해줄 것이다. 석기시대에 살았던 오스트레일리아 원주민의 존재야말로 가장 역설적일 듯하다. 그들에게는 다채로운 친족 분류의 체계와, 자기 부족을 반반으로 나누고 이를 다시 반으로 나누는 복잡한 구분법이 있었다.

상보적인 두 개의 극단적 대립항으로 사물을 나누는 이 열정은 원시인의 사회조직에서 가장 두드러지고 널리 퍼진 특징이었다. (중국식 음양陰陽 체계는 이 현상의 잔존물이다.) 한 인물은 이쪽 절반이나 반대쪽 절반에 속했고, 공통의 조상으로부터 혈통을 추적해 내려왔으며, 흔히 자신이 속한 절반을 대표하는 특정한 동물 토템과 동일시했다. 대체로 반대쪽 절반에 속한 누군가와 결혼했으며, 그쪽 사람들과 매장과 추모의 의무를 포함하는 엄격하게 규정된 유형의 관계를 맺었다. 그 절반의 집단들 간에 벌어졌던 가장 주요한 일 중 하나는 호모 사피엔스를 번성하게 만든 그 무엇, 즉 재주와 기량을 겨루는 경쟁이었다. 호카트는 인류학자들이 "농담 관계"라고 부르는 서로 자극하고 조롱하는 행위가 여기에 기원을 두고 있다고 생각한다. 사실 모든 집단 게임은 이중 조직으로부터 발생할 가능성이 있다.

실제로 앞서 언급한 당혹감은 바로 어제까지도 지속되었다. 레비스트로스가 원시 상징체계와 분류법의 다채로움을 본격적으로 다루고 나서야, 그 당혹감은 해소되었다.[5] 그 결과 인류학자들 사이에 오랫동안 알려져 온 무언가가 완전하고 폭넓고 대중적으로 인식됐다. 그것은 바로 원시인의 정신은 우리만큼이나 지능적이었으며, 생존의 세부 사항을 점검하고 그것에 질서를 부여하는 일에 진심이었다는 사실이다. 원시인은 자신의 두뇌 컴퓨터에 자신이 관찰하고 이해했던 이 세상에 관한 모든 중요한 자연적 사실을 입력했고, 우리가 우주의 기계적 법칙을 우리의 삶과 연결 지으려 애쓰듯 그 사실들을 자신의 삶과 긴밀하게 연관 지으려고 노력했다. 우리는 왜 원시 상징체계와 사회조직의 복잡성에 감탄했던가? 아마도 그 이유는 원시인이 자신의 자연 이론을 반영하여 사회를 조직하려고 노력했기 때문일 터이다.

하위징아를 인용해보자.

> 인류학은 어떻게 고대의 사회적 삶이 통상적으로 공동체 자체의 적대적이고 대립항적인 구조에 기반을 두고 있는지, 그리고 어떻게 그러한 공동체의 전체 정신세계가 이 심오한 이원론과 조응하는지

를 점점 더 명료하게 보여주었다.[6]

이것을 학술적으로는 '반족半族, moiety' 조직이라고 부른다. 이것이 무슨 의미이고 어떤 역할을 하는지 밝히기 전까지, 이 말은 원시인 연구를 매우 재미없게 만드는 무미건조하고 접근하기 힘든 인류학 용어일 터이다. 호카트는 반족 조직이 사회 진화의 특정 단계에 거의 보편적으로 존재했다고 보았다. 레비스트로스 역시 그가 인간 정신의 자연적 경향으로 간주했던 행위인 사물을 대립항이나 상보항으로 나누기, 즉 자신이 "이원적 대립"이라 불렀던 것에 매료되었다. 이 원시 정신의 이원적 경향은 컴퓨터광들의 사기를 엄청나게 북돋웠다. 왜냐하면 이는 인간이 자연 상태에서 컴퓨터와 마찬가지로 기능한다고 증명하는 듯했기 때문이다. 따라서 컴퓨터는 기본적 인간 본성의 논리적 완성으로 총애받을 수 있고, 정신과 상징체계의 신비는 단순한 신경회로로 소급할 수 있게 된다.

그러나 다른 많은 사람과 달리, 호카트는 추상화에 휩쓸리지 않았다. 이 심오한 이원론에 관한 그의 해명은 인간의 야망과 희망이라는 현실 세계에서 이루어진다.

> 어쩌면 그것이 자연법칙일 수도 있지만, 이중 조직을 설명하기에는 충분치 않다. (…) 반족에게서 나타나는 독특한 상호작용도 설명하지 못한다. 실제로 이 상호작용이야말로 이중의 구분법을 설명해준다. 인간이 자신들을 두 집단으로 나누는 이유는 서로에게 생명을 부여하고, 서로 통혼하며, 상호 경쟁하고, 서로 선물을 주고, 자신들

의 번성 이론이 요구하는 그 무엇이든 서로에게 행하기 위해서다.[7]

바로 이 점이 중요하다. 호카트가 문제의 핵심을 꿰뚫도록 맡겨두자. 이중 조직의 이유는 우리에겐 너무 낯설기에 처음에는 알 수 없을 것이다. 이중 조직은 제의에 필수적이었다. 모든 제의를 근본적으로 추동하는 사실은, 그 제의를 혼자서 행할 수 없다는 점이다. 인간은 스스로에게 생명을 부여할 수 없고, 자신의 동료 인간에게서 구해야만 한다. 만일 제의가 생명을 만들어내는 기술이라면, 제의의 조직화는 그 기술을 작동시키기 위한 필수적 협력이다.[8]

이중 조직을 더 심층의 수준에서 해명하는 일은 너무도 간단하기 때문에, 우리가 이해하지 못할 수도 있다. 그 해명이 현상학적이기 때문이다. 인간은 이 세상을 구성하는 물체들에 자신의 주술을 걸 필요가 있고, 인간 존재는 사회적 삶이 야기한 주술이 행해지는 원초적 사물이다. 우리는 "서문"에서 유기체적 삶의 주요 동기 중 하나가 자기감정을 향한, 즉 역경을 극복하고 다른 유기체를 흡수하는 일에 성공할 때 수반되는 고양된 자기의식을 향한 충동이라고 주장했다. 자연 속에서 자기감정의 확장은 수많은 다른 방식으로 이루어질 수 있는데, 특히 우리가 인간적 수준의 복잡성에 이르렀을 때 그러하다. 인간은 자기감정을 물질적 흡수만이 아니라, 모든 형태의 승리 혹은 자기 자신의 탁월함에 대한 과시를 통해 확장할 수 있다. 인간은 게임, 퍼즐, 수수께끼, 온갖 종류의 정신적 속임수를 통해 자신의 조직을 복잡하게 확장한다. 즉 자기의 성취를 뽐내고, 적수를 조롱하고 굴욕을 주거나, 상대방을 고문하고 살해함으로써 그렇게 한다. 다른 유기체를 **격하시키고** 자신의 위세와 중요성을 증진시킬 수 있다면 무엇이든 자기감정을 얻는 직접적 수단이 된다. 이는 하등 유기체의 단순한 흡수 과정과 호전적 행동으로부터 발원하여 자연적으로 발달한 것이다.

인간에 이르게 되면, 우리는 인간이 자신의 유기체적 중요성을 **감소시키지** 않기 위해 거의 항구적으로 투쟁하고 있음을 알게 된다. 그러나 인간은 또한 특히 하나의 상징적 유기체이기에, 이 감소에 맞선 투쟁은 상징적 복잡성의 가장 미세한 수준에서 수행된다. 다른 존재에게 뒤처진다는 것은 유기체적 지속성의 가장 기초적 수준에서 공격을 받는 것이다. 패배하는 것, 2류가 되는 것, 최고이자 최상을 따라잡지 못하는 것은 유기체의 불안감의 신경중추에 하나의 메시지를 전달한다. '나는 망했고, 무력하다. 따라서 계속 버티면서, 삶을 영위하고, 영원을 누릴 자격이 없다. 그러니 죽게 될 터이다.' 윌리엄 제임스는 이 실패에 대한 일상적 불안감을 발견했고, 이를 예의 그 신랄한 산문체로 기록했다.

> 실패, 또 실패! 이렇게 세상은 우리를 사사건건 짓밟는다. 우리는 이 실패를 자신의 실수, 자신의 비행, 자신의 잃어버린 기회로, 즉 소명에 못 미치는 자신의 부적합성의 기념비들로 뒤덮는다. 그러고 나면 그것은 빌어먹을 무게로 우리를 짓누른다! (…) 인간에게 알려진 가장 미묘한 고통의 형태는 이러한 결과들에 따르게 마련인 치명적 굴욕감과 연계되어 있다. (…) 그리고 이 굴욕감은 더 없이 인간적인 경험이다. 이렇게 도처에 편재하고 영속하는 과정은 분명

삶의 필요불가결한 일부이다.[9]

우리는 방금 왜 그런지 알게 되었다. 바로 굴욕감이 유기체가 지닌 욕구의 근본적 동기와 연결되어 있기 때문이다. 이 욕구 덕분에 인간이 감소와 죽음에 대한 면역을 얻게 해주는 특별한 탁월함을 지니기에, 우리는 버티고, 끊임없이 경험하며, 자신이 지속할 수 있음을 알게 된다.

이 점은 시기심이 왜 광범위하게 퍼져 있는지 설명해준다. 시기심은 유기체가 스스로에게 보내는 위험 신호로서, 그림자가 드리울 때나 우리를 감소시킬 위협이 다가올 때 생겨난다. 레슬리 파버Leslie Farber가 시기심을 원초적 감정의 토대라고 부르거나, 헬무트 쇠크Helmut Schoeck가 고무적인 자신의 책 전체를 사회적 행위의 핵심 주안점으로서의 시기심에 관한 논의로 채울 수 있었던 것은 전혀 놀랍지 않다.[10] 앨런 해링턴Alan Harrington이 시기심을 논한 몇몇 기막힌 대목에서 지적했듯, "격하되는 것에 대한 두려움은 (…) 인간 존재의 내부에서 거의 독자적 생명을 지니고 있는 듯하다."[11]

내가 현상학적 존재론으로 잠시 우회한 까닭은, 독자에게 유기체가 자신의 위세, 중요성, 지속성을 부풀리는 일이 중대한 관건임을 주지시키기 위해서다. 왜냐하면 이 동기가 얼마나 자연적인지 이해해야만, 우리는 인간이 자기 중요성의 **정도**, 즉 자신의 특별한 지속성을 잴 상징적 척도를 오직 사회 안에서만 획득할 수 있다는 사실을 이해할 수 있기 때문이다. 인간은 **비슷한** 유기체, 즉 동료 인간과 자신을 대조하고 비교해야만, 자기의 특별한 중요성을 주장할 수 있는지 여부를 판단할 수 있다. 우리가 바닷가재보다 혹은 심지어 여우보다 궁극적으로 더 값어치 있다는 얘기는 분명 그다지 설득력이 없다. 하지만 '저기 앉아 있는 저 친구, 검은 눈동자를 지닌 저 친구'에 비해 낫다는 것이야말로, 지금 우리에게 우월하다는 확신을 전해주는 그 무엇이다. 마르틴 부버Martin Buber의 말로 풀어보자면, 인간의 얼굴은 다른 인간들을 마주해야 최고의 의미를 띤다.

이 점을 이해하고 나면, 왜 반족 조직이 원시인의 천재적 재능의 발현인지 알 수 있다. 반족 조직은 자기감정을 추동하기 위한 끊임없는 경쟁의 장으로서 사회를 건설하고, 자기 위세 확장을 도와주는 미리 구비된 토대를 제공하며, '농담 관계'를 유지할 조연과 게임·힘겨루기·사냥·전쟁에서 사회적 명예를 얻기 위해 겨룰 걸출한 경쟁자를 위한 그날그날의 대본을 마련해준다. 사회학자들은 '지위 강화' 및 이와 유사한 행위 유형의 역학에 관해 아주 훌륭하게 서술했다. 이에 따르면 사람들은 복잡한 선수 치기oneupmanship 게임을 함으로써, 사회적 대면 관계에 진입할 때보다 퇴장할 때 좀 더 중요해지고자 애쓴다. 하지만 다른 누군가와 견주어서 우리의 지위를 강화하려면 그 다른 누군가가 존재해야만 하고, 자신의 지위를 행사하고 자기를 더욱더 부풀린 채 사회집단에서 퇴장하기 위해선 지위를 결정하는 규칙과 언어적 관습이 있어야 한다. 사회는 거의 모든 부문에서 그러한 자기 위세 확장을 돕는 규범, 즉 으스대거나 누군가를 모욕하거나 그저 묵묵히 돋보이는 능력을 발휘할 수 있게 해주는 규범을 마련해준다. 모든 사람의 배를 채워주는 사냥 기술일지라도, 자신의 뛰어난 업적을 과시할 수 있게 하는 것처럼 말이다. 호카트가 인간은 생명을 스스로에게 부여할 수 없고 제의를 통해 자신의 동료 인간으로부터 얻을 수밖에 없다고 언급했다면, 우리는 더 나아가서 인간은 자기 스스로에게 중요성을 부여할 수 없다고 말할 수 있다. 이제 우리는 그 중요성이 생명을 확보하는 일만큼이나 심원한 문제라는 걸 안다. 중요성은 지속성과 같고, 지속성은 생명과 같다.

그렇지만 나는 원시사회가 단지 경쟁적 자기 위세 확장을 위한 무대로서 조직된 것에 불과하다거나, 인간은 스스로의 자기의식을 오로지 다른 사람의 희생을 통해서만 확장할 수 있다고 주장하고 싶진 않다. 비록 이것이 인간에게 동기를 부여하는 거대하고 분명 자연적인 일부일지라도, 그런 주장은 사실이 아닐 터이다. 원시사회는 또한 사람들에게 훨씬 덜 부당하고 덜 경쟁적인 자기 확장의 형태들을 제공함으로써, 그 사회의 역량을 드러냈다. 여기서 나는 어빙 고프먼의 작업을 염두에 두고 있다. 그는 거의 완벽한 솜씨로 어떻게 사람들이 경쟁과 과시를 통해서가 아니라, 사회적 피해와 위축에 맞서 그들의 내면성을 보호해주는 섬세한 규칙을 통해서, 각자 필요한 중요성의 일상적 감각을 서로에게 전하는지 보여줬다. 사람들은 적절한 예절을 표하고 점잖은 대처를 허용하며 자부심이 흔들릴 때 적당한 섬세함으로 타인의 '체면'을 세워주는 등등의 언어적 공식을 활용함으로써, 대인 관계의 만남에서 이 규칙을 수행한다. 사회적 삶은 만나고 헤어지며 하는 인사말, 즉 모든 구성원의 행복감을 강화하는 짧고 표준화된 대화를 통해 타인을 인정하는 인사말로 직조되어 있다.[12] 어빙 고프먼Erving Goffman의 주장을 여기서 되풀이하거나, 나아가 그의 접근 방식을 요약하는 건 무의미하다. 내가 하고 싶은 말은, 사회 속에서 인간은 건전한 유기체적 자기감정의 측면에서 필요한 것을 두 가지 주요한 방식으로 서로에게 줄 수 있다는 것이다. 한편으로는 사람들이 경쟁자보다 우월하다고 느낄 수 있도록 자신의 업적과 미덕을 비교하는 판단 기준을 제공함으로써, 다른 한편으로는 유기체의 야망이 충돌해서 생겨날 수 있는 손상과 위축을 막는 인간의 다정한 감정을 지지하고 보호하는 규범을 제공함으로써.

자, 이제 자연을 제의적으로 재생하는 기술이 어떻게 작동하는지, 그 기술이 배역을 맡은 배우들에게 얼마나 도움이 되는지 살펴보자. 원시사회의 '내부로' 들어갈 수 있는 진정 유일한 길은, 그 사회를 재생 제의에서 각 개인이 맡은 역할을 수행할 수 있게 하는 종교적 사목司牧 제도로 보는 것이다. 우리는 창조에 기여하는 제의적 역할을 너무도 오랫동안 박탈당했기 때문에, 이 점을 이해하고 제대로 평가하기 위해서는 애써 노력해야만 한다. 활동 중인 종교 공동체에 속하지 않는 이상, 우리는 공동체가 자연의 힘을 극화하는 과정에 춤, 찬가, 주문을 통해 참여하는 일이 어떤 의미인지 알지 못한다.* 또한 우리는 그러한 제의 참여에 따르기 마련인 엄청난

---

* 내 생각에 이에 관한 훌륭한 예시는 록 음악 페스티벌이라는 현대의 대중적 종교 체험, 즉 고대의 제의적 극화가 최종적으로 변질된 형태에서 찾을 수 있다. 서커스와 마찬가지로 록 음악도 제의와 동일한 기능을 우주적 연계 없이 수행한다. 시드니 태러초Sidney Tarachow의 짤막한 고찰인 〈서커스와 광대Circuses and Clowns〉(게자 로하임Géza Róheim이 편집한 *Psychoanalysis and the Social Sciences* vol. 3, New York: International University Press, 1951, pp. 171~185)를 참조하라. 그리고 이 논지를 록그룹 앨리스 쿠퍼Alice Cooper의 공연과 비교하라.

성취감을 느낄 수도 없다. 제의 참여자는 다름 아니라 삶이 지속될 수 있게 하는 바로 그 일을 행했다. 그는 우주의 유지와 재생에 기여한 셈이다. 제의가 생명력을 만들어내고 재분배한다면, 각 개인은 생명을 낳는 발전기이다. 자연을 제의적 관점에서 보는 사람은 공동체에서 제의적 위치를 차지함으로써 자신이 얼마나 중요한지 느낄 수 있다. 가장 보잘것없는 개인일지라도 우주적 창조자가 되는 것이다. 우리는 제의를 통해 갈색 캥거루를 만들어내는 것을 타당한 인과적 사건이라고 받아들일 수 없지만, 원시인은 자신의 능력으로 생명을 만들어냈다고 느끼고 이를 통해 고귀해진다. 이것이 비록 한낱 환영에 불과할지라도 말이다. 우주적 영웅주의의 지위로부터 역사적으로 격하된 우리의 처지에 관해, 우리는 적어도 진정으로 종교가 무엇인지 알고 있는 반면 이 우주적 창조자들은 유아적 마법을 좇으며 살았다고 말함으로써 위안을 삼을 수는 있다. 나는 우리가 역사적으로 주술에서 깨어남으로써 모종의 냉철한 세속성이라는 하나의 짐을 떠안게 되었음은 인정하지만, 아무리 많은 책이 종교와 마법의 구분을 강조하기 위해 쓰였더라도 그 둘 사이에는 아무런 의미 있는 차이도 없다고 본다. 호카트가 아주 간명하게 지적했듯, 마법은 우리가 믿지 않는 종교이고, 종교는 우리가 믿는 마법이다. 결국 그뿐이다.

하위징아가 《호모 루덴스》에서 했던 작업은, 원시인의 삶이 기본적으로 풍요롭고 신명 나는 생명의 극화였음을 증명하는 일이었다. 원시인은 살아 있는 생명체이자 다른 생명체의 지배자로서 자신의 중차대함을 실연했다. 인간이 무엇을 필요로 하고 원하는지에 관한 이 괄목할 만한 직관은, 내게 천재적으로 느껴진다. 그리고 원시인은 이 기이한 직관을 소유했을 뿐만 아니라 실제로 이를 실행했고, 스스로에게 필요한 것과 원하는 것을 부여하기 위해 자신의 사회적 삶을 건설했다. 우리는 현대의 삶에서 자신에게 무엇이 결핍되어 있는지 알고 이에 대해 곰곰이 반추하겠지만, 아무리 발버둥을 쳐도 결코 극복하지는 못할 것이다. 아마도 선사시대에는 사태가 훨씬 단순하고 관리 가능해서 통제할 수 있었을 것이며, 따라서 인간은 자신이 아는 바를 수행할 수 있었을 것이다. 원시인은 자신의 사회를 각기 다른 역할을 연기하는 배우들이 자신을 둘러싸고 있는 하나의 무대로 설정하고, 그 공연을 지켜봐줄 신을 발명했다. 그리고 차례차례 제의적 드라마를 공연하여, 스스로를 별들의 위치까지 격상시키고 별들을 인간사의 위치까지 끌어내렸다. 원시인은 자신을 중심으로 한 생명의 춤을 무대에 올렸다. 불청객이었던 서구인이 이 장엄한 드라마를 처음 맞닥뜨렸을 때, 자신이 목격한 드라마를 경멸했다는 걸 떠올려보자. 하위징아가 명쾌하게 주장했듯, 그 경멸의 이유는 서구인이 이미 유희하는 법, 즉 삶에 고상한 스타일과 중요성을 부여하는 법을 망각해버린 타락한 생명체였기 때문이다. 서구인은 인간 천재성의 창조를 언뜻 일별할 수 있었을 뿐이며, 이해할 수 없는 것에 불편함을 느끼는 심통 사납고 어리석은 깡패처럼 눈에 보이는 모든 것을 파괴해나갔다.

많은 사람들이 체면 유지와 지위 강요라는 현대의 일상적 제의를 그려낸 고프먼의 묘사에 코웃음을 쳤다. 그들은 이러한 유형의 사소한 자기 홍보가 관료화된 사회에서 희망 없이 부유하는 현대의 조직인간에게나 해당하며, 이러한 형태의 얄팍한 선수 치기식 행위가 모든 인간에게 적용될 수는 없다고 주장했다. 따라서 이 비판가들은 고프먼이 현대적 상황, 즉 대중사회의 일차원성에 관한 민감한 관찰자일 수는 있지만, 분명 인간 본성에 관해 얘기하고 있는 건 아니라고 말한다. 나는 다른 자리에서 이 고프먼 비판자들이 심하게 틀렸다고 지적했던 바 있는데, 여기서 되풀이하는 까닭은 그것이 원시사회의 심층적 이해라는 맥락과 맞닿아 있기 때문이다. 우리가 창조 제의를 수행하기 위해 사회를 설립하면, 유기체들이 서로에게 부여할 수 있는 중요성의 크기는 기하학적으로 증가한다. 오직 현대사회에서만 자존감을 서로에게 부여하는 행위가 단순한 체면 유지의 책략으로 좁혀져 버렸다. 자신의 가치를 확인하는 기회가 직장 상사, 회사 회식, 혹은 엘리베이터에서나 임원 화장실을 가는 도중의 우연한 마주침 이외에는 거의 없다. 아주 품위가 떨어지는 일이지만 이는 고프먼의 잘못이 아니며, 제의의 역사적 타락에서 비롯한 결과이다. 원시사회는 인간의 신격화를 위한 형식적 조직화이다. 우리 자신의 일상적 의례가 명백히 피상적인 까닭은 우주적 연계가 결핍되어 있기 때문이다. 동료 인간을 오직 자신의 체면을 세우기 위한 거울로 이용하는 대신, 원시인은 전체 우주를 활용했다. 내 생각에 제의를 위한 원시인의 조직은 모든 체면 유지의 패러다임이자 선조이며, 고대 제의는 심화된 체면 유지에 다름 아니었다고 말해도 과언이 아니다. 고대 제의는 개인을 우주의 신비한 기운과 연결했으며, 그가 그 기운을 긴밀하게 공유하도록 했다. 현대 대중사회에 비판적인 오늘날의 많은 인류학자에게 원시인이 다차원적으로 보이는 이유는 여기에 있다.

지금까지 나는 '우주적 연계'에 관해 모호하고 개괄적으로만 언급해왔다. 나는 원시사회가 특정한 자연관에 따라 조직되었으며, 그로부터 그 사회의 상징체계의 풍부함과 조직의 형식성이 나온다는 사실을 그저 언급만 하고 넘어갔다. 이제 이 연계가 무엇을 뜻하는지 살펴볼 차례다.

제의가 삶의 조직화이기에, 이는 특정한 번성 이론에 따라, 다시 말해 부족에게 더 많은 생명을 부여하기 위해 정확히 어떻게 자연을 획득할 것인가에 따라 수행되어야만 한다. 원시의 번성 이론과 관련해 우리에게 가장 충격적인 사실은 그 논리가 얼마나 근본적인가, 혹은 요즘 말로 하면 얼마나 유기적인가에 있다. 원시인은 자연을 관찰하고, 그 속에서 무엇이 생명의 춤을 만들어내는지 판별하려고 노력했다. 힘은 어디서 발원하고, 사물은 어떻게 풍요로워지는가. 우리가 생명을 생성하려고 한다면, 그 원리를 확정하고 그것을 구현하는 사물을 모방해야만 한다. 유기체는 열과 빛을 제공하는 태양에 자연스럽게 반응하며, 무無로부터, 더 정확하게는 그 신비로운 체내로부터 음식을 만들어내는 대지에서 자신의 풍성함을 구한다. 오스트레일리아 원주민에게는 '태양 광선이 대지와 교합한다'는 표현이 있다. 아주 초창기 인류는 풍성함과 비옥함의 원리를 따로 떼어낸 뒤, 그 원리에 인격을 부여하여 설파하고자 노력했던 듯하다. 이런 식으로 인류는 하늘이나 천국 그리고 대지와 동일시했고, 자신들을 천국의 족속과 대지의 족속으로 나누었다. 호카트는 이를 근사하게 정리한다.

> 우주적 제의에서는 온 세상이 하늘과 땅 두 부분으로 나뉘어 관여한다. 왜냐하면 모든 번영이 하늘과 땅의 질서정연한 상호작용에 기인한다고 여겨지기 때문이다. 하늘은 홀로 창조할 수 없으며, 땅 역시 홀로 배태하지 못한다. 따라서 세상을 관장하는 제의에는 두 가지 원리가 존재해야 하며, 이 둘은 남성적인 것과 여성적인 것이어야 한다. 대지와 하늘의 교호 작용은 두 성性의 결합과 유사하기 때문이다.[13]

반족은 이 대립하면서도 상보적인 원리들을 상징한다. 세상은 하늘과 땅으로만 나뉘는 것이 아니라, 오른쪽과 왼쪽, 빛과 어둠, 힘과 나약함, 나아가 삶과 죽음으로도 구분되었다.[14] 핵심은 사방천지의 현실을 통제하려면, 그 현실이 표상되어야 한다는 점이다. 원시인은 죽음이 창조의 중요한 일부라는 사실을 알았고, 따라서 죽음을 통제하기 위해 자신이 죽음을 체현했다.

현대인은 그 후로 오랫동안 자연의 제의적 재생 논리를 내팽개쳤다. 그래서 우리가 처한 현실은 그저 악과 죽음이 항시 우리 곁에 있음을 인정하기를 거부하는 것이 되었다. 우리는 의학의 힘으로 죽음을 몰아내길 원하고, 따라서 우리의 의식 속에 죽음이 자리 잡는 걸 거부한다. 우리는 원시의 잔해들 속 죽음과 악마와 성교에 관한 상징들의 저속함에 충격을 받는다. 그러나 우리의 이론이 재현과 모방을 통한 통제라면, 우리가 편안하게 받아들이거나 가장 순수해 보이는 측면만이 아니라 삶의 모든 측면을 포괄해야만 한다.

원시인이 자연의 사회적 표상으로 어떤 일을 도모했는지를 아주 기막히게 요약해주는 두 용어가 있다. 바로 '소우주화microcosmization'와 '대우주화macrocosmization'다. 기술적으로는 불편하게 들리지만, 두 용어는 아주 단순한 상보적 책략을 표현한다. 대우주화에서 인간은 그저 자신 혹은 자신의 일부를 취해 우주적 중요성의 경지로 부풀린다. 이로부터 장기臟器나 간肝을 읽어 점을 치는 고대의 대중적 여가 활동이 유래한다. 개인이나 군대 전체 혹은 국가의 운명을 소규모 우주로 간주되었던 간을 통해 파악할 수 있다고 여겼던 것이다. 고대의 여러 부족 중 힌두인Hindus은 인체의 모든 부위가 각각 대우주에 상응한다고 보았다. 머리는 하늘에, 눈은 태양에, 숨은 바람에, 다리는 대지에 상응했다.[15] 우주가 바로 자신의 신체에 반영되어 있기에, 힌두인은 자신의 삶이 우주의 질서를 갖추었다고 생각했다.

천체의 소우주화는 그저 이와 정반대의 상보적 움직임이다. 인간은 모든 상상 가능한 지상의 사물을 천체에 투사함으로써 우주를 인격화하며, 또한 이런 식으로 자기 자신의 운명을 불멸의 별들과 한데 엮는다. 그리하여 예컨대 동물이 하늘에 투사되어, 별자리에 동물의 형태가 부여되고 황도 12궁이 고안되었다. 인간이 동물을 천상으로 옮김으로써, 모든 인간 관심사가 초시간성과 초인간적 유효성을 띠게 되었다.

불멸의 별들은 인간의 운명을 좌지우지하게 되었고, 인간이라 불리는 연약하고 덧없는 동물은 자신을 사물의 중앙에 위치시킴으로써 스스로를 초인간적 크기로 부풀렸다. 야영지와 건물은 모두 인간의 영역과 불멸의 우주 공간을 연결하는 모종의 천문학적 기획에 따라 배치되었다. 부족이 거주하던 장소는 모든 창조의 기운이 방출되는 우주의 배꼽으로 간주되었다.

이 주제에 관한 인상적인 문헌을 더 탐구하고 싶은 사람에게는, 랑크가 20세기 초 수십 년간 집중적으로 이루어진 연구의 축적을 1930년대에 훌륭하게 정리한 자료가 있다.[16] 내가 하고 싶은 일은, 인간이 소우주화와 대우주화를 통해 천상을 의인화하고 대지에 정신을 부여함으로써 하늘과 대지를 하나의 분리 불가능한 통일체로 융합시켰다는 사실에 대한 강조다. 이와 같이 문화를 자연에 대립시킴으로써, 인간은 스스로에게 특별한 정신적 운명을 할당했다. 그 운명을 통해 인간은 자신의 동물적 조건을 초월하여, 자연에서 특별한 지위를 떠맡을 수 있었다. 인간은 더 이상 죽으면 대지에서 사라지는 동물이 아니었다. 인간은 생명의 창조자가 되어, 우주적 재생의 공동체적 제의를 통해 스스로에게 영원한 삶을 부여할 수도 있었다.*

이렇게 우리는 원시 세계에 대한 관점을 거쳐 원점으로 되돌아왔다. 우리는 원시인이 자신의 유기체적 자기감정을 긍정하기 위해

* 인류학 분야에서 레비스트로스는 이런 문화와 자연의 대립을 최근 부활시켰는데, 어째선지 그는 이 대립을 하나의 지적인 문제로 남겨두는 데 만족한다. 그렇지만 분명 인간에게는 이 대립에 절체절명의 중대한 문제, 즉 생명체적 불안의 통제와 완화가 걸려 있다(이 점은 랑크와 G. 판 데르 레이우Gerard van der Leeuw에게도 분명하다). 옥타비오 파스Octavio Paz는 죽음의 극복이라는 문제가 원시인에게 얼마나 핵심적인지 이해했고, 레비스트로스가 상징체계를 활용하는 원시인의 재능에 깃든 생생한 인간적 동기를 완전히 무시했다고 비판했다. 파스의《클로드 레비스트로스Claude Lévi-Strauss》(Ithaca: Cornell University Press, 1970)를 참조하라. 또한 레비스트로스의 논의가 죽음의 문제를 향하도록 재조정하려는 중요한 시도에 관해서는 J. 파비안Johannes Fabian의 〈타인의 죽음How Others Die〉(Arien Mack, ed., *Social Research* 39, number 3, pp. 543~567)을 참조하라.

이중 조직을 활용했고, 이를 위한 주요 수단 중 하나로 조직화된 경쟁 관계의 형식을 띤 사회를 설립했다는 명제에서 시작했다. 이제 우리는 원시인이 사실상 스스로를 상징적으로 확장하게 해주는 방식으로 전체 우주를 세웠고, 가장 고차원의 유기체적 쾌락을 향유했다는 결론에 다다를 수 있다. 인간은 단순한 유기체적 생명체의 자기감정을 별까지 닿도록 부풀릴 수 있었다. 이집트인은 자신들이 죽으면 천국으로 올라가 별이 되어, 사물의 체계 속에서 영원한 중대성을 누리길 희망했다. 이런 희망은 신적 중대성을 일상에서 누리기 혹은 우주적 힘의 영역에 끊임없이 참여하기 같은, 이미 원시사회의 집단들이 누렸던 것의 계승이다. 나는 하위징아가 증명했듯이 원시사회가 겨루기와 게임을 위해 조직되었다고 말했지만, 이것들은 우리가 지금 알고 있는 게임과는 달랐다. 그것은 아이들이 하는 게임과 유사했다. 자연을 실제로 통제할 목적을 지녔고, 원하는 대로 일이 이루어지기를 바랐다. 반족 간의 제의적 겨루기는 죽음에 대항한 삶의 놀이였고, 어둠의 힘에 대항한 빛의 힘이었다. 한쪽은 반대쪽의 제의적 활동을 훼방하여 패배시키려고 노력했다. 하지만 당연히 삶의 진영은 항상 승리를 구가했는데, 왜냐하면 이런 승리를 통해 원시인은 자신이 원하고 필요로 하는 리듬에 맞춰 자연을 운행할 수 있었기 때문이다. 죽음과 질병이 한 민족에게 몰아닥치면, 삶의 진영이 승리함으로써 죽음이 역전되는 제의적 상연을 통해 사태가 바로잡히길 희망했을 것이다.[17]*

---

* 악의 역사적 진화를 다루는 뒷부분에 가면, 이러한 제의적 실행이 인류의 미래에 얼마나 치명적이었는지 알게 될 것이다. 빛과 어둠의 세력을 대립시킴으로써, 그

희생의 논리

원시적인 자연의 기술의 핵심에는 희생 행위가 놓여 있는데, 이는 제의의 과학 전체의 본질을 밝혀준다. 어떤 면에서 우리는 자연의 기술을 원시적 세계관의 원자물리학으로 볼 수 있다. 희생 제의 주관자는 원시인이 원하는 자연의 배치를 수행하는 동작들을 축소된 형태로 밟아간다. 원시인은 바다, 대지, 태양을 재현하기 위해 물, 흙, 불을 이용할 수 있었고, 세계의 창조를 수립하는 데까지 나아갔다. 신들이 태초에 그렇게 했듯, 원시인은 미리 정해진 그대로 행하면 대지와 창조를 관장할 수 있다. 동물에게 활력을 불어넣고, 여성에게 모유가 나게 하며, 나아가 힌두교의 제의에서처럼 사회질서를 카스트에 따라 배열하기도 한다.

힌두교의 제의와 즉위 의식에 경쟁이 들어오는 지점이 바로 여기다. 인간은 자연을 통제하기 위해서 악을, 즉 질병과 죽음을 몰아내야만 한다. 그렇게 해서 악령과 적대 세력을 극복해야만 한다. 제의에서 실수를 하면, 악령에게 위력이 부여된다. 따라서 제의의 승리는 곧 악과의 싸움에서 이기는 것이다. 왕이 즉위할 때에는 악의 세력에 맞서 승리를 쟁취함으로써 자신의 진가를 증명해야만 했다. 주사위 놀이와 체스는 아마도 왕이 정말로 한 수 앞서서 어둠의 세력을 물리칠 수 있는지 판정하는 방식에서 유래했을 것이다.[18]

앞서 우리는 서구인이 이러한 형태의 기술을 이해하지 못했기에,

리고 빛이 어둠에게 승리해야 할 필요에 의해, 원시인은 빛과 삶을 대변하는 배우들에게 우월성을 부여해야만 했다. 나중에 알게 되겠지만, 이런 식으로 자연적 불평등이 사회조직으로 세워졌다. 호카트가 탁월하게 성찰하듯, 이로 인해 특권을 지닌 "순수" 집단과 버림받은 "악마" 집단의 진화가 이루어졌다.

그것을 조롱했다고 언급했다. 호카트는 이 문제를 거듭 상기하면서, 무엇이 가능한지에 관한 우리의 관념이 고대인의 관념과 동일하지 않다고 주장했다. 고대인은 의례를 통해 세상에 활력을 불어넣을 수 있다고 믿었으며, 하나의 섬 만들어내기, 다채로운 생명체 창조하기, 태양이 제 궤도를 계속 돌게 하기 등등을 할 수 있다고 믿었다.[19] 우리는 이 행위의 겉모습만을 볼 뿐, 그 이면의 논리, 즉 그에 대한 원시인의 이해에 의해 실제로 작용하는 **힘**은 알지 못하기에, 우리에게는 이 모든 일이 우스꽝스럽게 보인다. 호카트가 희생 제의 주관자와 우주의 등가성이라는 논리에 관해 치밀하게 분석한 내용을 단순히 되풀이할 필요는 없을 터이다.[20] 이 모든 사안의 핵심에 자리한 관념은, 희생 제의 주관자가 제단과 희생양을 관장할 때 그가 이들과 동일시된다는 점이다. 그것은 **사물**로서의 그들이 아닌 그들 이면의 본질인 신과 정령의 세계와의, 자연의 내부 자체와의 보이지 않는 연계이다. 이 역시 논리적이다. 우리가 원자론에서 그런 것처럼, 원시인은 자연 내부에 대해 개념화한다. 원시인은 보이지 않는 힘이 사물에 생기를 불어넣고, 태양열이 먼 거리에서 작용하여 대지의 사물에 깃들며, 아이들처럼 씨앗도 보이지 않는 것으로부터 발아한다고 생각했다. 원시인은 희생의 기술을 통해 이 보이지 않는 힘을 손아귀에 넣어, 공동체의 이득을 위해 사용하길 원했다.[21] 원시인에게는 미사일 발사대와 원자로가 필요 없었다. 희생 제단이 차려진 언덕이 그 목적을 충실히 수행했다.

요컨대 희생 행위는 실재의 보이지 않는 차원에 개입할 디딤돌을 마련해주었다. 희생 제의 주관자가 초인간적 힘을 지닌 신성한 육신, 신비롭고 본질적인 자아를 구축할 수 있게 해주었다. 호카트는 만일 이 희생 제의가 우리의 전통적인 사고방식에 매우 이질적이라고 생각한다면, 우리는 기독교 성찬식을 면밀하게 들여다보아야 한다고 강력히 충고한다. 규정된 제의를 수행함으로써, 영성체를 받는 사람은 신이 된 예수 그리스도(희생된 자)와 자신을 합일한다. 그리고 이를 통해 예배자는 영생의 삶을 얻은 신비한 몸이나 영혼을 자기 내부에 축적한다. 만사가 규정된 제의에 근거를 두고 있으며, 희생된 자와의 합일을 통해 참여자는 영원성의 힘을 소유하게 된다.

결론

내가 지금까지 몇 쪽에 걸쳐 증명하고자 했던 것은, 원시사회가 특정한 방식으로 삶을 생산하기 위해 조직되었으며, 세상의 사물을 제조하는 제의적 기술이 비가시적인 것의 차원을 활용했다는 사실이다. 인간은 자신의 재능을 이용해 배를 채웠고, 유기체로서 자신에게 도움이 되도록 자연을 통제했다. 이는 지극히 논리적이고 자연스럽다. 하지만 모든 문화의 이런 식욕 중심적인 특징을 우리는 쉽사리 간과한다. 그 이유 중 하나는 인간이 음식만으로 만족하는데 그치지 않기 때문이다. 인간은 가장 광범위한 의미에서 더 많은 삶을 원했다. 그것은 한 유기체가 삶과 죽음 그리고 지속적으로 경험할 필요에 관해 어떤 식으로든 자의식을 갖길 꾀할 때, 그 유기체가 원하리라고 우리가 예상하는 바로 그 삶이다.[22] 음식은 단지 그런 모색의 일부에 불과하다. 인간은 단순한 육체적 영양 공급 너머를 금세 알아챘고, 불멸성의 자격을 갖출 길을 모색해야 했다. 이런 방식으로 음식에 대한 단순한 추구는 정신적 탁월함, 선과 순수함을 향한 모색으로 변형되었다. 인간의 모든 고차원적 정신의 이상은 에너지-힘을 얻기 위한 기원적 탐색의 연속이었다. 이 점을 노골적으로 언급한 최초의 인물 중 하나는 프리드리히 니체였고, 그 발언으로 세상에 충격을 주었다. 그는 모든 도덕이 근본적으로 힘의 문제, 즉 유기체가 초인간적 순수성에 도달함으로써 지속적으로 존재하려는 힘의 문제라고 보았던 것이다. 인간은 마땅히 정신적 목표를 거론할 수 있다. 인간의 진정한 목표는 자신이 영원성의 자격을 갖추게 해줄 장점을 획득하는 것이다. 물론 이는 또한 유기체적 야망의 논리적 전개이다.

호카트는 정신성의 진화가 육체적 삶을 향한 단순한 모색에서 발원한다는 바로 그 논평으로 자신의 주저 《왕권》을 마무리한다.

> 따라서 희생양은 유월절 축제에서 곡물의 생기를 돋우기 위해 어떤 신의 체현으로서 도살된 암양의 새끼가 더 이상 아니다. 오히려 순수성, 순결성, 관대함, 자기희생, 구원, 신성함의 총합을 표상하는 하나의 상징이다. (…) 영혼의 치유를 뱃속의 갈망으로부터 끌어내려는 시도는 분명 많은 이를 아연실색하게 만들 터이다. (…) 그렇지만 너무도 뒤늦게 짐승에서 벗어난 인류가 물질의 추구에서 영혼의 탐색으로 나아갔던 그 신속함에서, 자라나는 세대는 분노가 아니라 경탄의 이유를 찾아낼 것이다.[23]

인간이 이룩할 수 있는 이 심원하게 이타적이고 정신적인 감정에는 어느 누구도 감히 토를 달지 못할 것이다. 생명체로서 인간은 우주의 살아 있는 기적에 가장 잘 조응하고, 그 기적에 그 자체로 경이로운 섬세함과 고귀함으로 응답한다. 이 모든 일은 분명 신성한 신비의 일부이다. 하지만 식욕 추구로부터 정신적 모색으로의 진전 그 자체는 호카트의 생각과 달리 이상적이지 않다. 정신적 요소의 획득은 아무리 소수의 고귀한 영혼이 이타적인 쪽을 향하도록 바꿀 수 있다 해도, 순수성을 향한 모색의 최초 추동력일 뿐이다. 대부분의 사람들에게 정신성에 관한 믿음은 단지 지속적 삶, 즉 유기체의 식욕 프로젝트의 어김없는 확장을 향해 디디는 한 걸음에 불과하다.

오늘날 인류학의 어떤 분파에서는 원시인의 삶이 우리보다 우월했던 수많은 측면에 관한 소규모 논쟁이 벌어지고 있다. 레비-스트로스 자신도 원시인을 옹호하는 편에 섰다.[24] 나는 이 관점의 장단점에 관해 왈가왈부하고 싶지 않으며, 양측 모두는 다수의 섬세하고 타당한 주장을 제출했다. 그러나 만약 '인류의 심리적 통일성'에 관한 오래된 인류학의 원리, 즉 특정한 문화가 아무리 이국적일지라도 어디서나 인간은 근본적으로 표준형 존재인 호모 사피엔스라는 점, 본성과 동기에 있어서 다른 어떤 인간 존재와도 서로 교환 가능하다는 점에 동의한다면, 우리가 원시 세계를 이해하는 데 도움이 될 것이다. 호카트에서 레비스트로스에 이르기까지, 원시적인 것의 재활성화를 꾀하는 모든 움직임은 바로 이 문제와 연관된다. 이는 원시인이 우리 자신과 근본적으로 다르지 않으며, 분명 정신적으로나 감정적으로 열등하지 않다는 것을 증명하는 일이다. 자,

원시인이 우리보다 못하지 않다는 점에 합의했으니, 원시인이 우리보다 낫지 않다는 사실도 덧붙일 수 있을 터이다. 나중에 보겠지만 만일 그렇지 않다면, 전혀 다른 동물이 발달했다고 주장하려 하지 않는 이상, 우리는 역사에 무슨 일이 있었는지 정말로 이해할 수 없을 것이며, 또한 현대인을 호모 사피엔스의 완전히 타락한 유형이라고 짐짓 내세우지 않는 이상, 우리는 현대사회의 문제를 이해할 수 없을 것이다.

내가 주장하는 바는, 현대인이 기술을 통한 자연 통제에 광적으로 집착한다면, 원시인은 그 못지않게 자신만의 신비한 희생의 기술에 집착했다는 것이다. 결국 정신 질환에 관한 현대의 연구에서 우리가 얻었던 교훈 중 하나는, 신체를 전체 우주의 참조 대상으로 삼는 일은 광기의 기술이라는 점이다.[25] 정말로 원시인은 대우주화를 제도화하여, 자신을 초월적 사건에 연결하는 규범적 방식으로 삼았다. 하지만 이런 종류의 '규범성'은 그 자체로 비현실적이고, 인간을 비정상적인 크기로 부풀린다. 따라서 우리가 이를 자멸적이고 인간 조건의 진실로부터 벗어난다고 여기는 것은 옳다. 원시인이 우리 못지않게 영리하다면, 그들은 마찬가지로 우리 못지않게 자기 영속화에 몰두했을 것이다. 역사의 영역 속으로 '발을 들여놓으면', 우리는 원시인보다 훨씬 더 자기 영속화에 사로잡힌 인간 유형을 마주할 수도 있다. 그러나 이는 단지 그 인간이 이미 통제와 불멸을 향한 갈급함에 집착하는 상태로 출발하고 있기 때문이다. 원시인이 자연에 더 우호적이었고, 우리가 초래한 종류의 파괴적인 경향을 불러일으키지 않았으며, 실제로 자연 세계의 풍요로움에 대해 우리처럼 생각 없이 무시할 수 없었던 것도 사실이다. 이러한 견해를 입증하기 위해서는 많은 연구와 비교 데이터의 집적이 필요할 터이다. 하지만 내 생각에 원시인이 자연에 더 우호적이었다면, 이는 그의 정서적 예민함이 태생적으로 우리와 다르거나 다른 생명 형태들에 대해 우리보다 더 이타적이었기 때문은 아닐 것이다. 오히려 나는 원시인의 조작술이 덜 파괴적이었기 때문이라고 생각한다. 원시인에게는 나무 한 그루, 하나의 동물이나 식물의 영혼, 어떤 종의 동물 한 마리의 희생만으로 족했다. 앞으로 보게 될 것처럼, 우리는 천문학적으로 더 막대한 양의 생명을 갈아 없애지만, 원시인과 같은 정신과 근본적으로 같은 이유로 그렇게 한다. 생명을 향한 '경건함'의 어떤 원시적 특질을 거론할 때, 우리는 매우 신중해야 한다. 신성한 것으로 여겨지는 동물을 향한 원시인의 태도는 때때로 우리의 태도보다 더 잔인하다. 그들은 자신의 후원자 혹은 신이라 여기는 동물을 망설이지 않고 희생시키는 건 물론, 심지어 그들의 족장과 왕도 거리낌 없이 살해했다. 핵심 가치는 이 행위가 공동체에 생명을 가져올 수 있는지, 그리고 제의가 그 행위를 요구하는지 여부였다.[26] 인간은 항상 더 많은 삶을 위해 무심하게 생명을 희생해왔다.

논점을 좀 더 분명히 하자면, 인간은 자연 세계 속 자신이 통제할 수 없는 부분들에 대해 항시 배려하고 존중해왔다. 자신의 힘을 확신하는 순간, 자신이 마주한 존재의 신비로움에 대한 그 존중심은 감소한다. 호카트는 동물을 대하는 인간 태도의 진화에 관해 의미심장한 논점을 제기한다.

살아 있는 세상의 나머지 부분에 대한 자신의 우월성과 지배력이 점점 더 명확해지자, 인간은 동물과의 관계를 부인하기 위해 점점 더 전전긍긍했다. 특히 숭배 행위가 경배와 연관되었을 때 그러했다. 하나의 동물이 제의 대상이 되는 경우, 제의가 경배를 뜻하지 않고 단지 동물의 번식을 촉진하는 과정이라면 거부하지 않는다. 제의가 숭배가 되는 경우는 전혀 다른 사태이다. 인간은 동물 앞에서 자신을 낮추는 일을 혐오한다.[27]

호카트는 이를 "인간의 점증하는 자만심"의 결과로 본다. 하지만 우리는 이를 자연적 나르시시즘의 결과로 볼 수도 있다. 개별 유기체는 자기 내부에서 꿈틀대는 생명의 특별함을 뽐내며, 다른 모두를 자신의 지속에 기꺼이 복속시킬 용의가 있다. 인간은 늘 자만했다. 동물을 정신적으로 생산하는 제의적 기술이 다른 기술로 대체되었을 때에야, 인간은 자연의 나머지 부분에 대한 자신의 파괴적 측면을 드러내기 시작했다. 역사의 전개는 바로 유기체적 자기 영속을 위한 새롭고 색다른 이데올로기가, 그리고 역사적 인간의 새로운 부정의와 강화된 파괴성이 연속되는 장대한 이야기다. 이 문제를 다뤄보자.

2장

원시 세계:
속죄와 권력으로서의 경제학

어떻게 원시인이 자연의 풍요로움을 창출했는지 혹은 창출하도록 도왔는지 살펴보았으니, 이제 그들이 이러한 풍요로움으로 무엇을 했는지, 어떻게 사물의 자연적 질서라는 개념을 제의에서의 상연뿐만 아니라 일상생활에도 적용했는지 살펴보아야 한다. 이 두 측면을 함께 놓고 보면, 원시사회에 관한 매우 완전한 그림을, 즉 인간이 역사 이전의 긴 기간을 어떻게 살아왔는지를 파악할 수 있다.

우리는 종종 한 분야 바깥의 사람들에게서 가장 중요한 통찰을 얻게 되는데, 인류학도 예외는 아니다. 앞서 언급했듯 하위징아는 우리가 원시사회를 이해하는 데 도움을 주었던 그런 외부인의 한 사람이다. 노먼 브라운Norman O. Brown이 또 다른 인물이다. 원시 경제학에 관한 그의 분석에는 문자 그대로 통찰이 넘쳐난다.[1] 그의 논의가 결정적인 이유는, 그가 고전 인류학과 정신분석학에서 자주 간과되었던 본질적인 작업을 경제적 동기에 대한 분석에서 종합했다는 점에 있다. 하지만 그의 정신분석은 로하임Géza Róheim의 분석과 달리 교조적인 프로이트적 시각이 아니며, 프로이트가 옳았음을 증명하기 위해 원시사회에 집중한 것도 아니었다.[2] 브라운의 주장이 전반적으로 안고 있는 부담은, 경제적 행위 자체가 인간 사회의 여명기부터 현재까지 철두철미하게 신성하다는 점을 보여줘야 한다는 것이다.[3] 경제는 그저 인간의 생존 욕구에 맞춰 고안된 합리적이고 세속적인 활동이 아니다. 아니 **단지** 그렇지 않을 뿐만 아니라, 전혀 그렇지 않았고, 앞으로도 결코 그렇지 않을 것이다. 만일 경제가 욕구 충족이라면, 사회가 시작될 때부터 현재까지 이르는 잉여를 창출하려는 인간의 충동을 어떻게 설명할 수 있는가? 인간이 자신의 소비 능력 이상으로 생산하기 위해 기꺼이 쾌락을 포기하는, 즉 자신을 부정하는 태도를 어떻게 설명할 수 있을까? 이미 먹을 것이 충분한데, 왜 인간은 쓸모없는 재화를 만들기 위해 그토록 힘들게 일할까? 우리가 계속 그렇게 하듯, 원시인도 종종 의례를 통해 처분할 뿐인 엄청난 양의 음식과 기타 재화를 쌓아두었다는 사실을 우리는 알고 있다. 원시인의 값진 거래 품목들, 예컨대 호박琥珀 같은 것이 완전히 불필요하다는 사실도 알고 있다. 공들인 노동으로 창조된 원시인의 가장 귀중한 경제적 소유물 중 다수는 (가령 트로브리안드 군도 부족의 큰 의례용 도끼날처럼) 실용적으로는 무용지물이었다. 그리고 마지막으로 우리는 역사적으로 이 불필요한 재화의 창출이 감당할 수 있는 정도를 벗어나, 인류가 현재 처한 곤경까지 끌고 왔다는 점도 알고 있다. 현재 인류는 오염된 폐기물의 지평에 매몰되고 사회적 부정의와 계급 및 인종 억압에 포위되어,

가진 자와 못 가진 자가 모두 욕심 부리고 다투고 서로 밀쳐대고 있고, 어떻게 자신들이 이러한 밑바닥까지 이르렀는지 혹은 이 모든 게 무엇을 뜻하는지 깨닫지 못하고 있다. 이제 인간이 자기를 이해하는 데 아마도 가장 필수적인 시기 중 하나로 관심을 돌려보자.

속죄로서의 경제학

원시사회에서 가장 특징적인 '경제' 활동은 무엇이었을까? 마르셀 모스는 반세기 전에 자신의 저명한 연구인 《증여론》에서 이 점을 규명했다.[4] 여기서 그는 다양한 사회에서 뽑은 표본을 통해, 집단과 개인 간의 선물 증여가 고대사회 시스템의 핵심이었다고 제시했다. 우리는 원시사회의 층위에서 사회적 삶이 선물 증여와 답례 증여 간의 지속적 대화였음을 분명하게 확인한다.

인류학적 관찰자에게 그 사태는 놀라울 뿐이다. 재화는 공유되고 무상으로 증여되었다. 사람들은 사회적 호혜성의 원리를 따랐고, 사회적 의무를 엄격하게 존중했다. 음식이 있을 때, 그 음식은 만인을 위한 것이었다. 사냥감을 잡은 사냥꾼은 의기양양하게 그것을 나누었고, 자신은 종종 그 동물의 가장 하찮은 부위를 취했다. 브라운이 지적하듯, 이는 원시 공산주의 신화에서 진실의 핵심이었다. 누군가 당신이 원하는 것을 가지고 있다면, 당신은 요구해서 받을 수 있다. 하지만 때로 이 지속적인 선물 증여와 수취는 서구인 관찰자에게 상궤를 벗어난 일로 보였다. 한 원주민이 장터에서 셔츠 한 벌을 얻으려 열심히 일했는데, 일주일 후 그 관찰자가 돌아왔을 때는 다른 누군가가 그 셔츠를 입고 있는 것이다. 서구인은 이것이 근본적인 책임의 부재, 일종의 어리석음을 나타낸다고 생각할 수밖에 없을 것이다. '내 건 내 거고, 네 건 네 거'라는 우리의 관념과 너무나 동떨어진 철학이다. 혹은 더 놀라운 경우로, 선교사들의 움막에 찾아온 원주민들이 '고맙다'는 말도 없이 값나가는 칼, 총, 옷 등등을 마치 자기 몫이라도 되는 양 가져가는 일도 생긴다.

인류학자들 자신도 종종 이해하지 못했던 일을 무역상, 선교사, 관료들이 어찌 이해할 수 있겠는가. 원시인은 경제적 원칙에 따라 행동하지 않았고, 자유롭게 증여하고 수취하는 과정은 훨씬 더 거대하고 훨씬 더 중요한 우주관에 내재되어 있었다. 백인은 오래된 신들을 파괴하고 대체했기에, 예전 신들이 그랬듯 그 백인도 무상으로 증여해야만 했다. 원시인의 생활은 보이지 않는 힘, 조상, 죽은 영혼에 의무를 다하는 과정에서 공공연하게 신세를 지게 되었다. 집단은 살아 있지 않는 존재들로부터 부분적으로 힘을 얻으며 살아갔다. 우리와 달리 원시인은 인간이 자연과 맺은 관계의 진실, 즉 자연은 풍요로움을 인간에게 무상으로 제공한다는 것을 알았다. 이는 기적과도 같아서, 원시인은 신세를 지고 은혜를 입었다고 느껴 자연의 신들에게 보답한다. 무엇이든 받으면 그것은 이미 선물이었고, 따라서 균형을 맞추기 위해서 그는 상대방에게 답례를, 영혼들에게 봉헌물을 증여해야 했다. 신은 선물을 수취하기 위해 존재했다. 이를 통해 우리는 자연과 죽은 영혼에 기꺼이 복종하는 원시사회의 행위가, 왜 그토록 '자학적'으로 보이는지 알 수 있다. 균형을 맞추기 위한 완벽한 공식은 여기서 나온다.

> 고대인의 의식에서 신세짐이라는 감각은 그 빚을 갚을 수 있다는 환상과 함께 존재한다. 인간이 빚을 청산할 수 있기 위해 신은 존재한다. 따라서 고대 경제는 종교에 내재하고, 종교적 틀에 의해 제한되며, 종교가 주는 위안들, 무엇보다도 신세짐과 죄의 제거를 통해 부담을 덜어낸다.[5]

이는 또한 인간 연구가 시작될 때부터 사상가들을 당혹스럽게 했던 문제도 설명해준다. 왜 원주민은 원시적 '낙원'에서 살아가는 데 만족하지 못했을까? 왜 인간은 그저 편안하게 자연의 풍요로움을 소비하지 못했을까? 왜 그는 애초부터 인간의 기본적 필요를 넘어서는 잉여를 만들어내는 데 몰두했을까? 그 답은 원시인이 신에게 **증여할 무언가**를 갖기 위해 경제적 잉여를 창출했다는 것이다. 잉여의 증여는 무엇보다도 전체 자연의 경제를 관장했던 신들을 향한 봉헌이었고, 따라서 인간은 바로 그 자신이 의무와 속죄의 우주론 속에 계속 머물기 위해 증여할 **필요**가 있었다. 제의 과정에서 산더미 같은 소중한 음식의 폐기가 바로 그것이었다. 이는 의례적이고 종교적인 행위다. 부적을 공들여 만들어내거나 고래 이빨 같은 진귀한 물건을 얻기 위해 위험한 사냥을 하는 건, 인간이 알고 있는 가장 중요한 동기를 위해 자기 노력을 쏟아붓는 행위를 표상했다. 이는 비가시적 세계에서 가시적 세계로 움직이는 힘의 순환을 유지하는 일이다. 판 데르 레이우가 원시 관념에 관한 고전적 연구에서 매우 아름답게 요약했듯, 인간이 증여할 때 "생명의 물줄기는 쉼 없이 흐른다."[6] 이 점을 이해하기 위해서는 선물이란 무엇인가에 관한 우리 자신의 관념을 버려야 한다. 선물은 어떤 낯선 사람이 그저 우리와 '잘 지내고' 싶어서 주는 뇌물, 혹은 사랑하는 사람이 우리와 가까워지거나 나아가 사심 없이 즐거움을 주기 위해 주는 뇌물이 아니다.

권력으로서의 경제학

무엇보다도 원시인에게 증여는 자연의 풍요로움이 순환하는 과정의 일부였다. 오늘날 많은 사람은 원시인이 우리보다 더 기적과 경탄의 측면에서 세상을 바라보았고, 따라서 우리보다 더 기본적 사물들의 진가를 알아보았다고 생각한다. 자연을 이런 식으로 바라보는 시선을 다시 갖추려면, 우리 현대인은 대체로 정신 붕괴를 겪은 뒤 소박한 지각으로 재탄생해야만 한다. 따라서 예컨대 하만Johann Georg Hamann은 기독교가 자신에게 무슨 의미인가라는 질문을 받았을 때, 빵과 와인 같은 기본 요소를 향한 추구라고 대답했다. 하지만 자연의 풍요로움에 관한 원시인의 가치 평가를 이해하기 위해서, 우리가 (사실 여부를 떠나) 원시인을 낭만화할 필요는 없다. 우리는 유기체의 주된 동기가 자기 영속임을 보았다. 자기 영속이 인간의 차원에서 의식적 문제가 되었을 때, 우리가 지탱할 수 있게 힘을 주는 사물들, 즉 태양 에너지를 흡수하고 온기와 생명을 주는 것들을 소중히 여기는 성향을 자연스레 띠게 되는 건 당연하다. 음식은 생명력을 부여하기에 신성한 요소이다. 원초적 제물이 항시 음식인 까닭은, 우리가 생명의 기반으로서 신들에게 바라는 것이 바로 음식이기 때문이다. "우리에게 일용할 양식을 주시옵고…." 나아가 음식에 힘이 담겨 있다면, 그 음식은 항상 그 자체 이상, 하나의 물리적 사물 이상이다. 신비한 내적 본질이나 영혼을 갖추는 것이다. 우유는 암소의 본질이고, 이빨은 상어의 활력과 살기를 나타내는 본질이다. 따라서 이러한 사물들을 선물로 증여했을 때, 원시인은 죽은 물건 내지 우리에게 보이는 그대로의 단순한 물체가 아니라, 생명이나 영혼의 일부, 나아가 자신의 일부를 증여한 셈이다. 왜냐하면 원시인은 생명의 흐름에 의탁하고 있었기 때문이다. 선물은 마나*의 힘, 초자연적 생명력을 지녔다.

이 힘은 증여자와 수취자 간에 유대를 형성하고 연속성을 이루도록 했다. 증여하고 답례하는 일은 이 흐름이 계속되게 만들었고, 힘의 순환을 보존했다. 우리는 포틀래치** 증여와 선수 치기 그리고 다량의 재화 폐기를 이런 방식으로 이해할 수 있다. 광대한 삶의 흐름에서 힘의 영속적 유동성은 **가능한 한 가장 많은 지출**을 통해 생겨났다. 인간은 그 흐름이 가능한 한 풍요롭게 이어지길 원했다.[7] 그렇게 되면 누가 증여하고 누가 수취하는지 구분하기 어려워지는데, 왜냐하면 모두가 그 움직임의 힘에 몸을 담고 있기 때문이다. 증여자, 공동체, 신들을 망라한 모두가 개방된 힘의 흐름에 가담했다. "내가 너에게 힘을 주었으니, 네가 힘을 가지게 하려 함이니라." 더

* [옮긴이] Mana. 멜라네시아와 폴리네시아의 신화에서 유래한 말로, 우주를 지배하는 영혼의 힘이나 주술력 같은 초자연적인 힘을 가리킨다.

** [옮긴이] Potlatch. 북아메리카 북서해안의 원주민 사회에서, 호혜적 답례를 기대하고 엄청난 음식과 선물을 나누어주거나 부를 과시하기 위해 물건을 망가뜨리는 풍습이나 의례를 가리킨다.

많이 증여할수록, 모두가 더 많이 얻는다.

권력으로서의 지출이라는 감각은 우리 현대인에게도 낯설지 않다. 우리도 원시인처럼 재화(자동차, 냉장고, 주택, 돈)가 계속 이동하기를 바라며 그것에 강박적으로 전념한다. 우리는 경제가 **움직이면**, 즉 주식시장에서 폭발적인 매수와 거래가 이루어지고 은행거래가 활성화되면, 세상이 건전하고 튼튼해지리라고 느낀다. 이렇게 생각하는 이유는 재화의 이동으로 은행에 돈이 쌓일 뿐만 아니라, 내 생각에는 우리가 쉼 없이 재화를 사고, 팔고, 순환시키는 동안에는 마술적 자유기업 경제의 힘이 우리를 위해 작동하리라는 점에 대한 신뢰감과 안정감이 실제로 나타나기 때문이기도 하다. 소비에트 사람들도 동일한 사태, 즉 재화의 생산과 소비의 순환에 동반되는 환희와 자화자찬을 경험하고 있다. 원시인처럼 현대인은 **자기에게 이미 힘이 있다고 증명하면** 자신이 번성할 수 있다고 느낀다. 물론 이는 일차원적이라는 점에서, 대부분의 현대 권력 이데올로기가 그러하듯 원시인의 포틀래치에 대한 과장된 묘사에 불과하다. 이는 보이지 않는 세계와 신들에 대한 경배에 근거를 두고 있지 않다. 원시인은 신들**에게** 증여했다. 호카트는 이를 교역의 시초로 본다. 즉 한 집단이 자기 동족의 신들에게 제물을 바쳤고, 신들도 그 집단에게 그렇게 했다는 사실에서 그 시작을 본다. 이는 서로 다른 집단 간에 서로 다른 물품을 교환하도록 이끌었고, 여기서 우리는 교환을 위한 잉여 창출의 직접적 동기를 확인한다. 제물의 교환은 항시 경쟁의 일종이었다. 자기 동족의 신들에게 누가 가장 많이 봉헌할 수 있는가. 우리는 이 경쟁이 한 개인에게 어떤 영향을 끼쳤는지 가늠할 수 있다.

자신의 잉여 제물이 다른 부족의 제물을 능가하면 승리를 거두는 경쟁에 들어가게 된 것이다. 다시 말해 경쟁 속에서 그는 우주적 영웅심, 즉 모든 사람에게 혜택이 될 수 있도록 자연에서 가장 강력한 힘을 발휘하는 특별함을 얻게 되었다. 그는 신들은 물론 인간이 보기에도 영웅이었다. 그는 사회적 명예, 즉 "잘난 체할 자격"을 얻었다.[8] 그 사람은 '거대 권력'의 소유자이다. 따라서 우리는 선물 증여와 포틀래치 풍습에서 사냥꾼의 승리감이 지속되고 있음을 알 수 있지만, 오늘날에 이는 그 자신이 만들어낸 잉여의 창출과 분배에서 구현된다. 로하임은 이러한 사태의 전개를 "나르시시즘적 자본주의", 즉 부와 주술적 권력의 등가관계라고 아주 절묘하게 표현했다.[9] 그래서 위험을 무릅쓰고 어렵사리 얻은 이 모든 잉여는 쓸모없어 보이지만, **권력**의 측면에서는 최상의 쓸모를 산출한다. 자신이 지구상에서 안전하지 않음을 알고 자기 힘에 대한 끊임없는 확증이 필요한 동물인 인간은, 바로 자신이 안전한 동물이 아니기 때문에 동물적 필요 이상으로 가차없이 노동에 몰두하는 유일한 동물이다. 인간 주도성*의 기원이 **종교적**인 까닭은, 인간이 피조물성을 경험하기 때문이다. 따라서 잉여 축적은 바로 인간적 동기의 핵심, 즉 영웅으로서 두각을 나타내려는 충동으로, 인간 조건의 한계를 초월하여 무력함과 유한성에 맞서 승리를 쟁취하려는 충동으로 나아간다.

브라운이 지적하듯, 우리는 또한 (우리가 이해하는 엄밀하게 공리주의적 의미로는) 원시인의 '노동'이 경제적일 수 없다는 걸 안다.

* drivenness. 충동의 힘에 의해 자아가 추동되어 나아감을 뜻한다. 주로 '내달림'으로 옮겼지만, 문맥에 따라서 '주도성', '추동성'으로도 옮겼다.

예컨대 개인이 '동업자'가 되는 우리의 '공동 소유'와 '집단 사업' 개념으로는 원시 세계의 다면성을 제대로 설명하지 못한다. 원시인은 신들에게 제물을 바치는 경쟁에서 승리하기 위해 노동했다. 원시인은 자신의 노동에 부합하는 정신적 가치를 획득했다. 나는 초기 칼뱅주의가 이처럼 인간과 신들의 눈에 들려는 행위의 메아리였고, 다만 지속적인 증여, 가장 귀중한 재화의 재분배가 없었을 뿐이었다고 생각한다. 원시사회의 '중요 인물'은 가장 많이 나누어주고 자신은 아무것도 챙기지 않는 사람들이었다. 때때로 족장은 싸움에서 부상당한 쪽을 달래기 위해 자신의 목숨을 내놓기도 했다. 그의 역할은 종종 부족 내에서 생명이 원활하게 흐르게 하는 수단에 지나지 않았다. (역사적 칼뱅주의와의 유사성은 이러한 정신적 가치를 위한 행위 유형에 이르면 돌연 끝난다.) 이는 사회적 삶의 핵심적 사실을 드러낸다. 심리적 이유들로 인해 **원시인은 자발적으로** 사회적 의무의 네트워크에 가담했다. 랑크가 지적했듯, 인간이 집단에 속하려면 우선 중요한 심리적 동기를 지녀야만 한다. 그렇지 않다면 집단생활을 영위하는 동물이 될 수 없을 터이다. 혹은 사실을 있는 그대로 말하고자 하는 브라운이 거론했듯, "인간은 죄를 공유하기 위해 사회조직에 가담했다. 사회조직은 (…) 공유된 죄의 구조이며 (…) 죄의 상징적 상호 고백이다."[10] 그리하여 우리는 원시 경제가 어떻게 어김없이 신성하고 공동체적이면서, 동시에 심리적으로 동기화되었는지를 한달음에 이해할 수 있다.

하지만 이러한 유형의 묘사는 마치 원시인이 무엇을 행했는지 논리적으로 설명해주는 듯하지만, 원시인을 우리의 이해 범위 너머로 몰아낼 위험이 있다. 문제는 핵심 동기인 죄에 있다. 죄가 무엇인지, 죄의 경험이 무엇을 뜻하는지 정확한 의미를 알지 못하면, 원시 경제의 신성한 본성을 이해하지 못할 수도 있다. 우리는 심지어 '가련한' 원시인보다 우리의 환상 없는 '경제적 인간'을 선호할 수도 있는데, 이러한 결론은 브라운의 논지를 완전히 허물어버릴 것이다. 하지만 브라운 자신에게도 어느 정도 책임이 있다. 그는 부분적으로 니체와 프로이트에 기대고 있으며, 죄를 약점으로 보는 그들의 몇몇 입장이 그에게 영향을 끼친 듯하다. 좀 더 심각한 문제는 브라운 스스로 인정하듯, 그가 죄의 본성에 관해 아무런 이론도 갖고 있지 않다는 점이다("죄를 궁극적으로 무엇이라 설명하든 간에").[11] 자신의 전체 주장을 그것에 기대고 있으면서도 말이다. 직접 설명하는 경우에도, 그는 죄를 억압된 쾌락의 단순한 반영으로 취급할 뿐이다. 이미 항문성애의 문제를 거론하면서 프로이트를 솜씨 좋게 질책했던 바로 그 논리다. "현재 벌어지는 충만한 쾌락의 억압은 불가피하게 그들에 대한 애정으로부터 억압이 제도화되었던 바로 그 선조들에 맞선 공격성을 방출한다. 애정의 대상에 대해 공격도 동시에 행하는 것이 죄이다."[12]

이는 죄에 대해 정신분석학이 제공하는 **하나의** 설명일 뿐이다. 즉 무한한 만족을 욕망하는 어린아이는 자신에게 반응하는 사람에게 애정을 느낄 수밖에 없다. 동시에 그들이 아이에게 도움이 되라고 그 아이를 불가피하게 좌절시키면, 아이는 그들을 향해 증오와 파괴적 충동을 느낄 수밖에 없고, 이로 인해 아이는 풀 수 없는 결박에 묶이게 된다. 이 결박은 죄의 한 유형이지만, 인간 심리에 죄의 엄청난 무게를 부과하는 **삶의 완전한 결박**의 한 측면일 뿐이다.*

죄의 분석이 그토록 어려운 이유 중 하나는, 죄 자체가 '벙어리'이기 때문이다. 죄는 이유를 모른 채 저지당하고, 결박되며, 압도당하는 느낌이다. 한 유기체가 만물의 총체성을 이해할 수는 있는데, 그 총체성과 발맞추어 움직일 수는 없는 특이한 경험이다. 인간은 이런 죄를 사물이 주는 압도적 경이로움과, 그것을 마주한 자신의 무력함에 대한 느낌으로서 독특하게 경험한다. 이 진짜 죄는 왜 인간이 기꺼이 문화에 종속되는지 부분적으로 설명해준다. 무엇보다도 자연의 경이로움보다 인간 세계가 그 풍성함에 있어 훨씬 더 황홀하고 신비롭기 때문이다. 또한 이 종속성은 양육되고 보살핌을 받는 인간의 기본적 경험에서 자연스럽게 흘러나온다. 사회적 배려에 대한 논리적 반응인 것이다. 특히 병들거나 상처를 입으면, 인간은 치유의 힘을 도구, 약물, 사람들이 힘들게 얻은 기술이 이루는 최상의 문화적 시스템에서 나오는 것으로 체험한다. 겸허한 감사의 자세는 자신의 삶을 유지시켜주는 힘들에 대해 취하는 논리적 태도이다. 아이들의 학습과 발달 과정에서 우리는 이 점을 아주 선명하게 확인한다.

* 죄에 대해 다른 곳에서 다루었던 얘기를 여기서 반복할 수밖에 없는 까닭은, 그 언급이 원시인을 이해하는 데 필수적이기 때문이기도 하고, 브라운처럼 내가 나 자신과 대화하고 있기 때문이기도 하다.

죄가 그토록 만연한 또 다른 이유는, 그 죄가 다른 많은 것들이기도 하기 때문이다. 삶에는 서로 다른 여러 결박이 존재한다. 우리는 자신의 발달 과정에서 하나의 결박에 묶일 수도 있고, 마땅히 이루어야 할 모든 것을 성취하지 못했다고 느낄 수도 있다. 우리는 자신의 신체적 측면에서도 하나의 결박에 묶일 수 있는데, 이는 항문성애의 죄이다. 자신의 신체적 부속기관과 구멍에 결박되어 벗어날 수 없다고 느끼는 것이다. 인간은 또한 자기 자리를 차지한 채 다른 사람에게 의도하지 않은 영향을 끼치기 때문에 죄를 경험한다. 예를 들어 우발적으로나 아무 생각 없이 타인에게 신체적으로 상처를 입힐 때는 말할 것도 없고, 우리가 자기 모습 그대로 있거나 자신의 자연스러운 욕망과 욕구를 따르다가 의도치 않게 다른 사람에게 상처를 줄 경우도 그렇다. 물론 이는 우리 신체의 죄의 일부로서, 우리의 내적 자아가 의도하지 않은 효과를 낸다. 랑크의 재기발랄한 표현을 빌리자면, 이는 우리가 "운명 창조"의 대상이 됨으로써 느끼는 죄이다.[13] 우리는 자신을 압박하는 것들과의 관계에서 죄를 느끼는데, 이 압박은 우리가 감당할 수 있는 것 이상으로 버겁게 느껴진다. 따라서 아내와 아이들에게 벌어질 수 있는 모든 사고, 질병 등등을 도무지 예측하고 감당할 수 없기 때문에, 우리에게 그들은 죄의 부담이 된다. 우리는 역부족을 느끼며 좌절한다. 원하는 만큼 근심 없이 자기 확장을 이룰 수 없고, 세상은 우리에게 너무도 버겁다.[14]

우리가 자신의 잠재력을 발달시키지 못할 때 죄책감을 느낀다면, 또한 지나치게 발달한 경우에도 결박 상태에 처하게 된다. 우리의 고유한 독특성이 우리에게 짐이 된다. 우리는 스스로 무난하게 감당할 수 있는 그 이상으로 '특출나다'. 죄는 진화 자체와 연관지어야 뜻이 통한다. 인간은 진화의 '최첨단'에 놓여 있다. 인간은 발달 과정이 본능에 따라 미리 정해지지 않는 동물이다. 따라서 자신의 능력껏 무엇이든 될 수 있다. 이는 글자 그대로 각 개인이 그저 동물이 아니라 인간이라는 이유만으로도 이미 어느 정도 '스스로 앞서나간다'는 뜻이다. 전통 사회에서 사람들이 거의 보편적으로 '사악한 눈길evil eye'을 두려워했던 건 전혀 놀랍지 않다. 이는 자신이 너무 눈에 띄는 것, 즉 만물의 배경으로부터 너무 많이 분리되는 것에 대한 자연스럽고 오래된 반작용을 나타낸다. 예를 들어 전통적 유대 문화에서는 발언자가 자신에게 소중한 누군가의 건강이나 성취에 관해 호의적인 말을 건넬 때마다, 바로 이어서 "사악한 눈길이 없기를kein ayin hara"이라는 주문을 덧붙였다. 이는 마치 '이 행운과 특출함이 너무 눈에 띄는 바람에 망가지지 않기를'이라고 말하는 듯하다. 어떤 사람들은 너무나 특출나서 매일 감당할 수 없게 노출되는 정도까지 개별화의 강렬함을 성취하는 경우도 있다. 하지만 어떤 사회의 평균적 인간이든 이미 어떤 동물이 할 수 있는 것보다 더 개별자로 존재한다. 이것을 판단하는 시금석은 인간의 얼굴에 있다. 인간 얼굴은 자연에서 가장 개별화된 동물적 표정이다. 얼굴에 매료되는 까닭은 바로 독특하기 때문이며, 자연과 진화의 측면에서 얼굴이 자아실현의 강렬함을 통해 생명력의 약동을 드러내는 가장 완전하게 발달된 표현으로서 도드라지기 때문이다. 우리는 왜 생명력이 이런 식으로 개별화되고, 이를 통해 무엇을 이루고자 하는지 알지 못한다. 하지만 생명력이 개별화되는 것은 우리가 머리와 얼굴을 경험적 증거로, 나아가 죄의 부담으로 지니고 있기 때문임을 우리는 어김없이 알고 있다. 우리는 삶의 성숙이 삶 자체의 짐이라고 말할 수 있다.

내가 이러한 존재론적 사유에 공을 들이는 매우 합당한 이유가 있다. 이 생각들을 통해 우리를 마음속 깊이 괴롭히는 것이 무엇인지 알게 되기 때문이다. 우리의 얼굴이 자연의 가장 개별화된 부분이라면, 그리고 우리가 진화의 최첨단을 구현하고 더 이상 안전하게 자연의 배경 속에 포함되지 못하기 때문에 얼굴의 특출함이 우리에게 부담이 된다면, 정말 그렇다면 **머리를 소유하는 것**도 위험하다는 얘기가 된다. 내 생각에 인류는 이 위험을 (특히 원시적 경험의 차원에서는) 암묵적으로 항상 인지해왔다. 나는 레빈A. J. Levin이 사회에서 "머리를 소유하는 일은 범죄이다"라고 한 말이 옳다고 생각한다. 역사적으로 각 사회는, 특히 원시사회 단계에서는 과도한 개별화를 용납하지 않았다. 레빈은 이 관행이야말로 머리사냥head-hunting에 대한 가장 단순한 해명이라고 덧붙임으로써 중요한 암시를 한 것 같다.[15] 물론 보편화된 머리사냥을 향한 열정을 하나로만 설명할 수는 없다.[16] 하지만 어쩌면 머리 따기의 다양한 형태의 밑바탕에는, 머리가 가장 개인적 부위이자 자연에서 가장 두드러지게 돌출된 부위이기 때문에 전리품으로 각광받는다는 점이 있을 것이다. 또한 어떤 의미에서 머리사냥은 너무 눈에 띈다는 자신의 죄를 타인에게 투사하는 방법일 수도 있다. 그렇게 되면 그들의 머리는 그 죄를 갚기 위한 희생양으로서 취해진다. 이는 마치 '이게 그토록 뻔뻔하게 눈에 띄었던 너에게 가르침을 줄 거야'라고 말하는 듯하다. 분명 우리는 참수형이 시행되고 머리가 공개적으로 전시되는 사회들에서 이런 점을 감지한다. 이는 개별성의 파괴가 가장 첨예하게 드러나는 지점이며, 따라서 법규가 위반되었을 때 공동체의 체면을 세우는 일이 된다. 이러한 생각을 논리적으로 한 걸음 더 밀고 나가면, 우리는 그렇지 않았다면 우스꽝스럽게 보였을 기초적인 정신분석학적 관념을 이해할 수 있게 된다. "문화의 관점에서는 사는 것이 곧 범죄다."[17] 다시 말해 산다는 건 곧 도드라지는 일이며, 안전한 경계를 넘어서는 일이다. 따라서 도드라진다는 건 위험을 자초하는 일이고, 집단에 재난을 불러올 가능성의 지점이 되는 것이다.

이 모든 점을 감안해서 보면, 우리는 브라운이 사회조직이란 공유된 죄, 즉 죄에 대한 상징적 상호 고백의 구조라고 했던 말의 참뜻을 훨씬 수월하게 이해할 수 있게 된다. 인류에게는 어떤 식으로든 속죄를 하지 않으면 도저히 감내할 수 없는 결박에 묶이게 만드는 무수한 것들이 있다. 각 개인은 자기 자신의 출현과 유기체성이 내부로부터 속수무책으로 혼란을 겪고 외부로부터 압도당하는 수많은 방식을 감내할 수 없다. 각 개인은 그 무엇에게로 다시 밀어 넣어지지 않는다면, 문자 그대로 퇴출당해서 날아가 버리거나 지독한 불안이 그의 내면을 갉아먹을 것이다. 죄의 주요한 보편적 특성이 반드시 공유되어야 하는 이유가 여기에 있다. 인간은 홀로 견딜 수 없다. 그리고 이 점이야말로 브라운이 "고대인이 증여하는 까닭은 패배하고 싶기 때문이다. 그 심리는 (…) 자기희생적이다. (…)

증여자가 잃고 싶은 것은 죄이다"라고 말할 때 뜻한 바이다.[18] 혹은 비유적으로 말하자면, "증여 콤플렉스에서 어머니에 대한 의존성이 확인되며, 이는 타인을 돌봄으로써 극복된다."[19] 다시 말해 사회는 의존성의 극화이자, 진화 과정에서 자연뿐만 아니라 자기 자신도 달래는 방법을 찾아야 하는 한 동물이 상호 안전을 확보하기 위해 하는 활동이다. 우리는 원시인이 이러한 문제들, 즉 죄와 부채에 대해 현대인보다 더 솔직했다고 결론 내릴 수 있다. 왜냐하면 그들은 자연에 맞선 인간의 절박한 처지에 관해 더 현실적이었기 때문이다. 원시인이 사회적 삶을 신성한 모체 속에 마련했던 이유는, 반드시 그가 후대에 비해 더 두려움이 많거나 더 자학적이었기 때문은 아니며, 오히려 어떤 근본적인 방식으로 현실을 더 선명하게 바라보았기 때문이다.[20]

이 점을 인정한다면, 우리는 이 문제로 법석을 떨지 않도록 신중해야 한다. 내 말은 죄의 동기를 통해 살아가는 집단이 모두 겸손하거나 자기 겸양적이지는 않다는 뜻이다. 선물 증여를 살펴보면서 알게 되었듯, 속죄뿐만 아니라 권력에 대한 노골적인 인정 역시 증여 행위 뒤에 놓인 주요 충동이다. 죄가 두려움과 무기력함의 경험이라면, 스스로 한 집단에 소속되는 일은 죄를 적극적으로 이겨내려는 방편이다. 오직 집단만이 막대한 수확, 위험한 동물과 많은 동물의 포획, 세밀한 기술에 바탕을 둔 근사하고 섬세한 물품의 제조 등등을 통해, 거대한 잉여를 창출하고 낭비벽 심한 권력을 만들어낼 수 있다. 태고부터 집단은 거대 권력, 장대한 승리, 풍부한 삶을 표방해왔다.

영웅주의와 참회: 인간의 두 측면

이와 같이 죄의 양면을 두루 살펴보면, 우리는 원시인이 인간에게 가장 필요한 두 가지를 스스로에게 할당했음을 알 수 있다. 하나는 인간을 영웅으로 만드는 명성과 권력의 경험이고, 다른 하나는 인간됨의 죄에서 벗어나게 하는 속죄의 경험이다. 증여 콤플렉스는 이 두 가지를 최상의 방식으로 해결했다. 인간은 무언가를 증여하기 위해 어떤 형태로든 경제적 잉여를 창출할 수 있는 노동을 했다. 다시 말해 인간은 마치 신문 배달로 번 수입을 집에 가져와 가족 금고에 예치하는 착실한 아들처럼, 영웅주의와 속죄를 동시에 성취했다. 인간은 동일한 몸짓으로, 즉 영웅주의-속죄의 몸짓으로 자연에서 돌출했다가 자연에 귀속했다. 인간은 다른 무엇보다도 자존감을 필요로 한다. 인간은 우주적 영웅이 되어, 자신의 에너지로 다름 아닌 신들 자체의 위대함과 쾌락에 이바지하고 싶어 할 따름이다. 동시에 이 영웅주의는 스스로 감당할 수 없을 정도로 자신을 부풀릴 위험을 안고 있다. 인간이 신들 자체와 너무도 대등한 존재가 되어버리기에, 그 스스로 이 위험한 권력을 거부해야만 한다. 그렇게 하지 않으면 균형을 잃게 되고, 그리스인이 이해했던 의미로서의 오만hubris이라는 커다란 죄악*을 저지르게 된다. 오만은 권력의 진짜 원천이 어디 있는지 망각하고, 그 권력이 자기 자신 속에 있다고 상상하는 일을 뜻한다.[21]

* [옮긴이] 이 책에서 "guilt"는 '죄'로 "sin"은 '죄악'으로 번역했다. 저자에게 죄는 특정한 행위와 연관되고, 죄악은 종교적이고 윤리적 차원의 그릇됨을 뜻한다.

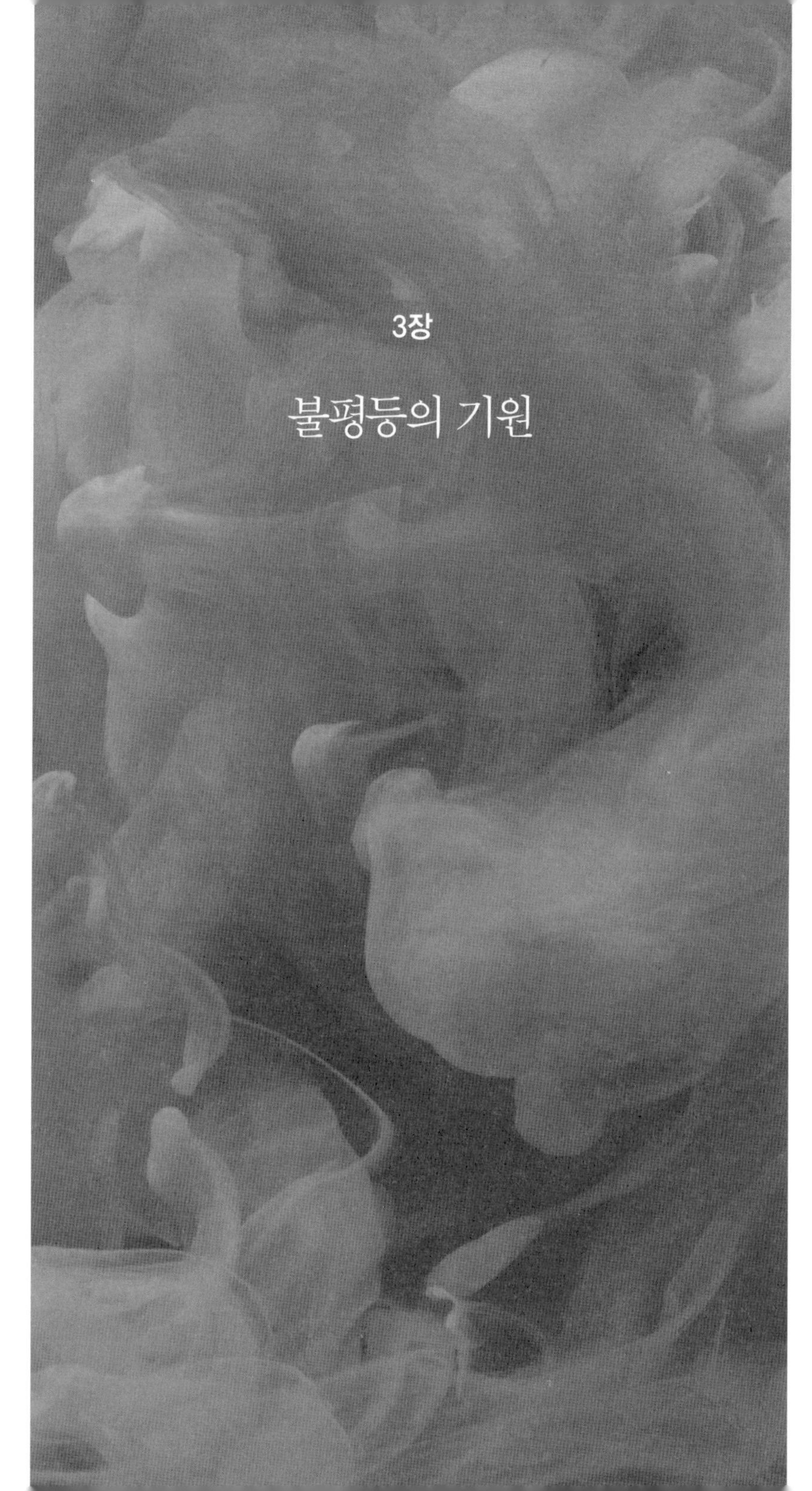

3장

불평등의 기원

족쇄밖에는 아무것도 잃을 것이 없는 계급이 있다면, 그 계급을 옥죄는
족쇄는 스스로 부과한 것, 즉 신경증적 환각이 가하는 모든 위력으로 인해
객관적 현실처럼 보이는 신성한 의무들이다.

— 노먼 브라운[1]

인간 불평등의 기원이라! 이는 지구를 샅샅이 뒤져 타락하지 않은 상태의 인류를 찾으려고 노력했던 18세기 사상가들을 들뜨게 만들었던 문제였다. 초창기 항해와 초기 인류학으로부터 그들은 원시사회가 상당히 평등 지향적이었고, 당시 문명사회와 비교했을 때 원시인이 훼손되지 않고 충동에 집착하지 않는 종류의 삶을, 그리고 자신을 둘러싼 세계에 해를 거의 끼치지 않는 삶을 살았다는 것을 이미 보았다. 그 사회는 레비스트로스가 200년 후에 아마존에서 찾아 나섰던 것과 동일한 종류의 세계였고, 그는 이 세계에 대해 이전 목격자들이 썼던 것과 유사한 형태의 묘비명을 남겼다.

《쇠락하는 세계》.[2]

역사와 문명이 발달해온 방식에 대해 어느 누구도 만족하지 않았고, 당시 많은 사상가는 인간에 의한 인간의 억압 과정의 첫 단계가 정확하게 규명될 수 있다면 문명의 쇠퇴를 멈추고 나아가 되돌릴 수도 있다고 생각했다. 그들은 인간이 어떻게 자신의 비참한 상태에 이르렀는지 알게 된다면, 그로부터 빠져나오기 위해 영리하고 과학적인 모든 노력을 기울일 것이라고 믿었다. 그들은 또한 이렇게 생각했다. 일단 자신이 엉망진창이 되어버린 이유를 인간이 깨닫게 된다면, 인간 본성에는 그가 새로운 사회적 세계를 세우는 일을 방해할 타고난 사악함이 존재하지 않는다고 말이다.

저 위대한 루소는 핵심을 파악하는 비상한 직관으로, 자신의 유명한《인간 불평등 기원론》(1755)에서 이 작업에 착수했다.[3] 이 논설에서 루소는 어떻게 인간이 원시의 순수 상태로부터 계급과 국가라는 갈등으로 점차 타락해갔는지 추론했다. 루소의 생각이 끼친 영향력에 관한 전체 이야기는 잘 알려져 있기에, 여기서 다시 되풀이하지는 않겠다. 내가 하려는 이야기는 루소가 자신이 원했던 바를 이루는 데 실패했다는 것, 그리하여 그를 추종했던 모든 전통도 실패했다는 사실을 독자에게 되새겨주는 일이다. 나는 왜 그 작업이 실패했는지 간추려 정리하고자 한다.

마르크스주의 전통이 루소의 작업을 근거로 삼았던 이유는, 그의 입장이 정확하게 마르크스주의자들이 원했던 것이기 때문이었다. 국가가 인민을 장악하기 위해 난폭하게 행동하고, 인민에게서 노동의 결실을 빼앗으며, 그 결실을 주로 엘리트끼리 나눠 가졌다는 고

발이 그것이다. 그들은 착취가 시작되기 이전에 인민이 자신의 동료에게 행했던 배려를 사회에 주지시키려고 노력했고, 자신에게 의미 있는 노동의 결실을 누릴 권리가 있었음을 깨닫고 나면 인민은 떨쳐 일어나 자신을 노예로 만든 사슬을 부숴버릴 것이라고 말했다. 이것은 저 위대한 《공산주의 선언》의 메시지이자, 20세기 대중 혁명의 권위였다.

하지만 우리 시대의 거대한 환멸은 이 중 어느 것도 인간 해방에 이르지 못했다는 점이다. 인민 대중은 여전히 개인이 아니라 무리로 취급받고, 여전히 꼭두각시처럼 전쟁터로 보내지며, 온종일 자신이 만들지도 통제하지도 못하는 목적을 위해 노예처럼 일하고 있다. 요컨대 우리 시대의 거대한 혁명들은 국가라는 지배 구조에 대항했지만 국가의 소멸에 이르지 못했고, 따라서 인간의 평등과 자유에 도달하지 못했다.

무엇이 잘못되었을까? 분명코 최초의 청사진에 그려진 계획에 무언가 문제가 있었다. 디종 학술원이 제기한 그 문제에 관한 루소의 해답은 완성되지 않았거나 핵심을 벗어났던 셈이다. 우리는 마르크스주의 전통이 인간 사이의 불평등이라는 문제에 답하지 못했다고 결론 내려야 한다. 이러한 엄청난 역사적 깨달음으로 인해 우리 시대의 선도적인 사회학 학파(프랑크푸르트 학파)의 작업이 촉발되었고, 이들은 마르크스를 넘어서 새로운 종합으로 나아가는 작업에 전념했다. 즉 유물론적 차원과 심리학적 차원의 설명의 병합, 즉 '마르크스와 프로이트의 통합'을 지향했던 것이다.

인간을 노예화하는 것이 권력과 강압만이 아니라면, 스스로의 몰락에 이바지하는 무언가가 인간 본성에 내재하는 것이 틀림없다. 그렇기에 국가는 인간의 최초이자 유일한 적이 아니며, 인간 자신은 '내부의 적'을 품고 있다. 브라운은 이 문제를 아주 적절하게 지적했다.

> 우리는 여기서 사회 이론의 궁극적인 교차로 중 하나에 당도한다. (…) 만일 문제의 원인이 강압이라면, '수탈자들을 수탈하기'로 족할 것이다. 그러나 강압이 주인의 지배를 확립하지 못한다면, 어쩌면 노예가 어떤 식으로든 자기 자신의 족쇄에 애착을 느끼는 것일 수도 있다. (…) 이는 더 심층의 심리학적 질병이다.[4]

이 "더 심층의 질병"에 관해 우리가 알고 있는 바를 검토해보자. 이는 인간 불평등의 기원에 관한 역사에서 심리학이라는 매력적인 장에 해당한다.

흥미롭게도 루소 자신이 바로 그 유명한 논설에서 최초의 심리학적 설명 중 하나를 제시했던 인물이다. 두 세기에 걸쳐 혁명가들을 자극했던 유명한 문구에서 루소는 이렇게 말했다.

> 한 뼘의 땅에 울타리를 세운 뒤, "이건 내 땅이야"라고 말할 생각을 머릿속에 품고, 사람들이 그 말을 믿을 만큼 단순하다는 것을 알았던 최초의 사람이 문명사회의 진정한 설립자였다.[5]

다시 말해 원시적 평등은 사적 소유로 인해 끝장났으며, 이는 부의 차등적인 개별 소유권으로 귀결되었다. 하지만 요체는 루소가 그 사람이 그 땅을 **강제로** 취했다고 말하는 게 아니라, 오히려 그것이 그의 주변 사람들의 **마음속에** 있는 무언가 때문이라고 말한다는 점이다. 불평등의 기원에 관한 자신의 이론을 전개하면서, 루소는 부를 마지막 단계에 두고 "개인적 특성"을 첫 번째 단계에 둔다. 개인적 특성이 계급과 권력의 구분을 생겨나게 하며, "부는 다른 불평등들이 귀착되는 최종적 불평등이다."[6] 개인적 특성은 "고려할 만한 유일한 사안이다."

> 최고의 노래꾼이나 춤꾼, 최고의 미인, 최고의 강자, 최고로 노련한 사람, 혹은 가장 언변이 좋은 인물이 가장 크게 존경받게 되었다. 그리고 그것이 불평등으로 가는 첫걸음이었다.[7]

혁명가에게 최초의 가장 영향력 있는 소책자 중 하나, 반反국가론자에게 수탈과 불평등의 남용을 끝장내기 위한 선명한 메시지를 제공한 이 소책자 **자체가 불평등이 기원한 첫걸음을 설명하면서 개인적이고 심리학적인 근거에 기대고 있다**는 점은 어쩌면 역사의 아이러니일 것이다. 사회적 불균형은 개인적 장점의 차이와 그 장점에 대한 타인의 인정 때문에 생겨난다. 루소가 그 글을 쓴 지 얼마 지나지 않아 애덤 퍼거슨Adam Ferguson이 사회의 역사에 관한 자신의 저명한 작품을 발표했는데, 그 책에서도 사회적 불평등이 원시 단계에서 비교적 부재했던 이유가 재산의 상대적 부재 때문이었다고 주장했다.[8] 수렵과 채집에 토대를 둔 경제를 영위했던 가장 평등주의적인 원시사회에서는, 계급 구별이 없고 한 개인의 다른 개인에 대한 권위가 거의 없다. 소유물은 단순하고 부의 실제적 차이가 없다. 재산은 평등하게 분배된다. 하지만 심지어 이러한 단계에서도 개별적 차이는 인정되고, 이미 실제적인 사회적 차별화가 이루어진다. 다른 사람들을 강제할 권위는 거의 없다 해도 영향력을 행사할 여지는 많으며, 이 영향력은 항시 개인적 특성, 즉 수렵과 전쟁에서의 탁월한 기량, 보이지 않는 세계의 영혼을 다루는 뛰어난 재능, 혹은 그저 육체적 힘과 끈기에서 생겨난다. 때때로 나이를 먹었다는 것 자체가 영향력을 부여할 수도 있다. 누군가 다른 사람들보다 더 오래 산다면, 특히 너무나 많은 사람이 때 이르게 죽는 상황에선, 그 사람은 종종 특별한 힘을 지녔다고 여겨진다.

노련한 사냥꾼과 용사는 실제로 이러한 특별한 힘을 전리품과 실력을 과시하는 장식용 배지의 형태로 내보일 수 있다. 살해한 적수의 머리 가죽과 이빨, 깃털 및 다른 장식품들은 보통 마법의 힘이 담겨 있어 호신용으로 사용되었다. 만약 누군가 자신이 얼마나 큰 힘을 지녔고 자신의 위업이 얼마나 웅장한지 보여주는 엄청난 양의 전리품과 배지를 착용하면, 엄청난 마나를 지닌 인물이 되어 적들의 마음을 말 그대로 공포에 떨게 만들었다.[9] 용사와 사냥꾼의 정교한 장식품들은 그를 아름답게 치장하기 위해서가 아니라, 그의 기량과 용기를 전시하여 두려움과 경외심을 심어주기 위한 것이었다. 이는 그에게 자동으로 사회적 우월성을 부여했다. 자기가 이룬 성취, 용맹함과 탁월함의 가시적 기억을 드러내는 증표를 착용함으로써, 그는 비슷한 과시를 할 수 없는 모든 사람이 보는 앞에서 자신의 우월성을 뽐낼 수 있다. 수Sioux 부족은 가죽 모카신moccasin에 특정한 장식을 함으로써, 자신이 얼마나 많은 말을 포획했고, 얼마나 많은 적을 살해했으며, 용사 자신이 부상을 당했는지 등등을 알릴 수 있다. 그가 꽂은 깃털과 그 깃털을 물들인 색깔로도 비슷한 내용이 전해졌다. 다른 부족들 사이에서는, 전쟁에서 공적을 남긴 용사에게 특정한 흉터와 문신을 새길 자격이 부여되었다. 각 용사는 말 그대로 자신이 참여한 군사작전을 표시하는 걸어 다니는 기록물이었다. 오늘날 군인의 가슴에 달린 '과일 샐러드'*는 이런 공적인 고지의 직계 후손이다. "내가 누군지 봐. 어디에서 무엇을 했는지 말이야. 내가 죽음도 아랑곳 않는 저승사자처럼 싸우면서 얼마나 공적을 쌓았는지 보라고." 물론 훈장은 실제로 얼굴과 어깨에 난 상처나 이마와 눈 부분이 달린 머리 가죽을 휴대하는 것보다는 구체성이나 생생함이 덜하다. 하지만 그것은 동일하게 뽐내며 걷고, 사회적 명예를 드러내며, 원시사회 용사의 전형적 질문을 던질 권리를 부여한다. "네까짓 게 뭔데 나한테 함부로 떠들어? 네 문신 표식은 어디 있지? 네가 누굴 죽였기에 나한테 말을 거는 거야?"[10]

그러면 이들은 예우와 존경을 받거나 두려움의 대상이 되며, 이는 그들에게 영향력과 위세를 부여한다. 그뿐만 아니라 실질적인 혜택과 특권도 부여된다. 우리가 어린아이일 때 동네의 뛰어난 아

---

* [옮긴이] fruit salad. 미국 군대의 '리본 훈장medal ribbon'을 가리킨다. 리본 훈장이란 금속 막대에 리본을 부착한 작은 배지로, 실제 훈장을 착용하기에 적절하지 않은 경우에 대신 착용한다.

이를 따를 뿐만 아니라, 많은 양의 사탕을 그에게 주었다는 사실을 떠올려보자. 개인적 위업이 있는 원시인은 성인 남성이 가장 원하는 것, 즉 아내를 얻었다. 그들은 다른 사람보다 쉽게 아내를 얻었고, 특히 그들이 노련한 사냥꾼이라면 때때로 한 명 이상의 아내를 취했다. 또한 어떤 경우에 이름난 사냥꾼은 자신의 특별한 사냥 전유물로서 부족의 공유 재산인 땅을 차지하곤 했다.[11] 사정은 대체로 이러했다.

나는 세습된 특권과 사적 축적의 증대에 관한 방대한 문헌으로부터 이론적 세부 사항을 정리할 생각조차 없다. 게다가 정확히 어떻게 계급사회가 존재하게 되었는지에 관해서는 일치된 의견이 거의 없다. **계급 이전**의 사회가 어떠했는지에 관해서는 일반적 합의가 있지만, 이행 과정은 신비에 싸여 있다. 다양한 요소가 역할을 했으며, 그 요소들을 분해해서 각각에 적절한 비중을 부여하는 일은 불가능하다. 또한 그 과정은 단일하거나 단선적이지도 않았을 것이다. 이는 모든 지역의 모든 사회에서 마찬가지이다. 물질적 요소에 심리적 요소를 더한다면, 이제 우리는 인구 밀도와 자원의 희소성 같은 생태적이고 인구학적인 요소도 첨가해야만 한다.[12] 권위자들 사이의 논쟁에 내 머리를 불쑥 내밀었다가, 그 머리가 쓱 잘려나가길 원치는 않는다. 그래서 나는 비록 무엇이 본질적인가에 대해 여전히 초점을 맞추겠지만(내 생각에 그 본질은 인간 본성과 동기에 있다), 그러한 논쟁은 피하고 싶다. 지난 두 세기 동안 가장 민감한 연구자들은 실로 아무도 눈치채지 못하는 사이에 계급과 계층화된 사회가 생겨났다는 사실에 동의할 것이다. 그 사회는 점진적으로 불가피하게 그냥 '생겨났다'. 따라서 내가 보기에 핵심 질문은 정확히 어떻게 그런 사회가 생겨났는지가 아니라, 왜 그것이 생겨나는 걸 허용했는지, 인간 본성 속 무엇이 그 과정과 그토록 기꺼이 보조를 맞춰 나갔는지이다.

내게 이 질문에 대한 대답은 대단히 명확해 보인다. 나는 원시인이 재능과 장점의 차이를 인정했고, 이미 그것을 어느 정도 추종했으며, 그것에 특권을 부여했다고 언급했다. 왜 그랬을까? 분명 이러한 자질들이 목숨을 보장하고 부족의 영속성을 확보하는 데 도움이 되었기 때문이다. 사냥과 전쟁의 위험에 따르는 성취가 특히 결정적이었다. 왜 그랬을까? 이러한 행위에서 특정 개인들이 죽음에 맞서는 데 유달리 뛰어날 수 있기 때문이다. 그들이 과시했던 증표와 노획물은 불멸성의 힘 혹은 내구성 있는 힘(두 힘은 사실 동일하다)의 표지였기 때문이다. 우리가 이런 사람들과 동일시하고 그들을 추종한다면, 우리는 그들이 지닌 것과 동일한 면역성을 획득하게 된다. 이것이 역사에서 영웅이 하는 기본적 역할이자 기능이다. 영웅은 자신의 목숨 자체를 내기에 걸고, 성공적으로 죽음을 이겨낸 인물이다. 사람들이 그 영웅을 추종하고 결국에는 그의 기억을 숭배하는 까닭은, 그가 자신들이 가장 두려워하는 것, 즉 소멸과 죽음에 대한 승리를 체현하기 때문이다. 그 영웅은 죽음에 대항한 승리라는 독특한 인간 수난극의 초점이 된다.

잠시 루소로 돌아가면, 이제 우리는 "자연 상태"의 인간이 자유롭다가 이후에야 자유롭지 않게 된다는 생각이 얼마나 공상적인지 알 수 있다. 인간은 자유로웠던 적이 없으며, 자신의 본성으로부터 자유로울 수 없다. 인간은 **자신의 내부에** 지속적인 삶의 유지를 위해 필요한 속박을 지니고 있다. 랑크가 잘 알려주듯, 루소는 단지 인간 본성의 모든 측면을 이해할 수 없었을 따름이다. 즉 루소는 "모든 인간 존재가 또한 똑같이 자유롭지 못하다는 것, 다시 말해 우리는 태어날 때부터 권위를 필요로 하며 심지어 자유로부터 감옥을 만들어내기도 한다는 것을 알 수 없었다."[13] 이러한 통찰은 현대 정신분석이 성취한 결실이며, 이런 결실을 뒤로 한 채 루소의 꿈이나 유토피아적 혁명가로 되돌아갈 수는 없다. 그 통찰은 인간 조건의 핵심과 역사적 불평등을 출현시킨 주요한 역학을 관통한다. 우리는 랑크를 좇아, 원시 종교가 "최초의 계급 구분을 개시한다"고 말해야 한다.[14] 다시 말해 개인은 자기 자신의 삶과 죽음을 보호하려 정신세계에 의탁한다. 이렇게 되면 그 개인은 애초부터 2급 시민이다. 따라서 최초의 계급 구별은 필멸과 불멸 사이, 나약한 인간의 힘과 특별한 초인간적 존재 사이에 놓였다.

일단 이런 기반에서 사태가 시작된다면, 이 최초의 추동력으로부터 계급 구별이 지속적으로 전개되리라는 것은 지극히 자연스럽다. 초인적 힘을 체현했던 개인들, 혹은 어떤 식으로든 그 힘에 접속하거나 필요한 경우에 그 힘을 행사할 수 있었던 개인들은 영혼 자체에 결부된 능력, 즉 다른 사람을 지배하는 능력을 동일하게 지니게 되었다. 인류학자 로베르트 로위Robert Lowie는 모든 원시인 가운데 가장 평등한 부족인 플레인스Plains 인디언 부족에 대한 전문가였다. 그가 밝힌 바에 따르면, 이 맹렬하게 독립적인 인디언조차 습격대를 조직할 때면 평소의 평등주의적 태도를 포기했다. 크로Crow 인디언은 자신들의 초자연적 수호신에 의해 촉발될 때만 습격을 조직하며, 수호신을 추종하는 모든 사람은 그와 그의 정신에 전적으로 의지했다. 다시 말하지만 특정한 인간 개인에 체현된 보이지 않는 세계의 지배성은 그들의 동료를 한시적 노예로 만들었다. 원시인에 관한 일반적 진술을 내놓는 데 로위보다 조심스러운 사람은 없지만, 사회진화에 관한 사유에 이르자 그는 단도직입적인 선택을 했다.

> 나는 초자연적 힘의 담지자를 둘러싼 경외심이 좀 더 복잡한 정치적 발전의 심리적 기반을 형성했다고 주장한다. (…) 동료 용사의 허세를 조롱했던 바로 그 인물이 신들의 총애를 받는 이 앞에서는 굽신거리며 그에게 '무조건적인 복종과 존경'을 바친다.[15]

권력의 형상과 권력의 원천

원시인은 권력 앞에 솔직했고, 정신적 우주론에서 권력은 상대적으로 노골적이다. 권력은 조상과 영혼이 모여 있는 곳에서 나온다. 우리 사회에서 권력은 기술에 있고, 우리는 기술이 만들어낸 인공품을 힘들이지 않고 생각 없이 이용하며 살아가기에, 권력에 거의 기대지 않는 듯 보인다. 앞에서 언급했듯, 비행기, 발전기, 전화선에 뭔가 문제가 생기기 전까지는 그렇다. 문제가 생기면 우리는 '종교적' 불안이 스며 나오는 것을 목격한다. 권력은 모든 시대의 인간을 지탱해주는 삶의 맥박이며, 권력의 형상과 권력의 원천을 이해하지 못하면 연구자는 사회 역사에 관해 어떤 핵심적인 것도 이해할 수 없다.

인간이 계층화된 사회로 '전락'한 역사는 인간이 가장 바라는 힘, 유기체로서 영속하고 경험을 지속하게 해주는 힘에 기대고 있는 영웅의 형상들 근처까지 거슬러 올라갈 수 있다. 우리는 다시 우리 논의의 시작점에서 실마리를 찾아, 그것이 이 지구상에서 인간의 내력과 얼마나 긴밀하게 얽혀 있는지를 본다. 원시인이 살아 있는 인간 존재의 권위에 속박되어 있지 않았더라도, 적어도 어딘가에는 어떤 '영웅'을 품고 있으며, 이미 언급했듯 이는 정신적 힘, 대개는 타계한 망자亡者인 선조의 힘이다. 이 관념은 우리 현대인에게 무척 낯설어 보이지만, 원시인에게 가장 큰 권력의 소유자는 종종 망자였다. 인생에서 개인은 제의적 의례를 통과하여 삶을 도와주는 더 큰 권력과 더 큰 영향력을 지닌 상태로 나아간다. 많은 원시인에게 죽음은 무엇보다 가장 강한 힘에 이르는 최후의 승격이며, 보이지 않는 영혼의 세계로 이행하여 자신들의 새로운 거주지에서 눈에 보이는 세계를 이용하고 조종하는 능력을 갖추는 일이다.* 가장 선도적인 호카트를 비롯한 많은 사람은 원시인이 우리만큼 죽음을 두려워하지 않았다고 주장했다. 하지만 이러한 평정심은 원시인이 대체로 자신의 특

---

* 이 현상은 원시인 사이에서 결코 보편적이지 않다. 어떤 부족은 죽은 직후 얼마 동안만 망자를 두려워하고, 그 뒤에는 망자가 약해진다고 생각했다. 어떤 부족은 요절하는 바람에 산 자를 시기하는 사람의 영혼 등등과 같이, 완성되지도 완결되지도 못한 삶을 대변하는 영혼들을 특별히 두려워한다. 폴 래딘은 상호작용론자의 관점을 솔직하게 인정하면서, 죽은 사람은 살아 있을 때뿐만 아니라 죽어서도 통제될 수 없기 때문에 두려움을 준다고 말한다. Paul Radin, *The World of Primitive Man*(New York: Grove Press, 1960) p. 143.

정한 문화적 이데올로기에 단단히 침잠해 있었기 때문이라는 사실을 우리는 알고 있다. 이는 본질적으로 삶의 이데올로기, 즉 어떻게 버텨내면서 죽음을 이겨낼 것인지에 관한 이데올로기이다.

인간이라는 동물에게 권력이 갖는 중요성은 이해하기 쉽다. 유기체의 전체 세계가 권력의 측면에서 구조화되어 있기에, 권력은 정말로 인간 존재의 기초적 범주이다. 토머스 홉스가 인간은 "하나의 보편적 성향, 즉 항구적이고 지칠 줄 모르기에 오직 죽음에 이르러서야 그치는, 권력 추구의 욕망"으로 특징지어진다고 말할 수 있었던 건 놀랍지 않다.[16]

아이가 처음 배워야 하는 것 중 하나는 자신에게 어느 정도의 힘이 있는지, 그리고 타인과 세상은 어느 정도의 힘을 지니는지이다. 아이는 이 점을 깨우쳐야 확실히 생존할 수 있다. 아이는 어떤 힘에 의지해야 자신의 삶을 도모할 수 있는지, 그리고 생명을 지키기 위해 어떤 힘을 두려워하고 피해야 하는지 아주 자세하게 배워야만 한다. 따라서 힘은 인간 존재의 기초 범주로서, 말하자면 인간은 이에 대해 타고난 존중심을 지닌다. 힘에 관해 잘못 판단하면, 다른 어떤 것에 대해서 옳게 판단할 기회도 얻지 못한다. 그리고 유기체가 자신의 힘을 잃으면, 생명력의 감소와 죽음으로 이어진다. 따라서 원시인이 힘의 위계를 곧바로 개념화하여 그에 따라 살아가며, 그 위계에 가장 강렬한 경이를 표하는 건 별로 놀랍지 않다. 인류학은 원시적 사유의 기초 범주가 마나와 금기의 관념임을 발견했는데, 우리는 이를 간단히 '권력'과 '위험'이라고 혹은 (권력이 있으니) '조심하라'라고 번역할 수 있다. 따라서 삶, 인간, 세상에 대한 탐구는 권력 분배에 관한 각성으로 집약될 수 있다. 활용할 수 있는 더 많은 마나를 찾고, 더 많은 금기를 피할수록, 더 좋다.

하지만 권력은 보이지 않는 신비다. 권력은 폭풍우, 화산, 별똥별, 봄, 갓난아기 같은 자연으로부터 솟아난다. 그리고 재, 겨울, 죽음 같은 자연으로 돌아간다. 우리가 권력을 감지하는 유일한 길은 그 움직임을 통해서이다. 마나라는 관념, 혹은 보이지 않고 초자연적인 영역에서 분출하는 특별한 힘이라는 관념은, 오직 비범하고 빼어나며 특출난 것, 즉 필수적이거나 예상 가능한 것을 초월하는 그 무엇에서만 목격할 수 있다. 맨 처음부터 아이는 삶의 경이를 경험하며, 자신의 생존과 안녕의 문제를 타인에게서 발견한다. 따라서 아이가 그 속에서 신비로운 삶의 특별함에 만족하는 듯한, 혹은 이해하거나 감당할 수 없는 힘에 압도되어 두려움을 느끼는 듯한 가장 내밀한 장소는 바로 사람이다. 따라서 특별한 힘의 분출을 발견할 수 있는 가장 직접적인 장소가 개인들의 행위와 특성이라는 것은 당연하다. 그래서 앞서 보았듯이, 사냥에서의 특출함, 일정 수준 이상의 재능과 완력, 전쟁에서의 남다른 용맹심은 곧바로 추가적인 힘이나 마나를 갖추었다고 여겨지는 이들을 부각시켰다. 그들은 존경심과 특권을 획득했고, 자산이자 위험이라는 이유로 그들을 조심스럽게 다루어야만 했다. 바로 그들의 육신이 가시적인 세계와 비가시적인 세계 사이의 개방된 샘물이었고, 권력은 전기회로가 통하듯 그 육신을 관통했다.

원시사회 단계에서 초자연적 권력을 참칭했던 가장 뻔뻔한 인물은 치료 주술사 혹은 샤먼shaman이었다. 이런 이들은 망자의 세계에 들어갔다가 다치지 않고 빠져나오는 특별한 재주를 발명해냈다. 이들은 이런 초자연적 행보를 거듭하면서, 부족이나 부족의 성원이 강력한 영혼들의 세계와 관계하는 일이라면 무엇이든 자기 힘으로 해결했다. 그 사람은 죽은 영혼을 저세상으로 안전하게 인도하기 위해 건너가고, 보이지 않는 영혼을 구슬려서 병든 사람을 놓아주도록 조치하는 등등의 일을 했다. 샤먼은 '죽었다가' 어김없이 부활했고, 따라서 죽음과 악에 대항한 인간의 승리를 주기적으로 연출했으며, 보이지 않는 힘의 세계와 인간 사이의 연결 고리를 세웠던 영웅이었다. 그 역할 수행은 고통스러웠고, 실제로 '귀신에 씌어' '목숨을 잃는' 개인, 즉 간질 환자가 가장 잘 수행할 수 있었다.[17] 자신이 이해하거나 통제할 수 없는 자연의 심연으로부터 분출하는 힘에 대한 목격보다 인간의 마음에 더 큰 공포를 일으키는 것은 없다. 그것이 화산에서 솟구치는 용암이든, 간질 환자의 거품과 발작이든 상관없이 말이다. 따라서 이 모든 이유로 원시인은 간질을 앓는 샤먼을 자연적 영웅, 두려움과 경외심의 원천으로 보았다.* 샤먼은 탁월한 영적 기만자였고, 많은 경우 족장보다 더 강력하고 두렵게 여겨지며 더 큰 보상을 얻는 것이 당연시됐다. 때때로 샤먼은

* 샤먼은 또한 최초로 자연스럽게 종교를 체계화한 조직자였는데, 그 이유는 그가 경련성 발작에 이어지는 꿈의 상태에서 실제로 재생, 환생, 영생의 경험을 했기 때문이다. 이러한 경험은 모든 간질 환자에게 어느 정도 해당하는 특징이다. 이를 통해 우리는 이러한 기초적 종교 관념의 탄생을 이해할 수 있고, 이는 많은 개인에 의해 "객관적으로" 입증되었다. W. Bromberg and P. Schilder, "The Attitude of Psychoneurotics toward Death," *Psychoanalytic Review* vol. 23(1936) pp. 21~22 참조.

부족의 족장과 연합했으며, 그 결과로 발생한 착취는 래딘이 "분명 폭력조직의 한 형태"라고 불렀던 것이었다.[18]

불평등의 기원에 관한 래딘의 저술은 내가 아는 한 가장 섬세하게 탐색하며 철저하다. 그가 보기에 원시사회는 애초부터 특권을 차지하려는 개인과 집단의 투쟁이었다. 그들은 가장 좋은 고기를 얻고, 여자에게 가장 쉽게 접근하며, 여가와 안전을 획득하기 위해 다투었다. 원로들은 항상 이 투쟁을 자신에게 이득이 되는 쪽으로 처리하고자 노력했고, 샤먼도 마찬가지였다. 가장 단순한 차원의 문화에서, 이미 그들은 최대한의 권력을 얻고 유지하기 위해 스스로 배타적 협동 관계를 조직하고 있었다. 제의가 삶을 주조하는 기술인 우주론에서는 어떻게 최대의 권력을 획득할 수 있는가? 그 기술의 공식을 통제함으로써 얻는 것이 분명하다. 아주 초기에 원로와 종교인들은 제의를 통제하기 위해 애썼다. 래딘은 〈삶의 위기와 제의〉라는 빼어난 장에서,[19] 종교 체계의 조직자가 삶의 위기를 중심으로 자신의 상징적 해석을 구축했다고 주장한다. 그 위기는 개인의 정체성이 의문에 빠지고, 그가 한 상태에서 다른 상태로 이행하며, 새로운 지위로 태어나거나 절정에 다다르려면, 만사가 순조롭게 진행되어야만 하는 과정이다. 따라서 사춘기와 장례 의식이 가장 중요하게 여겨지게 되었으며, 그 속에 가장 큰 실책의 가능성도 놓이게 되었다. 래딘의 매력적인 지적에 따르면, 이 과정이 있는 그대로 드러내는 종교적이고 심리적인 성질을 넘어선 저편에는, 사회-경제적 목적 혹은 특정한 집단에 의한 통제라는 목적이 존재한다. 오스트레일리아 원주민의 사춘기 의례를 거론하면서, 그는 이렇게 말한다.

> 다른 모든 원인을 넘어선 저편에는, 약간 냉소적으로 표현하자면 나이 든 사람들이 초심자들로 하여금 자신에게 오랫동안 주기적으로 선물을 제공하게 만들려는 목적이 존재한다. 그 형태는 동물성 음식일 수도, 젊은이에게 부과되는 음식에 관한 온갖 금기를 이용해 질 좋은 음식은 자신들 몫으로 남겨두게 하는 방식일 수도, 그리고 마지막으로 젊은 여성을 자신들이 차지하는 방식일 수도 있다.

그리고 래딘은 다른 부족을 다루면서 다시 한 번 "근본적이고 직접적인 목표는 나이 든 사람들의 수중에 권력을 유지하고 여성을 적절한 종속 상태에 두는 것"이라고 일갈한다. 그는 사춘기를 체계화했던 사람들이 자신의 무의식 속에 있는 어떤 신비롭고 신화 창조적인 충동을 따라 그런 것은 아니라고 결론 내린다.

> 오히려 (…) 특정한 개인들이 공식적으로나 비공식적으로 서로 뭉쳤던 것인데, 그들은 자신의 관념을 분명히 표현하고 그것을 일관된 체계로 조직할 수 있는 두드러진 능력을 지니고 있었다. 이는 당연하게도 그들에게 그리고 그들과 연합한 사람들에게 이득이 되었을 터이다.[20]

래딘의 시각을 길게 다룬 데에는 그럴 만한 이유가 있다. 그의 시각은 불평등의 기원에 관한 현대 논쟁의 바로 그 시작점에서 마침표를 찍었다. 퍼거슨은 원시 세계가 붕괴해야 했던 이유가 스스로를 개선하고 완벽을 향한 끝없는 투쟁에서 경쟁하여 돋보이려는 인간의 타오르는 야망 때문이라고 주장했다.[21] 퍼거슨의 주장은 인간에 관한 매우 단도직입적이고 거침없는 관점이었다. 범박하게 말하면, 연약한 생명체인 인간은 자연을 마주한 미약한 존재에서 핵심적으로 중요한 존재로 자신의 위치를 바꾸려고 노력한다. 즉 위압적인 세계를 감당할 수 없는 무능력한 처지에서 자연을 완벽하게 통제하고 지배하는 존재의 위치로 바꾸고자 노력한다. 각 유기체는 더 많은 삶을 위한 투쟁의 와중에 있으며, 자신을 가능한 한 확장하고 확대하고자 애쓴다. 그리고 이를 이루는 가장 직접적인 방법은 직접 타인과 마주하는 사회적 상황에 있다. 이것이 '악은 튼튼한 아이'라는 홉스의 유명한 진술이 뜻했던 바이다. 루소는 불평등에 관한 자기 에세이에서 이 문구를 인용했는데, 그의 진의는 이 말이 진실이 아니라는 점, 즉 아이는 순진하며 여러 가지 서툴고 의도치 않은 방식으로 악행을 저지른다는 점을 증명하는 것이었다. 하지만 이것이 바로 홉스가 의도한 뜻이었다. 즉 유기체는 자신에게 허용된 방식으로만 스스로를 확장하며, 이 확장은 자신을 둘러싼 세계에 파괴적 결과를 초래한다는 것이다. 루소와 홉스가 옳았다. 악의 기원은 '중립적'이다. 악은 유기체의 건강함에서 생겨난다. 그러나 그 결과는 현실적이고 고통스럽다.

래딘의 작업은 성격유형에 관한 면밀한 이해와 대인 관계의 역학 그리고 사회에 대한 거침없는 유물론적 관점을 통해, 이 모든 것을 오늘날에 맞게 만든 것이다. 이는 마르크스와 프로이트의 통합이 이미 이루어낸 성과이다. 이런 식으로 바라보면, 사회적 삶은 누군가가 자신의 문제와 야망을 타인에게서 해결해가는 이야기이다. 다른 무엇이 있을 수 있으며, 다른 무엇이 인간의 목적이 될 수 있을까? 내 생각에는 이런 노선을 따라야만, 우리는 정치한 마르크스주의 역사철학을 위한 심리학적 역학을 찾아낼 수 있다. 이 시각은 권력에 바탕을 두겠지만, 개인적 일탈과 대인 관계의 심리학도 포함할 것이며, 욕망과 공포 속에서 형성된 '사회계약'을 반영할 것이다. 그토록 정치한 마르크스주의 역사철학의 핵심 질문은 '누가 신비화하는 권력을 지녔는가, 그는 어떻게 그 권력을 얻었는가, 그리고 그는 어떻게 그 권력을 유지하는가?'일 터이다. 우리는 단순한 강압이라는 전통적 마르크스주의의 시각이 얼마나 순진한지 알 수 있다. 그 시각은 우리가 오늘날 **계급 차별의 신성불가침성**이라고 불러야만 하는 것을 감안하려는 시도조차 하지 않는다. 달리 더 정확하게 표현할 길이 없다. 종교에서 시작된 것은 종교적으로 남아 있다. 브라운이 지적하듯, 모든 권력은 신성한 권력이다. 왜냐하면 권력은 불멸성을 향한 굶주림에서 비롯하기 때문이다. 그리고 권력은 불멸성의 힘을 대표하는 사람과 사물에 대한 절대적인 복종으로 귀결된다.

이렇게 해서 브라운은 루소에 관한 자신만의 신랄한 비판을 제공할 수 있었다.

> 만일 사회적 특권의 출현이 인간의 타락을 표시한다면, 그 타락은 '원시 공산주의'에서 '사적 소유'로의 이행이 아니라, 유인원에서 인간으로의 이행에서 발생했다.[22]

다시 말해 신성한 것에 관한 아무런 관념이 없던 유형의 동물에서 그런 관념을 지닌 동물로의 이행이다. 그리고 신성함이 개인에게 구현된다면, 그 개인은 물리적 강압이 아니라 심리적인 주문을 통해 지배한다. 브라운이 지적하듯, "특권은 명망이고, 이 단어의 어원이 그러하듯 근본적 특성에서 명망은 기만과 주술을 뜻한다."[23] 이렇게 해서 브라운은 이 장 맨 앞의 인용문에서처럼, 인간을 옥죄는 족쇄는 스스로 부여한 것이라는 결론을 내릴 수 있었다.

이 생각을 있는 그대로 둔다 해도, 여전히 설명은 필요할 터이다. 왜 인간은 그렇게 신비에 감싸이길 **염원하며**, 그토록 **기꺼이** 족쇄에 결박되려고 하는가? 결박은 하나의 관념, 즉 진정으로 위대한 관념으로 설명되는데, 이 관념은 정신분석학에서 출현했으며 인간 조건의 핵심으로 곧바로 다가간다. 바로 **전이***라는 현상이다.

사람들은 창조의 압도성과 자신의 욕망과 공포를 취하여, 그것을 강렬한 마나라는 형태로 특정한 형상에 투사한 뒤, 그 형상을 따른다. 사람들은 열정을 품고 떨리는 마음으로 이러한 형상을 추종한다. 자기 자신의 열렬한 매혹에 대해 사유할 때, 우리는 '지도자'를 그토록 소심하고 만족스럽게 바라보는 굴종적인 자기 자신과 군중에게 거부감을 느낄 수 있다. 소녀들이 얼마나 얼굴을 붉히는지, 얼마나 떨면서 손을 내미는지, 얼마나 눈을 내리깔고 한쪽만 바라보는지, 얼마나 순식간에 몇몇의 목이 메는지, 또 눈물 흘리며 기꺼이

* 전이의 성격에 관한 좀 더 상세한 설명은《죽음의 부정 The Denial of Death》(New York: The Free Press, 1973)[노승영 옮김, 한빛비즈, 2019]의 7장에 나오는 확장된 정리를 참조하라.

복종할 준비가 되어 있는지, 지도자와 가장 가까운 이들이 얼마나 우쭐대며 미소 짓는지, 그들이 얼마나 거드름 피우며 걷는지, 즉 어떻게 악마 자신이 실제 살아 있는 인간들을 데리고 즉각 대중의 꼭두각시극을 꾸며내는지 보라. 하지만 이 불행한 치명성을 피할 길은 없다. 수천 명의 고동치는 심장, 엄청나게 분출하는 아드레날린, 핏기로 금세 물들어 상기된 뺨, 이 모든 것은 생생한 진실이며, 창조의 장엄함에 대한 동물적 반응이다. 여기에 무언가 허위가 있다면, 수천의 인간 형상이 동일하고 유일한 인간 형상에게 열등감을 느끼며 은혜를 입었다고 느낀다는 사실이다.

이 모든 일에서 나는 순수 마르크스주의적 진영이 말하는 역사적 지배를 부정하지 않는다. 그 지배는 충분히 현실적이며, 우리는 그 현실을 알고 있다. 그러나 권력의 주문, 즉 영혼을 다루건 소비에트를 다루건 자발적인 자기소외를 설명해주는 이 주문을 파악하려 하지 않으면, 권력 구조의 지배를 완화하거나 제거할 방도는 결코 존재할 수 없다. 인간은 글자 그대로 삶에 의해, 그리고 그들에게 삶을 대표한다고 여겨지는 사람들에 의해 최면에 걸려 있다. 이는 허먼 멜빌의 《모비 딕》에 담긴, 에이헙이 고래잡이 작살을 신성시하는 선미 갑판 장면에서 아주 기막히게 요약했던 복종에 대한 열망을 설명해준다. 다시 말해 마르크스주의는 보수주의의 주장을 파악하려고 씨름해야만 한다. 우리가 무엇을 하든 간에, 인간 본성에는 불평등을 불러들이는 무언가가 존재한다. 최근 한 작가는 이를 "기능적 불평등"이라고 부르며, 그것이 사회적 삶에서 완전히 중립적이고 불가피한 요소라고 본다.[24] 혹은 내가 랑크와 같이 주장하듯,

인간은 "운명을 창조하는" 행위자이다. 인간은 단지 존재한다는 것만으로 강압을 행사한다. 인간은 에이헙처럼 전기로 된 마나를 투사하려고 노력할 필요조차 없다. 인간은 이미 삶의 문제들이 섞인 자연의 소용돌이다. 우리는 이 모든 것을 협소한 마르크스주의가 마주한 가장 근본적인 도전을 제시하는 한 문장으로 요약할 수 있다. **인간은 자기 영속을 위한 뇌물로서 부자유를 빚어낸다.** 이 점을 충분히 고려하기 시작할 혁명적인 역사철학의 형태는 무엇일까?

4장

불평등의 진화

어떻게 샤먼과 원로들이 제의를 통제하게 되었는가에 관한 래딘의 관점은 온통 자유의지, 책략, 경쟁심으로 가득하다. 더 약삭빠르고 내성적이며 이기적인 부족의 성원들은 더 우직하고 정직한 사람들, 즉 부족의 일을 짊어진 사람들을 한 발 앞서가서 압도했다.[1] 평등주의 사회의 단계(단순한 수렵과 채집을 하는 부족)에서는 신비로움의 의도적인 창조를 통한 특권의 증대를 다루는 래딘의 도식이 설득력이 있다. 하지만 사회 진화의 나중 단계에 벌어지는 특권의 증대에 관한 호카트의 시각에서 내가 선호하는 부분은, 그가 다른 측면에 강조점을 둔다는 점이다. 즉 **인간은 공통의 합의를 통해 자기 스스로 복종에 도달한다**는 것이다.

래딘의 평등주의 사회에서는 유기체의 안녕이 호혜적 교환의 경제를 통해 성취된다. 재화는 부족 간에 자유롭게 거래된다. 호카트가 묘사한 계급사회에서는 새로운 경제 과정이 존재한다. 재화의 흐름은 모든 사람의 노동의 결실을 수취해서 재분배하는 권력의 핵심(권위적 인물)으로 이동한다. 그 인물은 사람들에게 자기 자신이나 다른 누군가를 위해 일하도록 명령할 수 있으며, 잉여를 취하여 모은 뒤 필요에 따라 나누어준다.[2]

곧바로 질문이 제기된다. '왜 사람들은 동등한 사람들 간의 단순한 공유 경제에서, 높은 계급과 절대적 권력을 점하는 권위적 인물을 통해 재화를 모으는 경제로 이행했을까?' 그 해답은 **인간이 자신의 공물을 받아줄 항상 현전하는 가시적 신을 원했고, 이를 위해 스스로 복종한다는 대가를 기꺼이 치렀기 때문이다.** 호카트의 말로 풀면 이렇다.

> 피지 사람들에게는 사제나 동물을 통해 가끔 현현하는 보이지 않는 신들이 있었다. 그들은 늘 현전하는 신을, 즉 자신들이 보고 말을 걸 수 있는 신을 더 원했고, 족장이 그러한 신이었다. 피지의 족장이 존재한 진짜 이유가 그것이다. 그는 자기 부족 사람들의 공물을 수취하고, 그 결과 그들은 번성한다.[3]

다시 말해 그들이 번성하는 **까닭은** 자신들의 공물을 가시적으로 받아들이는 신이 바로 눈앞에 존재하기 때문이다. 따라서 신의 시각에서 그들이 편애받는다는 점은 의심의 여지가 없게 된다.

가시적인 신이 번성을 뜻한다는 믿음은 너무도 커서, 족장이 없는 부족은 "높은 지위와 연륜을 지닌 고귀한 인물이 영혼들에게 받아들여지리라 기대되면 곧바로" 족장으로 옹립하길 염원했다.[4] 번성과 족장이 연결되었던 이유는, 위대한 족장이 있는 부족이 실제로 더 번영을 누렸기 때문이었다. 호카트는 이를 순환적 과정이라고 설명한다. 더 풍족한 부족들은 더 열정적이었고, 그래서 이웃 부족들에 비해 우위를 점했다. 그러나 그들이 더 열정적이었던 이유 중 일부는 "현전하는 신이 강장제 기능을 하는 열의를 부추겼고, 더 많이 노력하도록 독려했다는 데 의심의 여지가 없기" 때문이었다. "피지인은 위대한 인물의 눈앞에서 돋보이고자 분투할 때 노력을 아끼지 않을 것이다."[5] 신이 우리 노동의 결실에 흡족해하는 모습을 실제로 볼 수 있다면, 오늘날 우리 자신의 노력을 얼마나 고무할지 상상해보라. 다시 한 번 우리는 인간이 가장 필요로 하는 것을 스스로 마련했던 원시인의 타고난 천재성으로 돌아오게 된다. 자신이 신의 눈 바로 앞에서 살아가고 있음을, 자신의 평범한 행위가 우주적 가치를 지님을, 아니 심지어 그 행위가 신 자체를 고양시킴을 날마다 알게 되는 것이다!

인간은 증대와 창조의 제의에 의존한다. 특히 어려운 시절에 그러하다. 그럴 때는 그들의 영적 기술이 작동해야 한다. 그래서 만약 그들이 좋은 시절에는 왕 없이 살아갈 수 있었더라도, 시절이 어려워지면 왕을 원하게 된다. 게다가 호카트가 언급하듯, 왕이 없으면 이웃 부족들과의 관계에서 열등한 위치에 처하게 된다. 다른 부족들이 자신의 가시적인 신과 그 신의 눈에 드러나는 그들에 대한 편애를 자랑스레 과시할 때, 어떻게 자신에게 신이 없는 듯 보이는 것을 참을 수 있겠는가? 고대에 유대인은 자신들만의 신의 형상이 없다는 이유로 조롱을 당했으며, 유대인의 신은 그저 그들의 상상력이 꾸며낸 허구에 불과해 보였다. 파라오의 눈에 띄는 광휘에 비해,

이스라엘의 신은 미혹된 정신이 만든 환영처럼 보였다. 무엇보다도 그들은 가시적인 신과 어떻게 함께할 수 있는지 항상 알고 있었지만, 이스라엘인은 그들의 비가시적인 신과 어떻게 조화를 이룰 수 있을지 전혀 확신하지 못했다. 모든 사태가 필시 가망 없어 보였을 터였다.

파라오에 대한 언급은 이 모든 과정을 요약해준다. 일단 그 형태가 족장이든 왕이든 가시적인 신의 형상, 즉 제의의 가시적인 주관자가 있으면, 원칙상 이미 신성한 왕권을 갖게 된다. 즉 고대 세계의 거대한 폭정이 발흥하는 것이다. 그리고 피지의 족장 없는 부족이 그로 인한 모든 골칫거리에도 불구하고 열정적으로 족장을 뽑았듯이, 왜 고대인이 신성한 왕권 아래에서 자신의 새로운 소외된 지위를 그토록 기꺼이 감수하게 되었는지 한달음에 알 수 있다. 이 모든 것을 통해 우리는 1장에서 거론했던 대우주화와 소우주화에 관한 논의로 돌아온다. 이 두 과정을 통해 천국을 인간사에 끌어들이고 자신을 우주의 관심이 집중되는 중심으로 부풀림으로써, 인간은 자기 자신의 운명을 우주의 운명과 얽히게 했다. 우리는 또한 제의란 빛과 생명의 세력이 어둠과 죽음의 세력과 벌이는 투쟁의 상연임을 알게 되었다. 제의적 봉헌의 기술을 통해 인간은 자연의 비가시적인 힘이 자신의 가시적 안녕에 영향을 미치도록 만들고자 했다. 이제, 신성한 왕은 그 자신 속에 이 모든 우주론을 집약한다. 그는 공물을 수취하는 신이고, 어둠에 맞선 빛의 주역이며, 자연(특히 태양)의 비가시적 힘의 체현이다. 호카트의 유쾌한 문구에 따르면, 그는 "태양-인간Sun-Man"이다. 신성한 왕권은 대우주화와 소우주화

라는 이중 과정을 압축하여 보여준다. 왕권은 "인간의 태양화, 태양의 인간화"를 표상한다.[6]

초기 인류에게 태양이 방출하는 빛과 열기는 모든 기적을 일으키는 권능의 원형이었다. 태양은 멀리서 빛나며, 그 보이지 않는 손길로 인해 생명이 전개되고 확장된다.[7] 오늘날 우리에게도 이런 신비에 관해 이 이상 언급할 내용이 없다. 호카트는 고대인이 지녔던 주요한 신념이 전체적으로 틀리진 않았는지 묻는다. "이 지구상의 동물 혹은 식물의 에너지는 결국 병에 담긴 햇빛에 불과한 것일까?" 일단 인간이 왕과 태양은 동등하다라는 등식을 성립시키면, 그는 이렇게 완전히 잘못 믿게 된다. "이 병에 담긴 햇빛 자체는 눈길과 목소리에 의해 멀리서 다른 형태의 작용으로 다시 현현하지 않는가? 결국 인간은 그가 내뿜는 빛과 소리를 통해 멀리서 영향을 미친다."[8] 호카트가 내린 결론의 핵심은 일단 인간이 태양과 하나가 될 수 있다고 받아들이면, 당연히 한쪽의 행위가 곧 다른 쪽의 행위가 되고, 왕의 육신 자체가 대지에 생명을 불어넣게 되리라는 것이다. 파라오의 이름이 거론될 때면, "생명", "번영", "건강" 같은 단어가 따라 나왔다![9] 이 세 단어에는 시간을 초월한 보편적 인간의 갈망이 집약되어 있다. 그리고 인간이 무엇보다 가장 근사한 발명품, 즉 번영의 살아 있는 화신인 태양-인간을 만들어냈을 때, 어떻게 인간이 스스로 간절히 바라는 노예 상태에 빠지지 않길 바랄 수 있겠는가? '발명품invention'은 내가 고심해서 쓴 단어이다. 마치 현대의 컴퓨터와 원자로처럼 개개의 태양-인간은 비가시적 에너지로 이루어진 우주라는 관점의 핵심이었고, 현대의 발명품들과 마찬가지로 완벽하게 질서 잡히고 풍요롭게 물자가 조달되는 삶에 대한 희망과 열망을 불러일으켰다. 원자로처럼 태양-인간 역시 그를 둘러싼 사람들에게 에너지-위력을 되돌려 비추었다. 적당한 양의 에너지-위력만으로도, 그들은 번성했다. 에너지-위력이 과도하면, 그들은 쇠락과 죽음으로 시들어갔다.

이 지점에서 우리는 교만하게 굴면서, 힘에 관해서 원자 이론이 참이며 태양-인간 이론은 허위라는 단순한 사실을 천명하려는 유혹에 빠질 수 있다. 하지만 우리는 자신이 그 초기 이론을 완전히 버리지 않았다는 점을 냉정하게 스스로 되새겨야 한다. 그 이론은 여전히 우리에게 매력적이며, 우리는 여전히 상당 부분 그 이론의 강력한 자장 속에서 살아가고 있다. 우리는 대통령과 수상을 둘러싼 진정한 마나에 관해 알고 있다. 처칠과 케네디 일가를 보라. 그 가문의 각 구성원은 진짜 원시적 스타일로 서로 교체가 가능하다. 왜냐하면 각 구성원이 동일한 친인척 권력 집단에 참여하고 있기 때문이다. '가장 덜 미신적'이고 '가장 인간적이고 과학적인' 국가인 러시아의 서기장이나 중국의 총서기를 둘러싼 마나의 아우라를 바라보라. 카이사르도 그 이상을 바랄 수는 없었을 터이다. 정치 지도자가 의구심을 받는 경우는 오로지 특별한 권력이 전혀 없다고 혹은 그 권력을 잃었다고 간주될 때뿐이다. 그렇게 되면 고대의 족장과 왕의 전례를 따라, 그 지도자는 곧바로 새로운 권력의 상징을 지지하는 투표나 쿠데타에 의해 '끝장나게' 된다. 고대인이 왕의 마나가 사그라들면 왕국이 쇠퇴하리라고 믿었듯이, 우리도 '최정상에 있는' 인물이 진짜 탁월함, 모종의 '마법'을 보여주지 못하면 불편하고 불안하다.

마나를 지닌 인물과 자기 자신의 안녕을 동일시하는 것은 민주적 투표 과정에서도 여전히 영향력을 발휘한다. 전통적 사회에서와 마찬가지로 우리는 건강, 부, 성공을 이미 대표하고 있기에 우리에게도 그 일부를 옮겨줄 수 있는 인물에게 투표하는 경향이 있다. '성공이 성공을 부른다'는 오래된 격언은 여기서 나온다. 또한 이런 끌림은 성부聖父를 섬기는 특정한 종교적 광신 집단에서 특히 강력하다. 추종자들은 지도자의 육신이 부를 과시하는 것을 보고 싶어 하며, 그중 일부가 자신에게로 뿜어져 나오길 희망한다. 이는 다이아몬드로 아가 칸*의 몸무게를 재는 전통과 직접 이어진다.[10]

제의의 중앙 집중화

삶을 대표하는 신적 인물을 통해 삶의 재화들을 재분배받아 살아가는 데 일단 동의하면, 인간은 자신의 운명을 닫아버리게 된다. 왕의 수중에 삶이 독점화되는 과정을 멈출 길은 없었다. 이는 이렇게 진행되었다. 제의 주관자인 왕은 집단이 신성시하는 대상들을 관장했고, 조상의 관습을 철저하게 준수하여 명문화된 의례를 주관해야 했다. 이로 인해 왕은 관습의 저장고, 관습의 권위자가 되었다. 이미

* [옮긴이] Aga Khan. 이슬람교 이스마일파의 분파인 니자리파의 영적 지도자를 가리킨다. 본문 내용은 1946년 8월 19일 파키스탄에서 열린 아가 칸 3세 즉위 60주년 기념집회에서 신자들이 아가 칸 3세의 몸무게를 재서 그만큼의 다이아몬드를 바친 일을 말한다. 이후 모인 다이아몬드는 아시아와 아프리카의 사회복지와 개발을 위한 기구를 위해 쓰였다.

보았듯이 영어에서 '관습Custom'은 진실로 엄청나게 중요한 무언가를 전달하기에는 밋밋한 단어이다. 관습은 자연의 재생을 위해 작동하는 장치를 일컫는 난해한 기술적 구전 지식이다. 관습은 원시시대의 물리학, 의학, 기계학이다. 결함이 있는 화학물질로 전염병과 싸우는 우리의 시도를 생각해보면, 관습이 삶과 동일하다는 것을 알 수 있다. 따라서 관습의 권위자는 자연의 특정한 부문에 대한 최상의 규제자이다. 하지만 이 규제는 부족에게 너무도 유용해서 (실제로 관습은 삶 그 자체이다), 자연스럽게 자연의 모든 부문으로 확대되어간다. 나는 다시 한 번 현대적 삶과의 유비類比가 그 맛의 일부를 전해주리라 생각한다. 애초에 전력은 전구를 통해 경이롭게 활용되었지만, 이제는 전력 활용이 칫솔, 면도기, 원예 도구, 타자기 등등으로 확대된다. 처음에는 제의와 제단에만 국한되었던 것이, 점차 "왕의 영역 전체와 백성의 삶 전체로" 퍼져나간다.[11] 결국 만일 누군가 세계에 대한 최상의 규제자가 되면, 그가 점차 전 세계를 포괄하게 되는 것은 논리적이다. 만약 그의 보이지 않는 역학이 한 부문에 효과가 있다면, 다른 부문에 효과를 내지 못할 이유가 없기에, 그는 그렇게 시도해보기만 하면 된다. 그는 제의적 권한을 그 사례까지 포함하도록 확대함으로써 이를 시도한다. 즉 그가 지닌 마나의 힘이 닿는 장막을 더욱더 넓은 관할 지역으로 확대하는 것이다. 이는 우리에게 충분히 자비롭고 무해한 과정처럼 보인다. 당신은 이 과정을 눈치 채지 못할 수도 있고, 사실은 그렇게 되길 바랄 수도 있다. 하지만 실제로 벌어지는 일은 사회적 불평등의 완전한 공고화이다. 호카트는 이 과정을 간결하게 요약한다.

피지의 족장들은 예의범절에 엄청 까다로웠다. 그들은 자신의 위엄에 반하는 공격과 자신의 관할구역 내에서의 부적절한 행위에 득달같이 분개했다. (…) 이 행위는 사소한 문제로 보일지 모르지만, 커다란 가능성으로 가득 차 있다. 피지 족장이 범죄에 대한 재판권을 확보하고 자기 백성의 삶에 더 많이 간섭하기 위해서는, 단지 자신의 관할구역을 확장하고 의례적 행위의 전통적 규칙을 광범위하게 해석하는 것만으로 충분했다. (…) 그들[폴리네시아의 족장들]은 무엇이든 신성시함으로써 그것을 제의의 영역, 즉 자기 자신의 영역 안으로 끌어들였다. 이는 분명 갑자기 이루어진 일이 아니다. 우리 영국 왕들이 지배질서King's peace를 확장해온 데서 볼 수 있듯이, 그것은 집요하게 금기[신성한 권력]의 적용을 확대함으로써 이룩되었다.[12]

우리는 사회적 제제의 모든 힘이 자신의 사회적 관습에 대한 정의와 제의 주도권을 수호하려는 왕의 수중에 놓인다는 것을 알 수 있다. 그렇지 않다면 부족은 안녕과 삶을 잃게 될 터이다. 왕의 권력이 필요하기 때문에 관습의 보호 조치가 폭정을 부과한다고 말할 수 있다. 왕이 성공할수록, 그는 더 많은 주도권을 누릴 수 있다. 왕은 결과로 판단받는다. "수확만 좋다면, 사람들은 어느 정도의 폭정은 용인할 태세가 되어 있었다."[13]

관습과 범죄 재판권의 수호는 너무도 자연스럽게 박자를 맞추었고, 따라서 제의의 중앙 집중화는 또한 처벌 권력의 통제를 뜻하게 되었다는 점은 의아할 것도 없다. 불평등의 진화 과정에서 또 다른 커다란 진전이 여기에 집약되는 듯하다. 우리에게 경찰력은 일상의 일부로서, 죽음과 세금처럼 불가피하다고 여겨진다. 우리는 자신을 해치는 사람들의 처벌을 경찰에게 맡긴다. 하지만 항상 그렇지는 않았다. 소박한 평등주의적 사회에는 경찰력이 존재하지 않고, 자신이 손수 나서거나 가문과 가문이 맞서지 않는 이상 잘못을 바로잡을 길이 없다. 그러나 법을 강제할 경찰력이 존재하지 않으면, 어떤 이유로든 우리를 강제할 존재 또한 없다. 우리는 항상 경계해야 하지만, 그만큼 자유롭기도 하다. 경찰력은 대개 특수한 경우를 위해 한시적으로 소집된 뒤 해체된다. 예를 들어 플레인스 인디언 부족들 사이에서는 버팔로 사냥, 집단 이주, 전쟁 부대, 주요 축제가 그런 특수한 경우였다. 이러한 경우에 경찰은 최대한의 버팔로 포획 등등을 보장하기 위해 질서를 유지하고 활동을 조정하여 통합해야 했다. 이럴 때에는 경찰력이 절대적 권위, 심지어 생사를 결정하는 권력까지 누렸다. 그렇지만 플레인스 인디언 부족들 사이에서 이런 전제권력의 기반은 결코 항구적 형태로 고착되지 않았다.

사회 진화 이론가들은 평등주의적 사회에서의 경찰 기능에 지대한 관심을 기울였고, 왜 그것이 상시적 억압 구조, 즉 현대적 유형의 계층화된 국가로 발전하지 못했는지 성찰했다.[14] 그 해답은 경찰력 혹은 심지어 군사 조직의 공고화가 저절로 제도화된 불평등으로 이어지는 길은 아니라는 데 있는 듯하다. 즉각 생각하면 노골적인 권력이 그 자체의 매혹과 불가항력적 강압을 행사하리라고 생각할지 모른다. 그러나 인간사에서 사태는 그런 식으로 진행되지 않는 것 같다. 인간은 더 장대한 아우라를 지닌 정당성과 상징적 설득력을 갖는 무엇인가에 복무하는 경우처럼, 신비화가 동반되지 않는 한 권력에 굴복하지 않을 것이다. 그래서 로위는 종교적 인물이 군사적 인물보다 더 많이 존경받는다고 결론 내렸고, 모턴 프리드는 군사 조직보다 재분배 경제의 출현이 더 중요하다고 생각했다.[15] 달리 말해 인간은 먼저 가시적 신들이 자신보다 우위를 점하는 것을 허용했고 심지어 환영했던 듯하다. 그러고 나면 이 신들의 대리자가 내리는 처벌을 받아들이는 일은 자연스럽고 논리적인 수순이다.

그러나 애석하게도 그 결과는 이러한 이행기를 살았던 사람들에게 그랬던 것만큼 단순하지는 않다. 그들이 했던 일은 사회적 불평등과 개인적 독립의 척도를 번영 및 질서와 맞바꾸는 것이었다. 이제 국가가 점점 더 많은 기능과 주도권을 스스로 취하는 일, 특별한 존재의 계급을 핵심에 두고 하위 계급은 그 주변에 배치하는 일, 혹은 이러한 특별한 존재에게 지상의 좋은 것들 중에서 더 큰 몫을 주기 시작하는 일을 막을 길이 없었다.* 지상에서뿐만 아니라 내세에서도 그러했다. 분명 통가Tonga의 평민에게는 영혼이 없었고, 호카트는 그 사회의 하층계급이 왕의 의례를 모방하기 전까지는 영혼을 갖지 못했다고 믿는다.

우리가 일단 단순한 공유 경제에서 재분배 경제로 이행하면, 재

---

* 이 점은 호카트의 연구 전체에 걸친 주요 논점 중 하나이다. 즉 고대사회 전체가 왕의 신성한 우주를 모방하기 위해 설립되었으며, 우리는 여전히 이러한 조직의 자취를 확인할 수 있다는 것이다. 호카트가 보편적으로 진실인 현상을 묘사하고 있는지 아닌지와는 상관없이, 그의 탐구는 매력적이고 연구자에게 완전히 새로운 전망을 열어준다(Hocart, K, pp. 235, 156을 참조하라).

화는 점차 우리의 자연권의 대상이 되기를 그친다. 이 또한 논리적 이고 거의 강제되는 전개이다. 어떻게 실제로 이런 일이 벌어졌는지는 선사시대의 심층에 감춰져 있으며, 필시 지난하고 다양하게 전개되었을 터이다. 우리는 산재해 있는 암시들이 아니면 그 과정을 추적할 수 없지만, 경험적으로 부족의 삶과 사회 진화의 나중 단계들을 비교할 수는 있다. 우리가 목격하는 것은 사적 이해관계가 점점 더 공적 이해관계와 결별하게 되었고, 마침내 오늘날에는 공적 이해관계가 무엇인지 거의 알 수 없게 되었다는 사실이다.

경제활동과 사회도덕이 갈라지기 시작했던 지점을 추적하는 학자들은 대체로 포틀래치에 관심을 기울인다. 포틀래치는 분명 선물 증여가 점차 이권 추구와 보유로 변하게 되었던 재분배 과정 즈음에 이루어졌다. 권력자들이 집단에 비해 점점 더 지배력을 얻게 되면서, 그들은 사람들의 삶에 덜 관여하면서도 잉여의 고정된 몫을 차지할 수 있었다. 예컨대 콰키우틀Kwakiutl 부족에서 행해진 고전적 포틀래치는 순수하고 단순한 재분배 의례였다. 그것은 2장에서 거론했던 두 가지 충동, 즉 영웅주의와 속죄 행위를 포함했다. 더 많은 재화를 모으고 나누어줄수록 선수를 친 이가 더 큰 성취를 얻을 수 있었고, 더 많은 권력을 만들어낼수록 더 큰 개인적 승리를 누릴 수 있었다. 그 목적은 적수에게 굴욕을 주는 것, 중요 인물인 영웅만큼 뛰어난 인물이 되는 것이다. 동시에 공동체와 재화를 봉헌하는 신들 앞에서의 속죄는 더 장대해졌다. 최대한의 자기감정을 얻으려는 개별적 충동과 공동체의 안녕이 모두 충족되었다. 하지만 이 고전적인 사회 의례는 세습 특권의 점진적 발달과 함께 변해야만 했고, 따라서 족장은 재화의 주요 수취자이자 파괴자가 되었다. 이런 식으로 봉건적 구조가 자연스럽게 발달할 수 있었다.[16]

이런 발전을 바라보는 또 다른 의미 있는 관점은, 이를 권력 균형의 변천, 즉 보이지 않는 신의 세계에 대한 의존에서 가시적인 사물 세계에 대한 과시로의 변화로 이해하는 것이다. 다시 말해 일단 신이 왕의 육신으로 가시화되면, 왕의 권력이 비가시적이고 영원한 권력 대신에 가시적이고 한시적인 이 세상의 권력이 되는 것은 지극히 자연스럽다. 왕이 자신의 권력을 가늠하는 척도는 전처럼 자연의 재생을 위한 제의적 기술의 효율성이 아니라, 자신이 실제로 소유한 재물과 자기 육신의 영광이 된다.

이는 세계를 대하는 인간의 전반적 입장의 기본적 변화, 즉 동물 영혼의 동반자이자 자연의 풍요로움을 나누어 가진 자에서 거대한 우두머리이자 신이 총애하는 자로의 변화를 표상한다. 호카트는 이를 인간의 "점증하는 자만심"이라 부르는데, 우리는 이런 오만이 다른 무엇보다도 자기 자신의 권력이 중요하다는 믿음으로부터 직접 나온다는 사실을 알고 있다. 옛날의 토템적 세계관에서는 개인이 그만큼 두각을 나타내지는 않았다. 인간과 동물 영혼의 융합에 대한 믿음이 있었는데, 이는 부족의 삶과 자연의 한 부문의 정신적 통합의 일종이었다. 인간의 삶은 영혼들의 비가시적 세계로부터 체현과 회귀의 끊임없는 순환으로 추락했다. 개인은 사회적이고 동물적인 영혼의 집단성을, 즉 씨족과 씨족의 토템을 공유함으로써, 자기 확장과 보호의 감각을 획득했다. 나는 토테미즘이 정확히 무엇인지 혹은 무엇이 아닌지, 또는 레비스트로스가 의문을 제기했듯 토테미즘이 과연 존재했는지 혹은 존재하지 않았는지에 관한 현대 인류학의 논쟁에 휘말리고 싶지 않다. 분명한 것은 영혼에 관한 믿음이 원시 사회에 산재했으며, 그와 함께 인간이 동물과 자연에 신비하게 참여하고 있다는 모종의 감각, 즉 삶의 통제와 재생을 위한 참여의 감각이 널리 퍼져 있었다는 사실이다. 개인은 조상 영혼이 모인 보고寶庫와 동일시함으로써 유기체적 지속성의 감각을 얻었다. 마찬가지로 분명해 보이는 것은 전체 공동체가 일종의 재생을 맡은 사제로서 기능하며, 각 구성원은 그 제의에 자기 역할이 있다는 점이다.*

공유된 공동체의 제의는 족장이나 왕이 통제력을 갖고 그 힘을 자기 육신에 집중시키면서 쇠퇴한다. 더 이상 전체 집단이 아니라

* 사회 진화에서 이 단계는 인간의 기본 본성과 자신을 둘러싼 세계를 대하는 인간의 태도에 관련된 몇몇 매력적인 질문을 제기한다. 때때로 오늘날 우리는 원시인이 얼마나 '자연스럽게' 자연과 동물적 삶을 존중했고, 그것들을 온화하고 경건하게 대했는지에 관해 낭만화하는 경향이 있다. 분명 이는 때로는 사실이지만, 우리는 원시인이 동물에 대해 매우 무심하고 심지어 잔인했다는 것 또한 알고 있다. 호카트는 이 문제에 관해 흥미로운 시사점을 던져준다. 즉 그는 인간이 일단 옛날의 토템적 제의의 동일시를 무시할 만큼 세계를 지배하는 충분한 권력을 갖게 되면, 모든 동물과의 관계를 점점 더 간절히 부인하게 된다고 지적한다. 그리하여 동물과의 동일시는 역사적으로 쇠퇴한다. 우리는 원시인이 제의적 기술에서 동물을 **활용했다**는 것을 알지만, 호카트는 이것이 원시인이 항상 동물을 경배했다거나 그런 경배심이 핵심적인 것이었다는 뜻은 아니라고 말한다. 핵심적인 것은 활용을 위한 동일시였다. 이는 인간이 일단 가시적 세계에 대한 통제력을 더 많이 확보하면, 동물과 완전히 분리되는 일이 손쉽다는 걸 알게 되는 이유를 설명해준다. 오토 랑크는 이집트 예술에서 그리스 예술로의 변화를 정신적 원칙에 의한 동물의 점진적인 패배로, 즉 인간이 자신의 동물적 본성에서 스스로를 해방시키려는 장구한 투쟁의 정점으로 절묘하게 논했다. Hocart, K, p. 146; KC pp. 53~54; SO, p. 35; Otto Rank, *Art and Artist*(New York: Knopf, 1932) p. 356 이하를 참조하라.

족장이나 왕 자신이 삶을 보장할 때 '자만심'이 등장한다. 이렇게 정리할 수 있다. 고전적 포틀래치에서 가시적인 권력의 축적은 명백히 재화 더미에 있었으며, 이는 매우 눈에 띄었고 또 그러해야만 했다. 하지만 그 축적된 권력은 아직 집단을 지배할 수 있는 위치를 차지하지는 못했고, 공유된 의존 관계, 즉 신과 영혼, 동물과 조상에 대한 의탁을 뒤집지는 못했다. 하지만 역사적으로 권력자들이 봉건 구조로 분리되면서, 공동체를 위한 도덕적 권력으로서의 부의 생산은 희화화되었다. 무엇보다도 고대 세계가 이 과정을 가장 잘 보여준다. 로마인이 행했던 '포틀래치'는 원시적 선물 콤플렉스의 쇠락을 보여주는 완벽한 사례였다. 황제들은 경기장, 공공건물, 기념물에서 웅장한 공적 여흥을 '베풀었다'. 로마의 판테온 신전처럼, 그런 건물의 벽에는 증여자의 이름이 당당히 새겨졌다. 그러나 우리는 이러한 증여자들은 자신이 증여한 것보다 훨씬 더 많이 축적하여 물려주었음을 알고 있다. 그들의 선물은 단지 공동체를 달래기 위한 미끼에 불과했고, 면죄부보다는 홍보에 가까웠다. 그들은 신들이 아니라 사람들의 눈앞에서 베풀었다. 우리는 우리의 도시, 공원, 대학에 있는 카네기, 록펠러, 허스트, 맥밀런-브로델의 이름을 단 건물로부터, 서구 세계에서 행해지는 이 공허한 포틀래치의 마지막 진화를 본다. 이 기부자들은 노동과 다른 사람의 토지로부터 수백만 달러를 쥐어짜내어, 공중에게 극히 일부만을 되돌려주었다. 이는 아무것도 모르는 소외된 대중을 대상으로 한 훌륭한 홍보였지만, 공적인 죄에 대한 속죄는 결코 아니었다. 이는 거의 완전히 뽐내기 위한 영웅주의였고, 참회가 거의 섞이지 않은 권력의 과시였다.

결론: 공동체 제의의 쇠락

대부분의 사람들은 '소외'라는 단어가 현대인에게 적용된다는 데, 즉 역사에서 어떤 일이 벌어져서 평범한 인간을 점진적으로 망쳐버렸다는 데 동의할 것이다. 이는 그를 능동적이고 창조적인 존재에서, 광고판에서 하루 종일 겨드랑이에 냄새가 나지 않는다며 자랑스럽게 미소 짓는 가련한 소비자로 탈바꿈시켰다. 역사적 마르크스주의의 주된 임무는 이런 인간의 '추락'을 소리 높여 공표하는 일이었다. 화이트헤드, 키르케고르, 트로츠키 같은 다양한 사상가가 이 점에 동의했다. 이는 '고귀한 야만인'이라는 신화의 한복판에 여전히 존재하는 진실이고, 루소의 사유가 아직 죽지 않은 부분적 이유이기도 하다. 역사적 인간은 초기 인류가 가졌던 무언가를 상실했다. 역사적 소외의 여러 차원에 관해 논의하기 위해서는 여러 권의 책이 필요할 것이고, 이 주제는 가장 복잡한 방식으로 다루어져 왔다. 하지만 그 문제의 핵심을 꿰뚫어 보는 의미심장한 관점이 존재하는데, 그것은 우리가 여기서 활용해왔던 두 시각으로부터 나온다. 첫 번째 시각은 인간이 재화의 특권적 공유자에서 재화의 재분배에 의존하는 존재로 변모했다고 말한다. 두 번째 시각은 인간이 이제까지 발명했던 것들 중 가장 본질적이고 창조적인 역할, 즉 제의 실행자의 역할을 점차 빼앗기게 되었다고 말한다.

가족이나 씨족은 제의의 단위고, 이로 인해 각 개인은 사목 활동의 구성원이 된다. 각 씨족은 보통 자연의 재생에서 특별한 역할을 맡는데, 자신만의 의례용 집회소, 신성한 불, 제의의 송가, 오직 그들에게만 속하는 의례를 통해 그 역할을 한다. 자신들만의 숭배 의식과 신성한 불을 지니고 있는 가정에 관해 거론하기는 매우 쉽다. 하지만 신성한 불이 있는 오두막, 지상의 생명이 다시 생기를 띠게 하는 비밀스러운 방법을 알고 있는 기술 전문가로 가득한 오두막에 들어서는 일이 무엇을 뜻하는지 상상할 수 있을까? 나는 이미 이것이 우주적 영웅으로서의 개인에게 무슨 일을 했는지에 관해 논했지만, 이는 거듭 반복할 필요가 있다. 왜냐하면 나는 우리가 무언가를 잃어버렸을 때, 그 상황을 느끼거나 무엇을 상실했는지 이해하는 게 쉽지 않다고 생각하기 때문이다. 그리고 역사적으로 분명 벌어진 일은 제의적인 것의 상실이다. 가족 제의는 국가 제의에 흡수되었다. 호카트는 이 전체 전개를 통렬한 몇 마디 문장에 집약한다.

> 우리 사회와 **대부분의** 비非유럽 사회 간의 커다란 차이는 교황이나 주권자[대통령, 서기장, 수상 등등]가 수장이 되는 국가적 제의가 다른 모든 것을 집어삼켰다는 점이다. 이로 인해 씨족과 다른 모든 제의 조직이 사라져버렸다. (…) 매개적 집단들의 실종으로 인해 부부는 국가를 직접 대면하게 되었다.[17]

그러나 이제 신성한 지위를 완전히 잃어버린 부부는 신성한 집에서 살지도, 신성한 씨족에 속하지도, 혹은 자연을 재생하는 비밀 기술을 보유하지도 못한다. 이는 그 부부가 국가와 대면하지만, 국가의 진짜 **권력**을 마주하지는 못한다는 뜻이다. 현대의 부부는 자신들이 높은 지위로부터 역사적으로 몰락했다는 사실을 이해하지 못하며, 아이의 육신을 통해 자연을 재생하고 공장에서 노동함으로써 번영을 갱신하는 데 충분히 만족한다. 말할 필요도 없이 이는 전혀 다른 질과 강도를 요구하는 삶의 증진을 위한 활동들이며, 역사적 심리학이 가르쳐줄 수 있는 위대한 교훈 중 하나는 원시 세계 풍경이 사라진 뒤 인간은 삶을 추구하기 위해 어떤 새로운 방법을 발명해야만 했는가이다.

5장

불멸성 권력의 새로운 역사적 형태

역사 자체는 응용심리학일 따름이다. 따라서 역사를 올바로 해석할 실마리를 얻기 위해서는 이론심리학을 들여다보아야 한다.

— 카를 람프레히트[1]

이제 우리는 "서문"에서 마련했던 단계로 한 걸음 내디딜 수 있다. 되짚어 보자면 "서문"에서 우리는 인간이 모든 유기체가 원하는 바, 즉 경험의 지속과 생명체로서 자기 영속을 원한다는 것을 알았다. 하지만 우리는 또한 다른 모든 유기체 중에 유독 인간만이 여기 지구 위에서 자신의 생명은 끝에 이르게 된다는 의식을 지닌다는 점을 알게 되었다. 그래서 인간은 자신의 자기 영속을 지속할 또 다른 길, 사멸이 불가피한 육체와 피로 이루어진 세계를 초월할 방법을 고안해야만 했다. 인간은 육체적 방식이 아닌 영적인 방식으로 자신의 불멸성을 보장하는 '보이지 않는 기획'을 고안함으로써, 사멸하지 않는 세계에 안착하는 방식으로 이를 이룩했다.

인간이 이룬 일을 이렇게 바라보는 방식은 역사의 비밀을 푸는 직접적인 열쇠를 제공한다. 어느 시대든 인간이 바라는 것은 자신의 물질적 운명을 초월하는 방법이고, 그들은 모종의 한정 없는 지속을 보장받길 원하며, 문화는 그들에게 필요한 불멸의 상징 혹은 이데올로기를 제공한다. 그래서 사회를 불멸성 권력Immortality Power의 구조로 볼 수도 있다.

내 생각에 이러한 관점에서 역사를 가장 조리 있고 경제적으로 배열한 두 사례는 오토 랑크와 노먼 브라운이다. 그들의 작업은 상세한 심리학적 관점에서 다종다양한 역사적 사실에 관해 파악하도록 해주었다. 이는 19세기부터 학자들이 추구해왔으나 성과를 거두지 못한 작업이다. 이번 장에서 나는 브라운의 작업보다 사실상 한 세대 앞서 이루어진 랑크의 작업을 거론하고 싶다. 브라운은 사회진화론적 사유의 광대한 전개 전체를, 또 원시 세계와 초기 역사에 관한 학술 논문 대부분을 망라했다. 이는 몇몇 학문 분과로부터 건져낸 엄청난 학문적 통찰로서, 너무 광범위하고 기술적이라 이로부터 일반적인 의미를 만들어내기 쉽지 않다. 랑크는 이 모든 것을 단일한 원리, 즉 불멸성의 추구라고 부를 만한 원칙으로 집약했다. 이 원칙은 누구인가에 상관없이 각 개인에게 확고하게 뿌리내린 보편적 원리였다. 이는 신념이 얼마나 다양한지, 혹은 시대의 전환에 따라 인류가 얼마나 변화해왔는지와 상관없이, 각 문화에 실재했다. 신념은 고정된 최종적 현실이 아니었다. 이 현실은 이 시대부터 저 시대까지, 한 사회형태에서 다른 사회형태까지 다양했다. 정해진 것은 "지배적인 불멸성의 이데올로기"라는 원리였다. 각각의 역사적 시기나 사회집단에서 인간은 자신이 절대적 진실을 영위한다고 생각했는데, 그 이유는 자신의 사회적 삶이 그 자신의 최심부의 선천적 갈망을 표현했기 때문이다. 그래서 랑크는 이렇게 말한다. "진리를 둘러싼 모든 갈등은 최종 분석 단계에서 보면 (…) 불멸성을 두고 벌이는 늘 똑같은 오래된 투쟁일 따름이다."[2] 만일 누군가 이를 의심한다면, 그 사람은 모든 이데올로기적 논쟁의 생사가 걸린 잔혹성을 다른 방식으로 설명해야 할 터이다. 각 개인은 자신이 충실하게 따르는 자기 영속의 이데올로기 속에서 스스로의 불멸성을 배양한다. 이를 통해 개인의 삶은 획득 가능한 유일하게 지속적인 중요성을 얻는다. 인간이 신념의 첨예한 논점을 두고 격노하는 일은 전혀 놀랍지 않다. 상대방이 진리에 관한 논쟁에서 이기면, **당신은 죽는다**. 당신의 불멸성 시스템이 오류에 빠질 수 있는 것으로 드러났기에, 당신의 삶은 오류 가능성에 빠진다. 그렇다면 역사는 죽음을 위무하는 이데올로기의 연쇄로 이해될 수 있다. 또는 좀 더 긴요하게는, **모든** 문화 형태는 개별적 삶의 영속과 구원을 추구하기에 **본질적으로 신성하다**. 이는 역사를 불멸성 이데올로기의 단계들 혹은 연쇄로 보는 랑크의 시도의 압도적 의미이다. 문화는 **초자연적**인 것을 **뜻한다**. 모든 문화는 물질적인 것을 초월해야 하는, 그것도 영구적으로 초월해야 하는 기본 책무를 지닌다. 따라서 인간의 모든 이데올로기는 **개인적 또는 집단적 삶의 신성함**을 직접 다루는 문제이다. 그 신성함이 그렇게 보이든 보이지 않든, 신성함 자체가 그렇다고 인정하든 안 하든, 인간 자신이 그 사실을 알든 모르든 상관없다.

이런 각도에서 역사는 어떻게 보일까? 우리는 원시 세계가 어떻게 보이는지 이미 확인했다. 랑크와 브라운 모두 확인했듯, "고대의" 인간을 특징짓는 것은 그 사람이 "각 세대가 유래하고 다시 돌아갈 조상 영혼의 보고寶庫와 동일시함으로써" 불멸성을 획득했다는 점이었다.[3] 이 재생의 영원한 순환은 적절한 공동체 제의의 도움을 받으면 자기 재생이 되었다. 그렇게 되면 집단은 스스로의 자기 영속성을 보장받게 된다. 집단의 책무는 제의적 의무의 완수를 통한 생명력의 강화였다. 집단만이 불멸성을 부여했다. 이는 왜 개별자가 집단의 이데올로기에 완전하게 침잠했는지, 그리고 왜 그 책무를 다른 모든 것보다 우선시했는지 설명해준다. 오직 이러한 방식으로만 우리는 사회 속에서 기꺼이 자기부정을 하는 개인을 이해할 수 있다. 집단이 모든 욕구 중에서 가장 중요한 욕구, 즉 삶의 지속을 향한 갈망을 대변해주기 때문에, 개인은 자신의 욕구에 부과된 사회적 제약을 받아들인다. 불멸성, 즉 육신의 소멸과 무가치함에 맞선 승리라는 궁극적 이해관계를 위해서가 아니라면, 왜 인간이 유아에게 입술에 접시를 끼워 장식하는 고문을 겪게 하고, 스스로 할례와 반복되는 요도 절개, 코중격에 구멍 뚫기, 목이 길어지게 고리 끼우기, 혓바닥 뚫기, 살점·관절·근육 찢기를 기꺼이 받아들이며, 심지어 스스럼없이 죽기까지 하겠는가?

그러므로 랑크와 브라운은 사회가 시작되는 선사시대부터 인간이 더 강력한 힘과 지속성을 얻기 위한 교환으로 스스로를 억압하고 길들여왔다고 주장할 수 있었다. 인간 길들이기의 기록은 역사의 전면에 걸쳐 인간이 사용했고 또 폐기했던 '불멸성의 상징'에서 발견된다. 프로이트와 달리, 랑크는 모든 금기, 도덕, 풍습 및 법률이 인간의 자기 절제를 표상하며, 이를 통해 인간이 자신의 조건을 초월하여 삶을 부정함으로써 더 많은 삶을 얻을 수 있다고 주장했다. 랑크가 역설적으로 거론하듯, 인간은 자신의 삶보다는 자신의 불멸성을 보존하려고 분투한다. 사회를 바라보는 이러한 관점은 프로이트 체계의 핵심 기둥인 성性 이론, 즉 인간의 근원적 목표가 쾌락이며 에로스적 충동의 만족이라는 관념에 있어서, 프로이트의 근본적 수정을 뜻한다. 프로이트는 인간이 사회 속에서 이러한 충동들을 단지 마지못해 포기한다고, 그리고 그렇게 하는 이유는 오로지 우월한 권위와 권력에 의해 강제되기 때문이라고 말했다. 반면 랑크는 성적 규제는 "애초부터" "자발적이고 즉각적인" 행위였지, 외적인 권위의 결과가 아니라고 말했다.[4] 그리고 그 이유는 인간이 처음부터 자신의 신체를 더 고차원의 정신적 가치, 더 많은 삶과 기꺼이 맞바꾸기 때문이었다. 혹은 엄밀히 표현하자면, 신체는 문화적 불멸성의 기획을 위해 인간이 포기했던 최초의 사물이었다. 그리고 신체는 아버지에 대한 두려움 때문이 아니라, 아이러니하게도 삶에 대한 애정 때문에 포기되었다. 게다가 만일 개인이 삶을 보존하기 위해 삶을 기꺼이 저버리고 삶으로부터 뒷걸음친다면, 그는 또한 자신을 위해 안전한 성을 설계해줄 사회를 필요로 할 터이다. 랑크는 이 점에 관해 뒤르켐이 그랬듯 반쯤 냉소적으로 논평한다. 원시사회의 조직은 개인을 성적으로 제한하기는커녕, 실제로 "그 사람이 자신의 개인적 불멸

성을 위해 항상 신경증적으로 기꺼이 희생해왔던" 성생활을 영위할 수 있게 해주었다.[5]

호카트를 통해 우리는 원시인이 어떻게 왕권 제도를 번영과 동일시하여 자발적으로 받아들였는지 이미 확인했다. 시초부터 인간은 삶의 다른 차원을 개방하기 위해 삶의 어떤 차원을 포기했고, 이는 단일한 역사적 권력 구조를 형성하고 삶을 한층 더 짓누르는 일을 쉽게 만들었다. 이 모든 새로운 구조가 해야 했던 일은 동일한 불멸성에의 약속이었으며, 이는 그 형태만 다를 뿐 지금도 존재한다.

가족과 국가, 혹은 '성의 시대'

농경의 발견과 더불어 원시 세계의 해체와 초기 국가의 형성이 시작되었다. 이제 사회조직은 국가의 합법적 보호 아래 있는 가부장적 가족에 초점을 맞추게 되었다. 생물학적 부권父權이 지배적 중요성을 띠게 된 것은 이즈음이었는데, 왜냐하면 부권이 개인의 불멸성을 확보하는 보편적 방식이 되었기 때문이다.[6] 랑크가 이를 "성의 시대sexual era"라고 부른 이유는, 육체적 부계父系가 자신의 아이들을 통해 자기 영속에 이르는 왕도로 완전히 인식되었기 때문이었다. 실제로 이를 따르는 것은 필수 의무였다. 결혼 제도는 왕에서 그 백성으로 확산되었고, 모든 아버지는 자신의 권리로서 일종의 왕이 되었으며, 그의 가정은 하나의 성이었다. 로마법에 따르면, 아버지는 자기 가족family에게 전횡적 권리를 행사했다. 그는 가족을 합법적으로 지배했다. 랑크가 지체 없이 명시했듯, "파물루스famulus"는 곧 하인, 노예와 같다.[7] 원시 세계에서 아이는 **집단적** 불멸성의 담지자였다고 말할 수 있다. 왜냐하면 아이를 통해서 조상의 얼이 세상에 다시 진입하기 때문이다. 이것이 바로 많은 원시인이 자신의 아이들을 지극히 다정하게 대했던 한 가지 이유이다. 아이는 실제로 조상의 얼의 도움을 받아 스스로를 낳는 과정에 놓여 있었다. 누군가 아이에게 못되게 굴면, 조상의 영혼은 노여워하며 이 세상에서 물러날 터이다.

가부장적 가족 이데올로기 아래에서, 아이는 자기 아버지의 **개별적** 계승자가 된다. 따라서 더 이상 조상의 세계에서 오는 얼의 독립된 중개자가 아닌, 사실상 아버지의 **아들에 불과**하다. 하지만 이는 이제 유일한 영적 계보로서, 이를 통해 아들은 자기 차례에 스스로를 영속화할 수 있다.[8] 이것이 아버지가 자기 아이들에게 독재를 휘두를 수 있는 이유이다. 아이는 그저 자신의 삶을 부여한 대상일 따름이다. 오늘날 우리는 고대 그리스인이 자신의 명을 어기고 전쟁에 참여한 아들의 눈을 멀게 만든 이야기를 읽고 충격을 받는다. 하지만 아들의 목숨은 말 그대로 아버지의 개인적 소유물이었고, 아버지는 이런 자신의 권한을 행사했을 따름이다.

이러한 전개에서 가장 흥미로운 대목은 가부장적 가족 이데올로기와 왕권 이데올로기 간의 긴밀한 통일성이다. 왕은 백성에게 자양분을 공급하는 정신적 권력의 새로운 근원을 표상했다. 원시사회에서 전체 집단은 공동으로 거행하는 제의를 통해 마법적 권력을 창조했다. 하지만 전문적인 제사장과 사제의 점진적 발달과 함께,

권력을 생산하는 권력은 종종 더 이상 전체 집단의 소유가 아니라 어떤 특수 계급의 수중에 들어갔다. 이러한 변화가 생겨난 곳에서는 평범한 사람이 무기력한 백성으로 바뀌었다. 많은 농경 사회에서 사제는 마법을 통해 자연을 통제하기 위해 천문학, 달력, 힘의 제의를 개발하는 쪽으로 나아갔지만, 그 전에는 각 개인이 공동체의 제의를 통해 그러한 통제력의 행사를 도왔다. 사제의 달력이 없다면, 어떻게 농부가 씨를 뿌리기에 상서로운 날을 알 수 있겠는가? 사제들은 천문 지식으로 일식과 월식을 예측하여 엄청난 명성을 얻었다. 그러고 나서 그들은 암흑의 손아귀에서 태양을 끌어내 되찾아오는 환상적 힘을 행사했다. 그런 식으로 사제들은 혼돈으로부터 세상을 구원했을 뿐만 아니라, 몇몇 지역(예컨대 인도)에서는 왕의 권력을 창출하기 위한 비밀 의식도 보유했다. 때로 왕과 사제는 모든 신성한 권력을 독점했던 지배 구조 속에서 단단하게 결속했다. 이런 구조는 때때로 샤먼이 족장과 연합을 이루던 부족 차원에서 완전히 발달했다. 이러한 사회에서 모든 가련한 백성이 할 수 있는 일이라고는, 마법적 보호 권력의 작은 일부라도 얻기 위해 왕에게 머리를 조아리고 사제에게 음식을 바치는 것뿐이었다. 아버지는 그 신성한 계획을 자기 자신의 가정에서 재연하기 위해 왕을 모방했다. 이런 방식으로 아버지는 왕의 권력을 반영했다. 유교 사상에 드러나듯, 선비가 적절한 제의 행위를 준수한다면, 왕국은 번성할 터이다. 왕국의 모든 사람이 왕을 모방해서 아들을 다스리고, 딸을 출가시키며, 가족 질서를 유지하고, 가정 제의를 준수한다면, '신성한 가족' 내에서 권력의 균형은 뒤집히지 않을 터이다.

이 모든 일은 신성한 도시에서 벌어졌는데, 이 도시들은 항구적이고 천국과 연결되어 있었으며(예컨대 바빌론은 곧 신들에게 통하는 문과 같다), 제사장의 제의를 통해 보호되고 재생되었다. 피라미드 같은 신전과 탑이 있는 각 도시는 보이지 않는 권력의 차원인 하늘을 향해 뚫고 올라가는 첨탑처럼 솟아서, 그 차원에 몸을 담갔다. 우리는 천국을 관통하여 천국의 광휘와 권세에 흠뻑 젖으려는 고딕 성당에서 여전히 이를 느낄 수 있다. 로마가 '영원한 도시'로 불리는 까닭은 오늘날 관광객이 다시 방문하면 수십 년 전 왔을 때와 똑같은 모습을 찾을 수 있기 때문이 아니라, 그 도시가 고대에 약 100년마다 열리는 백년제에 의해 재생됐으며 엄청난 힘이 지탱하고 있어 결코 훼손되지 않는다고 여겨졌기 때문이다. 기독교의 승리를 이끈 가장 강력한 추동력 중 하나는 야만인에 의한 로마 약탈의 점증이었다. 이는 모든 사람에게 오래된 권력에 무언가 문제가 있으며, 모종의 새로운 마법적 자원이 보강되어야만 한다는 점을 보여줬다.

신성제국을 정결하게 만드는 신성한 도시의 신성한 왕은, 아버지들이 스스로 자양분을 얻게 해주는 권력의 도구가 되었다. 그 와중에 아버지는 아들의 육신에서 자신의 영속성을 확보했다. 우리는 이것이 권력에 초점이 맞춰진 새로운 형태의 통합 경험을 표상한다는 것을 알 수 있는데, 이는 고유한 방식으로 씨족과 조상 영혼에 권력을 집중하여 원시사회의 강력한 통합을 되찾으려 시도한다. 스스로를 신성한 존재로 선포한 황제와 왕은 단순한 과대망상으로 그런 것이 아니었다. 오히려 경험을 통합하고, 그 통합을 단순화하며, 그것이 권력의 확고한 원천에 뿌리 내리게 하려는 실질적 필요에 의해 그렇게 했다. 인민과 마찬가지로 지도자는 왕국의 방만함과 현재의 무분별한 다양성을 강력하게 집중된 도덕적 통합으로 이끌 필요를 느끼며, 그 자신의 육신에 그런 통합을 체현하려고 애쓴다.

> 스스로를 제국의 신으로 선포함으로써, 사르곤과 람세스는 자기 자신의 육신에 저 신비로운 혹은 종교적인 통합을 구현하길 바랐다. 이 통합은 한때 씨족의 힘을 구성했고, 여전히 왕국의 통일성을 유지하고 있으며, 이 통합만이 제국의 모든 인민 간의 유대를 형성할 수 있었다. 알렉산드로스 대왕, 프톨레마이오스 왕조, 그리고 카이사르는 차례차례 자신의 백성에게 군주에 대한 숭배를 강요했는데, 이는 허영심 때문이 아니라 도덕적 통합을 견고히 하기 위해서였다. (…) 그리하여 이 신비한 원리를 통해 씨족은 제국 안에서 존속했다.[9]

우리는 이를 힌두교, 유교, 일본의 사상뿐만 아니라, 근동과 지중해 지역의 사유에서도 확인한다.[10]

'아들의 시대'라는 새로운 약속

랑크가 매우 정확하게 알고 있듯, 기독교는 실제로 로마제국 세계의 혼란기에 그 혼란을 단순화하고 실패한 "성의 시대"의 끔찍한 부담을 덜어주기 위해 도입되었다. 랑크는 기독교를 가족의 시대에 초래된 억압과 불평등에 맞선 항거인 "아들의 시대era of the son"라고 보았다. 기독교 아래에서는 그리스도의 정신적 부권이 가족의 생물학적 부권을 대체했다. 그리스도는 완전히 새롭고 근본적인 질문을 제기했다. "누가 내 어머니이고 내 형제들이냐?" 아들은 이제 완전히 독립했다. 그는 자신의 영적 아버지를 자유롭게 선택할 수 있고, 더 이상 유전의 숙명성에 얽매이지 않게 되었다. 개인은 어떤 세속적 권위에도 구애되지 않고, 자신만의 구원을 주조할 수 있다. 기독교는 영적 힘을 단일한 개인의 수중에 되돌려놓고, 단번에 빼앗긴 자와 노예의 불평등을 없애버린 위대한 민주화였다. 이런 하층민은 원시 세계의 해체 이후 점차 거침없이 늘어났고, 지중해 세계의 광적인 내달림 속에서 기괴할 정도로 높은 비율을 차지했다. 많은 역사학자가 지적했듯, 이런 의미에서 기독교는 이교주의와 원시 공동체주의에 다시 발을 담갔고, 이를 부족 너머로 확장했던 셈이다. 랑크 역시 이 사실을 인지하고 있었다. 기독교는 민주적이고 보편적이며 마법적인 자기 재생의 새로운 형태이다.[11] 개인은 원시인이 누렸던 정신적 통일성의 일부를 다시 획득했다.

하지만 모든 인간사가 그렇듯, 전체 구도는 애매하고 혼란스러우며, 이상적 약속과는 매우 다르다. 실제로 국가는 기독교를 이용했고, 기독교 권력은 스스로의 권위를 유지하기 위해 왕권 제도와 결탁했다. 생물학의 숙명성과 유전의 우발성에 대한 공격은 가족 이데올로기에 봉사했고 가부장제를 재강화했다. 우리는 이를 오늘날 로마 가톨릭 국가에서 여전히 목격한다. 다시 말해 기독교는 역사적으로 약속했던 보편적이고 민주적인 평등을 확립하는 데 실패했다. 그 약속은 신성한 원시 공동체의 재건과 전에 존재한 적 없던 개별 인간의 가치에 대한 평가였다. 사유와 사회의 형태에서 그러한 혁명이 있었다면, 원시 세계관에서 볼 때 최상이었던 모든 것을 보존하는 동시에, 개인의 주도권과 발전을 질식시켰던 공동체의 제약과 보수주의라는 무거운 짐에서 개인을 해방시켰을 터이다. 명약관화하게도 기독교의 이러한 실패는 계급, 노예제, 현실적 경제 불평등과 같은 일반적 문제와 긴밀하게 연관되어 있다. 이것들은 고대사회의 전체 구조에서 너무나 거대하고 깊이 뿌리박혀 있어서, 단지 새로운 이데올로기만으로는 제거할 수 없었다. 이 문제는 로마도 스스로 해결하지 못했던 비극이었다. 랑크가 이해한 바처럼, 로마는 새로운 유형의 시민을 창안했지만, 이를 밀고 나가서 가족들의 필수적인 경제적 평등을 창출하는 데는 실패했다. 이 평등이야말로 새로운 구조를 보장할 수 있는 유일한 길이었다. 결국 각 개인이 자신의 가정에서 왕이라면, 그는 다른 모든 왕과 대등한 왕이어야 했다. 그렇지 않다면 그 칭호는 모든 의미를 상실한다. 이론적으로 볼 때 국가가 이런 유형의 민주주의에 전념했던 이유는, 스스로를 모든 사안의 균형을 맞추고 경쟁 세력들에 맞서며 시민을 서로에게서 보호하는 권력으로 사칭했기 때문이다, 초창기 족장제에서는 친족 집단이 여전히 권력을 보유했고, 아무도 그들 간의 반목을 제어할 수 없었다. 족장의 친족 집단이 대체로 가장 강력했고, 족장은 자신을 공격한 사람을 처벌할 수 있었지만, 이후의 국가처럼 권력을 독점하지는 못했다. 예를 들어 족장은 사람들이 전쟁에

나가도록 강제할 수 없었다. 국가의 핵심 특징이자 진정한 권력과 전횡을 상징하는 특질은 백성이 전쟁에 나가도록 강제할 수 있다는 점이었다. 이것이 가능했던 까닭은 각 가정의 권력이 국가에 이양되었기 때문이다. 그 바탕이 된 관념은 이를 통해 권력의 사회적 남용을 막을 수 있다는 것이었다. 랑크가 표현하듯, 이로 인해 국가는 일종의 "권력 은행"이 되었지만,[12] 국가는 이 권력을 결코 경제적 불평등을 없애는 데 사용하지 않았다. 그 결과 국가는 실제로 가족이 국가에 의탁한 사회적 권력을 남용했으며, 그 가족들을 불평등의 굴레에 복속시켰다.[13]

기독교 역시 이러한 자유롭고 민주적인 시민이 되길 바라는 이들의 경제적 불평등과 굴종성을 영속화했다. **그리고 원시사회의 쇠퇴 이후 국가가 대표하던 지배와 착취의 육중한 구조에는 역사적으로 어떤 근본적 변화도 없었다.** 종교개혁은 진정한 개인의 권력과 평등이라는 초기 기독교의 약속을 재천명하려는 최근의 시도였지만, 이 역시 불평등한 국가 내부의 다툼에 휘말려 실패했다. 프랑스혁명이 이에 맞서 소란스레 타격을 가한 이후, 제1차 세계대전에 이르러서야 가부장적 가족, 신성한 군주제, 교회의 지배, 진정한 평등을 약속하는 민주국가의 신뢰성 같은 전체 구조가 마침내 붕괴되었다. 소비에트 연방만이 이것들 중의 몇몇을 차르 체제와 함께 수직갱도 아래로 밀어버렸다. 오늘날 우리는 이 모든 중첩되는 전통적 불멸성의 상징들에 대한 불신이라는 진창에서 분투하고 있는 중이다. 랑크가 이해한 바처럼, 이 분투는 실제로 로마제국 시대에 시작되었고, 우리는 아직도 그 문제를 해결하지 못했다.[14] 우리는 바빌로니아인처럼 점성술 차트를 참조하고, 로마인처럼 확고한 통제를 통해 우리 자식들을 우리 자신의 이미지대로 만들고자 애쓰고, 제의적 행차에 나선 여왕의 숨 막히게 황홀한 모습을 보기 위해 서로 밀쳐대며, 사제에게 고해성사를 하고 교회에 다닌다. 그리고 우리는 그토록 무수한 원천에서 나온 이러한 권력 자본을 지녔으면서도, 왜 자신이 우리 삶의 의미에 관해 극도로 불안을 느끼는지 어리둥절하다. 그 이유는 충분히 분명하다. 그것들 중 어느 하나는 물론 그 모두를 합친 것도, 우리가 순수한 믿음과 진리를 통해 적합하다고 여기는 통합된 세계 관념을 표상하지는 못하기 때문이다.

고대 세계와 기독교의 약속이 완전히 실패한 건 아니다. 이로부터 잠재적으로 위대한 무언가가 실제로 출현했다. 랑크는 이것을 "심리학적 인간의 시대era of psychological man"라고 불렀다. 우리는 이를 "아들의 시대"로부터의 발전으로 볼 수 있다. 이 시대는 르네상스와 종교개혁으로부터 터져 나온 새로운 유형의 과학적 개인주의의 형태를 띠었다. 과학적 개인주의는 이전의 모든 불멸성 이데올로기를 대체할 새로운 권력의 후보자를 표상했지만, 이제는 거의 완전하고 뻔뻔하게 세속적인 권력이 되었다. 이는 자신의 행위, 자신의 작업, 자신의 진리 발견을 통해 불멸성을 추구하는 새로운 파우스트적 시도였다. 이는 개인의 재능에 기반을 둔 일종의 세속적-인문주의적 불멸성이었다. 부족이나 왕국을 이끄는 하나의 영웅적 우두머리, 또는 모든 인류를 선도하는 하나의 영웅적 구원자를 갖는 대신, 사회는 이제 인류를 풍요롭게 할 가능한 한 많은 영웅, 무수한 천재 개인의 발전을 위한 배양지가 되고자 했다. 이는 계몽주의 사상가들과 현대의 제퍼슨식 민주주의 이데올로기의 명시적 기획이었다.

하지만 랑크의 지적처럼, 안타깝게도 우리는 새로운 과학적인 파우스트적 인간 역시 파급력이 큰 두 가지 측면에서 실패해버리는 서글픈 경험을 했다. 이런 두 측면은 거의 그 자체로 20세기의 종말이라는 위기를 집약한다. 첫째, 현대 민주주의 이데올로기는 로마와 기독교의 실패를 되풀이했을 따름이었다. 즉 경제적 불평등을 제거하지 못했다.[15] 그러는 바람에 이전 이데올로기들과 동일한 근본적이고 비극적인 모순에 매몰되어버렸다. 둘째, 파우스트적 인간의 희망은 그가 진리를 발견하리라는 것, 자연의 작동에 관한 비밀을 손에 넣으리라는 것, 그래서 인간의 자연에 대한 완전한 승리, 즉 지구상에서 인간의 신격화를 보장하리라는 것이었다. 파우스트적 인간은 이 과업에 실패했을 뿐만 아니라, 실제로 그가 행한 해롭고 광기 어린 작업들로 자기 자신의 불멸성의 무대 자체도 망치고 있다. 그가 신성한 차원을 퇴색시키고 나니, 지구 말고는 자신의 삶의 가치를 시험할 무대가 사라지게 되었다. 내 생각에 이는 왜 자본주의 국가와 공산주의 국가 모두에서, 심지어 일차원적 정치가와 관료조차 환경 붕괴를 두고 전전긍긍하게 되었는지 설명해준다.

---

* 그리하여 역사에서 "불멸성 이데올로기"의 연속이라는 랑크의 관점이 나온다. 여기서 랑크에 대한 학문적 가치 평가를 할 마음은 없지만, 독자에게 랑크의 의식 진화의 "단계론"을 너무 비판적으로 대하진 말라고 당부하고 싶다. 그의 작업은 오늘날 아마추어적 엄밀함, 즉 초기 정신분석학자가 즐겨 했던 역사에 관한 일종의 보편적 판단이라는 인상을 준다. 하지만 이는 랑크에 대한 부당한 평가일 터이다. 그는 엄청난 양의 역사적-심리학적 사실 덩어리에 질서를 부여하려 노력했고, '그 질서를 만들어내기' 위해 명철한 개념화를 끌어내려 애썼으며, 그 결과로 우리가 그 질서를 보유하고 이용할 수 있길 바랐다. 나는 랑크가 역사적 단계에

파우스트적 인간이라는 새로운 이데올로기에서, 지구는 자기 영속의 유일한 영역이 되었다.*

관한 엄밀한 이론을 견지하기에는 너무 복잡한 사상가라는 아이라 프로고프의 판단에 동의한다. Ira Progoff, 《심리학의 죽음과 재생 The Death and Rebirth of Psychology》(New York: Dell, 1964) pp. 209, 215를 참조하라. 나는 랑크가 구분하는 "시대들 eras"이 그 암시적 가치로서, 그리고 정말로 규명해야 할 역사적 심리학을 위한 토대로서 받아들여져야 한다고 생각한다. 이 시대 개념의 역할은 인간 배치의 역사적 형태를 관통하며 이어주는 연결의 실마리로서 불멸성의 문제를 매우 강력하게 제기한 것이다. 다음 장에서 보겠지만, 브라운은 그 "시대들"을 꿰뚫고 혼탁하게 만드는 다른 실마리를 제기했다. 바로 돈이라는 지속되고 있는 불멸성 이데올로기였다.

6장

돈: 새롭고 보편적인 불멸성 이데올로기

성인의 죽음으로부터의 도피(모든 종교가 약속하는 불멸성, 가족 조직의
불멸성, 문화적 업적의 불멸성)는 스스로 아버지 되기라는
오이디푸스적 기획을 영속화한다. 성인의 승화는 오이디푸스적 기획의
연속이다. (…) 따라서 인간은 자기 신체와 분리된 영혼을 획득하며,
초유기체적 문화는 어머니에 대한 유기체적 의존에 맞선 항거를
영속화한다. 영혼과 초유기체적 문화는 오이디푸스적 자기원인 기획을,
그리고 거세 콤플렉스의 본질인 생물학적 사실에 대한
공포를 모두 영속화한다.

— 노먼 브라운[1]

앞 장의 서두에서 나는 최근에 역사의 배열과 관련된 두 가지 변곡점이 있다고 말했는데, 이제 우리는 두 번째인 노먼 브라운의 작업을 논할 시점에 이르렀다. 내 생각에 랑크와 브라운을 종합하면, 인간 조건의 기본적 동기에 관한 중요한 이중노출이 제시된다. 나는 사회 속 인간에 관한 앞선 사유 방식이 오랫동안 그들의 작업에 의

해 영향받지 않을 수 있다고 믿지 않는다. 왜냐하면 브라운은 역사를 일별하면서 랑크와 동일한 통합의 원리, 즉 불멸성을 향한 보편적 충동을 활용했기 때문이다. 그리하여 브라운은 랑크가 내린 결론에 정확하게 도달할 수 있었다. 바로 불멸성이 불변하는 동기라면, 모든 사회적 풍습은 본질적으로 신성하다는 결론이다.[2] 브라운의《죽음에 맞서는 삶》이 끼친 주요 공헌 중 하나는 돈의 권력에 관한 이론을 위한 기본 관념들을 종합한 일이었다. 이는〈더러운 돈 Filthy Lucre〉이라는 제목의 경이롭고 흥미진진한 장에 모두 담겨 있다. 이 글은 핵심 사유를 요약한 종합으로서, 사유의 역사에서 위대한 에세이 중 하나이다. 여기서는 브라운의 돈에 관한 논지를 개괄하고, 그것이 어떻게 랑크의 생각을 뒷받침하고 확증하는지, 그리고 어떻게 새로운 권력 구조의 진화에 대한 자신만의 생생한 통찰을 덧붙이는지 살펴보겠다.

우리는 원시 세계의 쇠퇴 및 왕권의 발흥과 함께, 인간이 권력을 얻기 위해 왕을 모방하게 되었음을 살펴보았다. 그런 뒤 왕은 왕실에서 불멸성 이외에 무엇을 추구했을까? 당연히 비단, 창부, 명검, 말과 기념물, 도시 궁궐과 전원 저택 등과 같이 금으로 살 수 있는 모든 것을 원했다. 속세에 아들을 남겨놓음으로써 불멸성을 얻게 된다면, 자신의 이미지를 기리는 다른 물리적 기념물을 방대하게 축적하여 남겨놓음으로써 불멸성을 얻는 일도 가능하지 않겠는가? 그리하여 돈의 추구가 보통 사람에게도 가능하게 되었다. 금은 새로운 불멸성의 상징이 되었다. 새로운 도시의 사원 건물, 왕궁, 기념물에서, 우리는 새로운 종류의 권력이 생성되는 것을 목격한다. 더 이상 사람들 간의 토템적 교감에 의한 권력이 아니라, 돌무더기와 금 더미로 이루어진 기념물의 권력이 들어선다. 브라운은 이에 대해 매우 간략히 언급한다.

> 돈 혹은 도시 자체라는 기념비적 형식을 통해, 각 세대는 자기 조상의 금욕적 성취를 물려받는다. (…) 기념물을 더 축적함으로써 빚을 갚는 것이다. 도시를 통해 아버지의 죄악은 아이들에게 대물림되며, 모든 도시는 역사와 이자율을 갖는다.[3]

다시 말해 새로운 가부장제는 아들에게 가문의 불멸성은 물론, 축적된 금, 재산, 이자 역시 물려줬다. 나아가 이것들을 차례차례 축적할 의무도 물려줬다. 아들은 아버지보다 '더 위대'해짐으로써, 즉 더 거대한 표식을 남김으로써 자신의 자기 영속을 확보한다. 불멸성은 더 이상 보이지 않는 권력의 세계가 아니라 바로 가시적 권력의 세계에 존재하게 되고, "죽음은 시간을 거스르는 기념물을 축적함으로써 극복된다. 이러한 돌과 금의 축적을 통해 불멸하는 영혼의 발견이 가능해졌다. (…) 죽음은 삶의 실제적 현실성이 이러한 불멸의 죽은 사물로 이전된다는 조건하에서 극복된다. 돈이 곧 그 사람이다. 재산이나 기업의 불멸성은 홀로 지속되는 죽은 사물에 깃들어 있다."[4] 피라미드는 하늘을 향해 불멸성의 희망을 쏘아 올려 뚫고 나가고자 했지만, 그 모습은 인간 앞에 전시되었고 그 인간에게 무거운 짐을 지웠다.

브라운은 초점을 원시인 타락의 **메커니즘**에 확고히 고정시킴으로써, 랑크보다 더 정치한 그림을 제공한다. 비유하건대 랑크가 역사의 심장박동을 보여줬다면, 브라운은 핏줄 속에 흐르는 물질을 드러냈는데, 그 물질은 금이었다. 이제 인간은 신성한 것을 취하여, 그것에 기념비적이고 지속적인 형태를 부여하고자 했다. 따라서 도시에서 인간이 마침내 가장 내구성 있는 귀금속에 안착한 것은 당연하다. 불멸성의 새로운 극화가 비가시적인 것에 대한 요청이 아니라 가시적인 것의 권력과 광휘에 놓이면, 그 드라마는 집단에서 새로운 마법의 대상, 즉 돈으로 이전되어야만 한다. 돈은 새로운 "토템적" 소유물이다.[5]

돈과 토템적 정신의 동일시는 경박하지 않다. 부족사회의 쇠퇴와 함께, 제의 또한 신용을 잃었다. 하지만 인간은 사회에 질서와 형식을 부여하고 경험 세계 전체를 마법적으로 묶기 위해, 새로운 제의가 필요했다. 그리고 이는 아마도 돈이 그토록 피할 수 없는 힘으로 고대 세계에 진입하게 된 근본 원인일 터이다. 돈은 제의가 남겨놓은 공백을 채웠고, 그 자체로 새로운 제의적 초점이 되었다. 메리 더글러스는 이러한 돈과 제의의 동일시를 매우 설득력 있게 묘사한다.

> 돈은 혼란스럽고 모순될 수 있는 작용들에 고정되고 외적이며 확인 가능한 기호를 제공한다. 제의는 내적 상태를 눈에 보이는 외적 기호로 만들어낸다. 돈은 거래를 매개한다. 제의는 사회적 경험을 포함하는 경험들을 매개한다. 돈은 가치 측정을 위한 표준을 제공한다. 제의는 상황을 표준화하여, 그에 대한 가치 평가를 하도록 돕는

다. 제의가 그렇듯, 돈도 현재와 과거를 연결한다. 이 은유의 풍부한 의미를 곱씹을수록, 이것이 은유가 아님이 더 분명해진다. 돈은 단지 제의의 극단적이고 특수화된 형태일 뿐이다.[6]

고대 세계에서 어떻게 돈에 대한 제의적 매혹이 시작되었는지, 그리고 어떻게 돈 자체가 불멸성의 초점으로 자리 잡게 되었는지 살펴보자. 역사에서 가장 매력적인 대목 중 하나는 돈의 진화이다. 브라운이 지적하듯, 게다가 이는 아직 쓰이지 않은 역사이기에 더욱 매력적이다.[7] 그것이 아직 쓰이지 않은 이유 중 하나는, 돈의 기원이 역사 이전에 감춰져 있기 때문이다. 다른 이유는 돈의 발달이 틀림없이 다양했을 터이며, 단일하고 보편적인 과정을 따르지 않았을 터이기 때문이다. 세 번째 이유는 더욱 정곡을 찌른다. 현대인은 돈을 이해하는 데 어려움을 겪는 듯하다. 돈이 현대인에게 너무 밀접하고, 그의 삶의 너무 많은 부분을 차지하기 때문이다. 누군가 한때 언급했듯, 물고기는 물의 존재를 깨닫기 힘들 터인데, 왜냐하면 물고기에게 물은 너무도 무의식적이고 자연스러운 삶의 일부이기 때문이다. 하지만 브라운이 아주 잘 알고 있듯, 이 모든 것 외에도 우리가 돈을 그토록 이해하기 어려운 까닭은 돈이 **여전히 신성하기** 때문이며, 여전히 우리가 불멸성으로 진입하기 위해 의탁하는 마법적 대상이기 때문이다. 또는 달리 말하자면, 돈을 분석하기 어려운 이유는 그것이 여전히 살아 있는 신화이자 종교이기 때문이다. 오스카 와일드는 "종교는 누군가 그 진실을 지적할 때 사멸한다. 과학은 죽은 종교의 역사이다"라고 언급했다. 이런 관점에서 보면, 돈이라는 종교는 그 진실의 폭로에 저항해왔다. 돈은 사멸하고 싶지 않았기 때문에, 과학에 스스로를 내맡기지 않았다.

우리가 여전히 돈의 신성한 역사를 지니고 있지 못하다는 걸 달리 어떻게 설명하겠는가? 엄청난 양의 인류학 및 역사학 연구 논문, 플라톤과 아리스토텔레스가 남긴 고찰, 돈 물신주의에 관한 아우구스티누스의 언급, 게오르크 짐멜과 훗날의 독일과 프랑스 학자들의 저술, 오스발트 슈펭글러의 매력적인 사유, 호카트의 신랄한 에세이, 마르크스의 통찰, 그리고 마지막으로 현대 정신분석학의 통찰에도 불구하고 말이다. 브라운의 종합적 재능이 문제에 개입하는 지점이 바로 여기다. 그는 프로이트의 항문성애 이론을 포함한 이 유구한 전통에 의거했고, 《자본》을 상기시키는 통찰과 끈기로 그 모든 전통을 샅샅이 긁어모았다. 브라운은 모든 전문가적 머뭇거림에도 불구하고, 돈이 다른 무엇이 아닌 바로 신성한 권력임을 증명했다. 여기서 브라운이 주요한 권위 있는 이론들과 벌인 계속되는 논쟁을 되풀이하는 것은 의미가 없다. 단지 부분적으로 나 자신의 관점에서 가장 중대한 부분을 요약해보겠다.

여전히 어둠에 가려져 있지만, 우리는 돈의 초기 역사에 관한 많은 핵심 통찰을 얻었다. 우선 인류학자들은 사회적 삶의 원시적 단계에 돈이 존재했음을 오랫동안 알고 있었다. 그래서 '인류학 개론'을 들을 때, 우리는 원시인의 '도착성'에 흥미로워하게 된다. 개 이빨, 조개껍데기, 깃털 묶음, 돗자리 같은 희한한 물건이 돈으로 사용된다고 상상해보라! 우리에게 이러한 물건들은 값어치가 없을 뿐만 아니라, 심지어 휴대하고 가치를 매기기에 '적합한' 게 무엇인지에 관한 우리의 감각에 혐오스럽게 느껴질 수도 있다. 이 모든 것의 핵심은 물론 우리가 원시인과는 전혀 다른 권력의 세계에 살고 있다는 것이다. 우리에게는 자동차, 총, 전기회로가 권력을 체현하지만, 원시인에게는 권력이 생물의 특질과 이러한 특질을 구현하는 기관들에 존재했다. 기이한 매끄러움과 흰 빛깔을 지니고 생명체를 끔찍하게 파괴하는 이빨은 곧 물어뜯는 힘과 같으며, 깃털은 곧 비행의 자유나 기적과 같다.[8] 따라서 이러한 원시적 돈의 형태는 우리가 이해하는 것처럼 단지 장식적 가치나 실용적 교환가치만을 지니지 않았다. 그것은 현실적인 영혼 권력의 가치를 지녔다. 브라운이 라움Bernhard Laum에 의거하여 이해한 내용처럼, 돈의 진화라는 문제에 이르게 되면, 우리는 원시적 돈과 동일한 원천, 즉 마법 부적이나 표식에서 그 기원을 찾아야만 한다.

저명한 역사가 엘리엇 스미스G. Elliot Smith는 고대 이집트에서 엄청난 가치를 지녔던 금의 기원에 관한 흥미로운 고찰을 종합했다. 인간이 무언가에 커다란 가치를 부여하도록 이끌리는 이유는 무엇인가? 그 무언가가 생명을 부여하고, 신이 지닌 권능의 일부를 빌려와서 인간이 나약함과 죽음에 대항해 승리할 수 있게 해주기 때문이다. 엘리엇 스미스는 그 발달단계를 이렇게 종합했다. 홍해에서 개오지 껍데기는 생명을 부여하는 힘을 지닌 표식으로, 즉 죽음의 위험을 몰아내고 이미 사망한 사람의 영혼의 존재를 연장시켜주는 부적으로 소중하게 취급되었다. 따라서 그 조개껍데기는 신성한 암소이자 위대한 어머니인 하토르 여신*과 동일시되는 불멸성의 상징이었다. 엘리엇 스미스는 이렇게 말한다.

> 이집트 사람들은 점토와 돌과 손에 닿는 그 밖의 재료들로 개오지 껍데기 및 다른 마법적 껍데기들의 모형을 만들기 시작했다. 이 모형들에 진짜 껍데기의 마법이 담겨 있다고 믿었던 것이다. (…) [시간이] 흐르면서 [그들은] 쓰이지 않고 가치를 인정받지도 못한 채 누비아 사막에 널려 있는 부드럽고 가소성이 있는 금속을 이용하여 내구성 있고 매력적인 모형을 만들 수 있다는 사실을 발견했다. (…) 빛바래지 않는 노란 금속의 광휘와 아름다움은 즉각적으로 관심을 끌었다. 이윽고 원래의 껍데기보다 황금 모형이 더 인기를 얻게 되었고, 그리하여 생명을 부여한다는 평판은 대부분 단순한 부적의 형태에서 금속 그 자체로 옮겨갔다.[9]

달리 말해 신의 권능이 금속에 현전하게 되었다.

호카트가 아주 선명하게 보여줬듯, 인도에서 금은 불의 신 아그니Agni와 곧바로 동일시되었다. 금은 신성한 제의에서 태양을 대신할 수 있었다. 호카트는《샤타파타 브라흐마나》에서 이런 흥미로운 대목을 인용한다.

> 이 황금 접시는 진리와 같나니. 저 너머 태양은 진리와 같다. 태양

* [옮긴이] Hathor. 고대 이집트의 여신으로, 모성, 성, 사랑, 기쁨, 음악, 춤을 상징한다. 보통은 태양과 소의 뿔을 머리에 인 모습이지만, 암소나 암소 머리를 한 여성으로 묘사되기도 한다.

> 은 황금으로 만들어졌다. 황금은 빛이고, 태양은 빛인 이치이다. 황금은 불멸이고, 태양은 불멸이다. 황금이 둥근 이유는 태양이 둥글기 때문이다. (…) 이 황금 접시는 참으로 태양이다.[10]

호카트는 그의 거창다운 소논문 〈돈Money〉에서 금화, 왕관, 후광의 공통된 기원을 제시한다. 이 세 가지 모두 태양의 원반을 표상하기 때문이다. (우리는 동전이 둥근 이유가 주머니에 더 수월하게 들어가기 때문이라고 생각하고 싶어 한다.) 위대한 경제학자 존 케인스는 금과 은이 주요 화폐가치로서 특별한 매력을 갖는 이유가 태양과 달과의 상징적 동일시 때문이라는 점에 동의했다. 태양이나 달은 초기 '우주적 지배'의 우주론에서 으뜸가는 신성한 위치를 점했다. 훨씬 더 흥미로운 사실은 금과 은의 가치 비율이 고전 시대부터 중세를 거쳐 심지어 현대에 이르기까지 '1 대 13.5'로 안정적으로 유지되어왔다는 점이다. 브라운은 그러한 안정성이 합리적 수요와 공급이라는 논리적 차원에서 설명될 수 없다는 라움의 생각에 동의한다. 해명은 이 금속들의 신성한 대응물, 즉 태양과 달의 점성술적 순환 비율에서 찾아야 한다.[11] 우리는 점성술의 마법이 심지어 오늘날에 여전히 살아 있는 걸 마주하면서도, 그것이 역사 속에서 얼마나 끈질기게 지속되어왔는지는 망각했다. 인간은 항상 자연에서 특별한 마법적 속성을 발견하여, 그 속성이 인간의 삶에서 의미를 띠게 하려고 노력했다. 고대인은 생명체의 특성, 태양 같은 자연의 신비로운 대상, 자연으로부터 추출할 수 있는 비율로부터 이런 특별한 속성을 구했다. 한 가지 예를 들면, 매우 최근까지도 악기는 마법적 점성술의 비율에 따라 가장 신성하고 조화로운 소리를 내게끔 만들어졌다. 개인적으로 탁월한 기타 제조 장인 한 명을 알고 있는데, 그는 기본 척도로 고대의 '그리스 피트Greek foot'를 사용한다.

따라서 화폐는 마법 부적과 태양에 대한 마법적 모방이 그 기원인 듯한데, 이것들에는 보호를 해주는 영혼 권력이 담겨 있기에 몸에 착용하거나 보관했다. 호카트가 말하듯, 황금이 어떤 "효용"을 지닌다면, 그것은 초자연적 효용이다. "적은 양의 황금이 많은 양의 물품과 교환되었던 까닭은, 몇 온스의 신성이 몇 파운드에 달하는 많은 물질만큼 값어치가 있기 때문이었다."[12] 이제 우리는 어떻게 돈으로 다른 많은 물품을 구매하게 되었는지 알 수 있다. 그것이 마법이라면, 사람들은 그것을 얻기 위해 무엇이든 줄 용의가 있다. 로하임이 매우 흥미로운 공식으로 표현했듯, "애초에 돈으로 물건을 살 수 있기 때문에 사람들이 돈을 원한 것이 아니라, 사람들이 돈을 원하기 때문에 돈으로 물건을 살 수 있는 것이다."[13]

황금이 신성하다면, 우리는 (짐멜과 호카트와 함께) 최초의 은행이 신전이었고 최초로 돈을 발행한 사람이 제사장이었던 경위를 이제 이해할 수 있다. 성직자 영향력의 강화와 더불어, 사제들 자신이 공식적으로 신성한 주술의 거래 및 은혜와 금의 교환거래를 독점하게 되었다. 최초의 조폐국은 신전에 세워졌다. '돈money'이라는 단어도 로마의 캄피돌리오 언덕에 있는 유노 모네타Juno Moneta(훈계자 유노) 신전의 조폐청에서 유래한다. 위조가 신성모독인 까닭은, 동전이 신의 권능을 체현하기에 오직 사제만이 그러한 힘을 다룰 수 있었기 때문이다. 오늘날 우리는 화폐 위조범을 대할 때, 그들이 신성한 권력에 대한 형언할 수 없는 침탈을 행하고 있다는 동일한 느낌을 받는다.

따라서 신전은 오늘날의 은행과 마찬가지로 금전 거래를 위한 교환소였다. 가장 적은 양의 신성한 황금 권력이 엄청난 양의 음식 및 여타 물품을 가져올 수 있다는 점을, 최초의 유한계급이었던 사제들은 결코 놓치지 않았다. 사제들은 초자연적인 것을 다루는 재능을 지니고 있었을 터이지만, 아주 인간적인 욕구도 (때로는 아주 많이) 지니고 있다. 그래서 만일 그들이 거래에 매진할 여유가 있다면, 그 이유는 아주 초기부터 사제가 신도를 이렇게 설득했기 때문이다. 신도들이 힘들여 거둔 결실의 일부를 사제들에게 가져와서, 그들의 여유를 보장해주는 게 중요하다고 말이다. 그리하여 음식 생산자들은 자신을 위해 거행되는 기도 및 희생과 교환하기 위해, 신전에 반드시 음식을 가져와야만 했다. 또한 이는 다른 방식으로도 작용했을 터였다. 즉 황금은 보이지 않는 힘에게 축복을 빌어주는 대가로 사제에게 치른 보수였다. 호카트가 지적했듯, 인도에서 황금 보수는 그 본질이 황금인 신에게 지불하는 적절한 수단이었다.[14] 이로부터 초창기 동전에 신의 이미지가 새겨졌던 전통이 유래하며, 그 다음에는 신성한 왕이, 그리고 오늘날에 이르면 대통령이 새겨진다. 가장 거룩한 신전에 오는 모든 방문자는 한 해 동안 그들을 안전하게 지켜줄 신성한 권력이 새겨진 황금을 되가져갈 수 있다. 주머니 속 은화에 새겨진 얼굴을 만지면서, 우리는 생명을 안전하게 지켜주는 주술과 함께 신전을 나섰던 고대인의 차분한 확신을 다시 체험한다. 오늘날 성직자들도 이와 유사하게 자신이 신성한 로마를 방문했을 때 구한 기념 메달을 손가락으로 만지면서, 여러 해에 걸쳐 메달에 새겨진 교황의 얼굴을 닳게 만든다. 신의 권력이 동전에 깃들었던 것처럼, 교황의 권력은 그 모형 속에 현전한다.

우리는 사제들이 '우주적 지배'와 '신성한 왕권의 점성술적 통합'이라고 적절하게 불리는 불멸성 이데올로기의 일부였음을 알고 있다. 우리는 이미 그 위계질서를 묘사한 바 있다. 왕은 자신의 권력을 천국으로부터 얻어서, 사제들의 도움을 받아 자신의 육신에 구현된 그 권력을 사람들에게 발산하여, 가부장적 가족들을 이롭게 했다. 우리는 돈의 주조가 이 구도에 기막히게 들어맞는다고 말할 수 있다. 왜냐하면 이제 우주적 힘은 신전을 방문할 필요조차 없이 모든 사람의 소유가 될 수 있기 때문이다. 우리는 이제 불멸성을 시장에서 거래할 수 있다. 이는 그냥 하는 말에 그치지 않는데, 이 거래가 가장 진지한 새로운 비즈니스로 등장했기 때문이다. 분명히 돈의 현상학적 역사를 재구성할 때, 우리 현대인은 고대의 협상자의 '마음속과 그들 시각의 배후로 들어가는 것'이 불가능하다. 하지만 새로운 인간이 고대 세계에 태동했다. 그는 자신의 생명(따라서 자신의 불멸성)의 가치의 기반을 동전에 집약된 새로운 우주론에 두는 인간이었다. 우리는 오늘날에도 눈에 띄는 폼페이의 잔해 속 어떤 집 현관의 그림이 집주인에게 혹은 필시 깊은 인상을 받았을 행인에게 어떤 의미였을지 그리 쉽게 파악할 수 없다. 그러나 저울에 금화를 올려 자기 남근의 무게를 자랑스레 달아보는 한 인간의 그림은, 분명 재생산의 생명력으로 예시되는 자연의 힘의 등가물을 황금에서 찾는다는 느낌을 전해준다. 어쩌면 부성이 남근에 의해서만이 아니라 심지어 황금에 의해서도 주어지며, 일반적으로 자기원인의 기획이 잘 통제되고 있음을 느끼게 된다. 성인 거주자의 침실에서 가까운 현관 바로 안쪽에 있는 두 개의 동전 상자는 분명 그 그림에 담긴 느낌을 통해 새로운 삶의 방식을 전한다. 스펭글러가 아주 잘 인식했듯, 돈은 모든 존재의 정제된 가치가 되었다.

> 코린트가 파괴되었을 (…) 때, 성상을 녹여 동전을 제조하는 일과 거주민을 노예시장에서 경매하는 일은 고대인의 마음에 동일한 활동, 즉 물리적 대상을 돈으로 변환시키는 활동이었다.[15]

또는 단일한 불멸의 상징, 즉 **자신의 확장을** 자기 세계의 모든 중요한 대상과 사건에 **연결시키는 준비된 방식**이라고 말할 수도 있다. 이런 의미에서 돈은 가시적 힘과 비가시적 힘(신, 왕, 전쟁에서 승리한 영웅 등의 권력)의 우주론적 통합을, 그리고 전쟁 노획품의 정제물을 표상했다고 볼 수도 있다. 그리고 이 우주론의 중심에는 두 세계를 정제하고 포괄하면서 자신의 확장을 가늠할 가시적 계산대, 즉 자신의 불멸의 가치를 나타내는 신성한 증거를 지닌 개인 자신이 우뚝 서 있었다.

이러한 노선에 따라 우리는 돈의 의미가 선사시대의 돈의 탄생으로부터, 그리고 고대 세계에서 주화의 발명에 따른 돈의 폭발적 발전으로부터 유래한다는 점을 이해해야 한다. 돈은 모든 문화적 사물이 그러하듯이 신성하다. 랑크가 일러주고 브라운이 그토록 강력하게 재확인했듯, "관습은 (…) 본질적으로 신성하다." 돈이 예외여야 할 이유가 없지 않은가?[16] 돈을 신성함의 영역과 연결하는 것은 돈의 **권력**이다. 우리는 돈이 다른 인간을 지배할 권력을, 또 가정과 사회적 의무, 친구, 윗사람과 아랫사람으로부터의 자유를 부여한다는 걸 오래전부터 알고 있었다. 돈은 자신과 타인의 유사성을 제거한다. 돈은 개인들 사이의 안락한 거리감을 만들어내고, 어떤 직접적이고 개인적인 방식으로도 타협하지 않으면서 자신의 주장을 서로에게 쉽게 관철시킨다. 이에 더해서 돈은 거의 모든 종류의 물질적 욕구를 만족시킬 수 있는 그야말로 무한한 능력을 제공한다. 권력은 경제적 범주가 아니며, 단순히 사회적 범주도 아니다. "모든 권력은 본질적으로 신성한 권력이다."[17] 이것은 완벽하다. 모든 권력은 본질상 필멸성을 부정하는 권력이다. 그렇지 않다면 진짜 권력이 전혀 아니고, 궁극적 권력도 아니며, 인류가 실제로 집착하는 그 권력 또한 아니다. 권력은 스스로를 확장하는 힘, 자신의 자연적 상황을 왜소함, 무력함, 유한함으로부터 거대함, 통제, 지속성, 중요성으로 바꿀 수 있는 힘이다. 돈은 물리적이고 사회적인 현실을 조작할 수 있는 힘이 있기에, 여러 측면에서 우리를 우발성과 우연으로부터 지켜준다. 돈으로 경호원, 방탄유리, 더 나은 의료 서비스를 구매한다. 무엇보다도 돈은 축적하고 물려줄 수 있어서, 자신이 죽은 뒤에도 불멸성의 유사물을 부여받음으로써 그 위력을 발휘한다. 즉 그의 돈으로 계속 구매하는 상속자의 대리 만족에서, 혹은 자신이 주문했던 예술품의 장엄함에서, 또는 자신의 동상과 웅장한 묘에서 살아 있게 된다. 요컨대 돈은 동물적 굴레와 자연 결정론을 대범하게 거부하는 탁월한 인간적 양식이다.

여기서 브라운은 정통 프로이트 이론에 문제를 제기하여 그것을 실질적으로 개선하며, 우리가 그 이론의 가장 도착적이고 신비스런 영역 중 하나를 수월하게 이해하도록 만든다. 정신분석학자들이 돈을 배설물과 동일시할 때, 우리는 항상 뜨악함을 느껴왔다. 너무도 조야하고 비현실적으로 보였던 것이다. 우리는 배설물을 가지고 노는 데서 오는 순수한 즐거움을 상상도 못한다. 심지어 아이들에게도 배설물은 양가적이고 어떤 면에서는 혐오스럽다. 조그만 아기가 배설물을 가지고 논다면, 그 시기에는 배설물이 그 아이에게 분명한 의미를 지니지 않을 수 있다. 나중에도 아이가 배설물을 가지고 논다면, 이는 이미 다른 종류의 놀이, 불안을 통제하려는 놀이, 경험의 바로 그 양가적 영역에 대처하는 일이다. 게다가 돈은 야망과 희망에 대한 열망으로 가득 차 있기 때문에, 돈이 배설물과 동일하다는 말은 늘 지나칠 정도로 단순하게 들렸다. 돈은 단지 유아적인 더럽힘, 단순한 자기 탐닉이 될 수 없다. 실제로 브라운이 아주 적절하게 주장했듯, 돈은 배설물과 결코 동일하지 않고, 배설물을 전혀 표상하지 않는다. 오히려 돈은 배설물, 물질성, 동물성, 쇠퇴와 죽음에 대한 **부정**을 표상한다.

> 육체를 넘어서는 것은 육체를 배설물과 동일시하는 것이다. 최종 분석에 따르면, 인간이 배설물에 느끼는 독특한 매혹은 인간이 죽음에 대해 느끼는 독특한 매혹이다.[18]

돈이 항문 부위와 연관되는 이유는, 인간을 초월적 힘과 연결하는 추상적이고 문화적인 양식을 탁월하게 표상하기 때문이다. 마르크스가 그토록 한결같이 이해했듯, 돈은 매혹적인 우상에 넋을 잃는 유인원 같은 동물을 위한 완벽한 "물신"이다. 돈은 자기원인 기획 전체를 그 자체에 집약한다. 이 기획은 어떻게 엄청난 정신적 재능과 대지의 재료들을 지닌 인간이 자신의 운명을 별자리와 연결 짓고 자신의 동물적 육체를 영위하기 위해 아찔한 광휘, 마법적 비율, 다른 인간과 그들의 노동의 구매를 고안할 수 있었는지 알려준다.[19] 문화적 억압이 서서히 퍼져가고 있는 것에 관해 우리가 얻을 수 있는 유일한 힌트는, 열성적인 금융업자조차 돈을 만진 뒤에는 손을 씻는다는 점이다. 죽음에 맞선 승리는 완전히 믿을 수 없는 환상이다. 돈이 배설물을 모조리 치워버리지는 못하며, 따라서 불멸성을 확보하는 바로 그 과정에서 세균과 취약성의 위협이 도래한다. 우리가 '돈은 신이다'라고 말한다면, 이는 마치 인간의 타락성에 대한 단순하고 냉소적인 관찰처럼 들린다. 하지만 우리가 '돈은 불멸성을 협상한다, 그러므로 신이다'라고 말한다면, 이는 인간을 연구하는 모든 진지한 연구자에게 투명하게 객관적인 하나의 과학적 공식이다.

우리가 고대 그리스나 폼페이 사람들에게 돈이 어떤 의미였는지 알기 위해, 선사시대를 다시 파헤쳐서 추측할 필요는 없다. 우리는 권력 획득의 부족적 양식에서 금전적 양식으로의 변화를 눈앞에서 확인한다. 초기 아테네 사회의 드라마는 탈부족화가 진행되는 어떤 곳에서든 반복된다. 템펠스*의 현대 반투족Bantu에 관한 논평은 역사 속에서 등장했으며 계속해서 등장하고 있는 새로운 인간에 관해 호소력 있게 집약한다.

> 최근 나는 반투족의 원로가 자신들의 현대화된 산물을 가리켜 유럽화된 신문물évolues이라고 말하는 것을 들었다. "개네들은 돈lupeto 인간이야." 그들은 이 유럽화된 자기 부족의 젊은이가 돈밖에 모른다고, 그들에게 가치가 있는 것은 돈밖에 없다고 내게 설명했다. 그들은 (…) 돈의 철학을 위해 (…) 자신들의 반투 철학을 저버렸다. 돈은 그들에게 유일한 이상이고, 그들의 목적이자 자신의 행위를 규제하는 최상의 궁극적 규범이다. (…) 모든 것이 (…) 이 새로운 가치, 이 현대의 보편적 행위규범, 즉 루페토lupeto, 돈으로 인해 파괴되었다.[20]

원로들의 눈 바로 앞에서 한 세대에게 벌어진 이 강박적이고 광적인 변화를, 자기 영속을 향한 갈망, 전통적인 불멸성 이데올로기를 몰락시켜버린 불신이 부추긴 갈망으로 보는 것 말고 어떻게 이해할 수 있을까? 역사적으로 부족사회의 급속하고 완전한 해체는 항상 불멸성 권력의 오래된 원천에 대한 불신과, 외부인이 가져온 새로운 삶의 방식이 진정하고 더 강력한 권력을 담고 있다는 믿음의 결과였다. 오래된 집단은 더 이상 생명을 부여하지 못하기에, 젊은이는 인간과 사물을 지배하는 새로운 현실적 권력을 떠받들며 사회적

---

* [옮긴이] Placide Tempels(1906~1977). 벨기에 출신의 성직자로, 콩고에서 프란체스코회 수도사로서 활동했다. 사하라 사막 이남의 반투족이 지닌 암묵적 철학을 밝히고자 한《반투족 철학La philosophie bantoue》(1945)으로 잘 알려졌다.

의무를 등한시한다. 선교 활동이 우수한 무기 및 약품과 더불어 이루어진 이유는, 사제들이 자신의 신은 우월한 권력을 표상한다는 점을 증명해야 한다는 사실을 늘 알고 있었기 때문이다. 생각해보자. 만일 발달된 지식, 보건, 무기를 지닌 인간 종족이 우리 행성에 착륙하여, 우리에게 알파 센타우리 항성계에서 자신들을 살아가게 해주는 신에 관해 말해준다면, 이 새로운 종교는 하룻밤 새에 엄청난 수의 사람들을 사로잡고 우리가 지닌 제도 대부분을 불신하게 만들 터이다.

그러므로 부족마다 수백 개의 다른 이름으로 불릴 루페토 인간부터, 폼페이, 중세의 면죄부 매매, 칼뱅과 현대 상업주의에 이르기까지, 돈은 여러 실패한 역사적 불멸성 이데올로기들을 연결하는 유일한 쟁점이었다. 불멸성을 향한 분투의 서로 다른 역사적 형식 아래에는, 돈이라는 생명선이 박동하고 있었다. 이런 의미에서 현재까지 각기 계승되어온 불멸성을 향한 분투의 사회구조적 형식들은 더 심층을 흐르는 불멸성의 상징, 즉 돈을 가리는 일종의 가면 혹은 외피였다. 랑크는 이 이원론에 관해 거론하지 않았지만, 분명 알고 있었다. 그는 민주주의 이데올로기가 모두를 경제적이고 사회적으로 평등하게 만들겠다는 약속의 실현에 실패했다고 지적한다. 앞서 보았듯 로마의 가부장제도 기독교처럼 이 과업을 이루지 못했다는 점을 기억해두자. 불멸성 이데올로기가 자신이 약속했던 것을 제공하지 못한 실패에 관해, 더 깊은 층위에서 보면 그것이 내내 **또 다른 종류의** 불멸성을 제공해왔다고 말하는 것 말고 달리 어떻게 설명할 수 있겠는가? 그렇지 않았다면 인간은 불멸성을 전혀 갖지 못했을 터이다. 랑크가 남긴 수수께끼 같은 문구에서 지적했듯, 경제적 평등은 "민주적 유형의 인간이 감내할 정도를 넘어선다."[21] 신성한 권력으로서의 돈의 심리학이 아니면, 그렇게 해체적이고 급진적인 관념을 어떻게 이해할 수 있을까? 돈은 **지금** 권력을 부여하며, 또한 축적된 재산, 토지, 이자를 통해 미래에도 권력을 부여한다. 인간은 자신을 신의 시선과 인간의 마음속에 특별히 기억될 만한 가치 있는 존재로서 두드러지게 만드는 특권의 사회적 상징에 의존하게 되었다. 하지만 실제로 가시적인 것의 차원에서 살아가며 비가시적인 것에 관해 아무것도 알지 못하는 동물에게는, 사람들의 시선이 신의 시선보다 우위를 점하기 쉽다. 돈으로 사는 불멸 권력의 상징은 가시적인 것의 차원에 존재하며, 따라서 보이지 않는 경쟁자를 몰아낸다. 인간은 창조된 생명이라는 유혹에 쉽사리 굴복하는데, 이는 주로 인간이 유기체로서 활동하고 행동하는 차원에서 힘을 발휘한다. 육체의 인력은 매우 강력하며, 삶의 경험은 매우 직접적이다. '초자연적인 것'은 너무 멀고 문제적이며, 너무 추상적이고 손에 잡히지 않는다. 이것이 바로 루이스 부뉴엘이 자신의 영화 〈트리스타나〉에 나오는 주지육림에 빠진 타락한 사제들을 통해 보여주고자 했던 것이다. 보이지 않는 것을 우선시한다고 주장하는 인물조차, 와인과 고기에 대한 식욕, 돈이 제공하는 특혜와 안전에 대한 욕구가 끌어당기는 힘에 맞서 싸울 수 없다. 물론 이는 또한 악마의 상징이 지닌 전통적 의미이기도 하다. 악마는 육체적이고 세속적이며 가시적인 권력을 표상하며, 지구상에서보다 천상에 가까운 경쟁자인 영적 권능에 대해 쉽사리 우위를 점한다. 이는 신학자들이 지상에서 신은 악마에게 복종해야 한다고 말할 때 의미했던 바이다.[22] 대지는 물리법칙에 따라 움직인다. 부뉴엘의 영화에서 악마는 교회 종 안에 추 대신 매달려 종을 때려대는 인간의 머리이고, 천상의 음악을 절망적으로 타락시키는 살아 있는 육신이다.

경제적 평등을 현대의 민주적 인간이 견뎌낼 수 없다는 건 놀랍지 않다. 집, 자동차, 은행 잔고가 현대인의 불멸성의 상징이다. 혹은 달리 말해 흑인이 이웃으로 이사 오면, 집의 부동산 가치가 하락할 뿐만 아니라, 가시적 불멸성의 차원에서 **당신의** 충만함도 줄어들며, 그리하여 당신은 **죽는다**. **사물들**은 아마도 초기 국가의 성립 이래로 불멸성을 부여해왔을 터이지만, 현대에 이 가시적 차원의 일차원성은 뒤죽박죽이 되었다. 무엇보다도 전통적 종교의 쇠퇴는 우리가 축적한 재화에 의거하여 진가를 판단하는 안목을 지닌 신을 의미 없게 만들었다. 이와 더불어 막스 셸러 및 다른 이들이 이해했던 바처럼, 현대 상업주의의 이데올로기는 역사상 유례없이 부당한 비교를 일삼는 삶을 촉발했다. 다시 말해 현대인이 경제적 평등을 용인할 수 없는 까닭은, 그 자신이 자기 초월적인 저세상의 불멸성 상징에 대한 믿음을 잃어버렸기 때문이다. 현대인에게 영원한 삶을 부여하는 유일한 대상은 그가 지닌 가시적이고 물질적인 가치이다.[23] 사람들이 그러한 소모적인 헌신을 통해 스스로를 구별 지으며, 그 특별함을 얻으려 그토록 목숨을 건 싸움을 벌이는 건 전혀 놀랍지 않다. 인간은 궁지에 몰렸을 때, 비참하도록 궁핍한 불멸성의 추종자일 때, 더 가혹하게 스스로를 채찍질한다. 인간은 자신의 특별함을 나타내는 작은 상징이 사라질 때 죽는다. 때때로 현대인은 인간의 조건에 관해 철학적 사색을 하도록 이끌리며, 문득 '공수래공수거'라는 위대한 깨달음을 얻는다. 이를 통해 그는 잠시 멈춰 서서 자연의 괴팍함에 깊은 한숨을 내뱉지만, 이는 실제로 그의 마음을 움직이지는 못하는데, 왜냐하면 그는 바로 자신이 성취한 불멸의 증표 자체를 남겨두기 때문이다.* 현대인은 자신의 불멸성의 일차원성에 대한 자기 연민과 씁쓸함을 느낄지 모르지만, 영원에 관해서 우리는 취할 수 있는 것만 취할 따름이다.

마찬가지로 현대의 다른 평등주의 이데올로기 역시 진정한 경제적 평등을 용인할 수 없다는 점을 발견해도 전혀 놀랍지 않다. 우리는 소비에트 사람들이 새로운 특권계급을 만들어내고, 가부장적 가정과 아이들의 출세를 강요하며, 돈과 재화를 추구했다는 사실에 어리둥절했던가? 그들 역시 가시적인 것의 차원에만 존재하며, 여기서 어떤 식으로든 자신의 불멸성을 확보해야만 한다. 혁명 초기에 소비에트 사람들은 혁명적 행동이라는 '토템적' 집단 영혼과 동화함으로써 불멸성을 획득했다. 이제 그들은 각자의 개인적 진가라는 표식을 확립하도록 노력해야만 한다. 이것이 최종적으로 원시 기독교가 상업주의와 공산주의 모두에 대한 진정한 위협인 이유 중

* 내 생각에는 원시사회가 종종 편집증적이었다는 주장도 이러한 맥락에서 말이 된다. 과도한 착취를 통해 스스로를 돋보이게 만든 사람은 누구든 과도한 권력을 획득했고, 따라서 그는 그 집단의 위험 요소였다. 원시인은 강력한 개인에 맞서 집단을 수호할 법적 장치를 지니지 못했기 때문에, 당연하게도 두려움을 느꼈다. 그리하여 사태의 수위를 조정하고 권력의 균형을 유지하기 위한 일종의 내재된 압력이 존재했다. 프란츠 보르케나우Franz Borkenau의 풍부한 논문 〈죽음의 개념The Concept of Death〉(《20세기The Twentieth Century》 vol. 157, 1955, p. 317)에 담긴 논평을 참조하라.

하나다. 적어도 원시 기독교가 이 메시지를 진지하게 받아들인다면 말이다. 원시 기독교는 자연의 비가시적 차원과 불멸성을 확보하기 위한 비가시적 차원의 우선성이라는 관념을 보유했던 소수의 이데올로기 중 하나이다. 따라서 원시 기독교는 모든 일차원적 불멸성 이데올로기에 대한 위협이며, 현대의 민주적 인간 자신이 그토록 부담으로 느끼는 민주주의 사회, 즉 계급적·인종적 투쟁이 없는 사회에서 작동할 수 있다. 왜냐하면 계급적·인종적 특권의 상징은 비가시적 영혼의 영역에서는 영향력이 없기 때문이다. 교황이 최초의 사회문제 회칙 반포 80주년을 기념하며 낸 최근 선언은,* 초기 기독교의 근본주의가 어떻게 현대 산업사회적 삶의 일차원적 강박증 아래에서 꿈틀대는지 생생하게 상기시킨다. 기독교는 여전히 2천 5백 년 묵은 루페토(돈)의 타락에 대한 거의 순수한 '원시적' 단죄이다.

역사의 악마론

따라서 불멸성 권력은 축적된 부에 자리 잡게 되었다. 그리고 일단 개인과 가족이 자신의 가치를 이러한 종류의 주화를 통해 자유롭게 유통하게 되자, 이 과정은 멈출 수 없었다. 브라운의 분석이 갖는

* [옮긴이] 가톨릭 최초의 사회문제 회칙은 1891년 5월 15일 로마 교황 레오 13세가 발표한 〈새로운 사태 Rerum Novarum〉로, 노동문제에 대한 가톨릭의 원칙을 최초로 공식화했다. 80주년 기념 선언은 1971년 5월 14일 교황 바오로 6세가 발표한 〈팔십주년 Octogesima adveniens〉으로, 가난하고 소외된 계층을 위한 교회의 적극적인 활동을 역설했다.

장점 중 하나는, 그가 엘리아데처럼 이러한 새로운 전개에 시간 개념의 변화가 얼마나 필수적인지 알았다는 점이다. 원시인은 시계도, 절기를 표시한 달력도, 숫자로 매긴 연도도 없는 세계에서 살았다. 자연은 해가 뜨고 지고, 달이 차고 기울며, 계절이 변하고, 동물이 죽고 태어나는 등등의 무한한 순환이라는 상상된 순수성 속에서 드러났다. 이러한 종류의 우주론은 죄악이나 재산의 축적에 호의적이지 않은데, 왜냐하면 모든 것이 선물로 증여되어 사라져버리고, 자연은 재생 제의적 의례의 도움을 받아 다시 새로워지기 때문이다. 그 시대 인간은 자신이 사물을 축적할 필요를 느끼지 못했다. 브라운은 원시인이 "영원한 현재"를 살았다는 말은 그다지 진실이 아니라는 훌륭한 논지를 펼친다. 원시인은 죄를 경험했기 때문에 시간의 흐름도 경험했다. 즉 죄에 대한 논의의 측면에서, 원시인은 인간의 삶을 특징짓는 모종의 보편적 굴레 속에서 살았으며, 이러한 굴레가 시간의 경과로 이루어져 있기에 그는 시간의 흐름을 경험해야 했다. 따라서 죄와 시간은 분리될 수 없고, 그렇기 때문에 원시인은 재생 제의를 통해 그토록 정교하게 죄와 시간 모두를 부정하려 애썼다.[24] 이러한 부정을 포기하기까지는 기나긴 시간이 걸렸다. 그리스인과 로마인은 오래된 재생 제의가 더 이상 효력이 없다는 사실을 받아들이길 주저했다. 어쩌면 반복된 로마 약탈이 뚜렷하게 균형을 뒤흔들었는지도 모른다. 더 이상 고대의 재생 제의가 도시를 계속 소생시킬 수 있는 척할 수 없었다. 이 시기에 점점 더 많은 사람들이 기독교를 받아들였는데, 이 기독교는 세상의 종말이 임박했음을 약속했다. 아우구스티누스 이후, 그 종말을 기다리는 과정에서 선형적 시간이 견고하게 확립되었다. 우리는 오늘날 여전히 햇수를 헤아리지만, 브라운이 주장하듯 복리複利 때문이 아니라면 무엇 때문에 헤아리는지 더 이상 알지 못한다. 완전히 세속적이고 가시적인 불가역적 시간의 흐름 속에서, 복리의 획득은 몇 안 되는 의미 있는 것 중 하나이다.

고대 세계의 혼란이 너무도 크고 긴장과 불안이 그토록 높았던 것은 놀랍지 않다. 인간은 소유물을 축적함으로써 이미 죄라는 엄청난 짐을 지게 되었고, 손쉽게 속죄할 길은 없었다. 인간은 더 이상 안전하게 집단 속에 묻혀 있지 않았지만, 여전히 인간적 부담을 지고 있었다. 브라운이 지적했듯, 인간은 여전히 스스로로부터, 그 자신의 필멸성으로부터 도피하는 중이었다.[25] 시간이라는 짐, 가시적인 세계와 비가시적 세계 간의 긴장, 그리고 소유에 의한 죄는 분명 민감한 영혼에게 매우 크게 다가왔을 것이다. 이것이 바로 우리가 '죄악sin' 개념의 성장을 역사적으로 이해하는 방식이다. 이론적으로 죄악은 말 그대로 신의 권력과 보호로부터의 분리, 스스로를 자기원인으로 세우는 일을 뜻한다. 죄악은 자기 존재의 신성한 기반과 그 스스로가 맺는 관계의 불확실성을 체험하는 일이다. 인간은 더 이상 올바른 연결, 올바른 속죄의 수단을 지녔다고 확신할 수 없다. 그는 자기 육체의 행위와 물질적 욕망에 의해 이 세계에서 축적된 죄의 부담에 대해 홀로 느끼고, 노출되며, 짓눌린다. 삶의 **물질성**에 대한 경험은 인간을 사로잡는다. 현대의 선교사들은 죄악의 관념을 원시인에게 번역하기 어렵다는 것을 알게 되었다. 원시인은 죄악에 해당하는 단어를 갖고 있지 않았다. 우리는 원시인이 집단이나 조상 영혼이 모여 있는 곳으로부터 고립되거나 분리되는 경험을 거의 하지 못했음을 이제는 알고 있다.[26] 오늘날 평범한 신도에게 죄악의 경험은 여전히 단지 '불결함'과 특정한 행동에 대한 직접적 금지 중 하나일 뿐이다. 그것은 자신의 전체 삶을 하나의 문제로서 경험하는 일이 아니다.

초기에 기독교로 개종한 사람들이 단호한 방식으로 모든 것을 버릴 수 있었던 것은 놀랍지 않은데, 이는 오늘날 우리에게는 묘하게도 자기희생적으로 보인다. 우리는 그들과 동일한 굴레에 묶여 있지 않다. 우리는 그저 비가시적 세계를 부정함으로써, 가시적인 것과 비가시적인 것의 이분법의 긴장을 완전히 해소했다. 우리는 시간을 완전히 단선적 기반 위에 두었고, 그리하여 돈과 축적된 이자는 우리의 명백한 신이 되었다. 기독교는 실패한 이상주의적 막간극으로 판명되었다. 그래서 우리는 고대인은 할 수 없었던 복수와 직접적인 헌신을 통해 고대의 재물 추구를 재확인했다. 우리는 철저하게 세속화되었다. 그 결과 우리는 더 이상 죄악으로 인해 아무런 곤란을 겪지 않게 되었는데, 이는 분리되어 나올 만한 그 무엇도 존재하지 않기 때문이다. 모든 것이 **여기**에, 자기 소유물에, 자기 육체에 존재한다. 육체가 문제로 느껴지지 않는 곳, **오로지 물질적 차원**에서만 자신의 운명에 대해 실제로 완전히 통제할 수 있다고 상상하는 곳에서, 죄악의 경험은 존재하지 않는다. 신성한 권력으로부터의 분리가 체감되지 않는 까닭은, 이러한 권력이 가시적 사물의 원초적 힘에 의해 **부정되기** 때문이다. 달리 말하면 우리는 죄악과 관련된 비가시적 차원의 존재를 그저 부정함으로써 죄를 회피하는 일에 심지어 원시인보다도 더 훌륭하게 성공했다. 죄guilt와 대조적으로, 우리는 죄악sin을 억압할 필요조차 없다. 왜냐하면 우리의 세계 체험에서는 죄악이 생겨나지 않기 때문이다.

브라운은 경제의 세속화란 우리가 더 이상 노동에 의해 구원받을 수 없음을 뜻한다고 지적하는데, 그 이유는 더 이상 잉여의 창출이 신에게 바치는 선물로 다뤄지지 않기 때문이다. 이는 우리가 헌신적으로 추구하는 새로운 신인 '돈'은 속죄해주는 신이 아니라는 뜻이다! 돈은 괴팍하다. 우리는 어떻게 우리 자신이 스스로에게 이런 짓을 하도록 허락할 수 있었는지 의아해하지만, 곧바로 답을 알 수 있다. 우리는 문명이 시작된 어떤 주어진 시점부터 역사를 관장하지 않았기 때문이다. 고귀하고 현명한 아테네인조차 그것을 잘 다루지 못했다. 오히려 영웅주의를 향한 우리의 원초적 추동성을 통해 역사가 우리를 지배했다. 그리고 영웅주의를 향한 우리의 충동은 언제나 손에 닿는 가장 가까운 수단을 이용했다. 브라운은 이러한 세속화의 결과로 우리가 "어떠한 구원의 의미로도 경감되지 않는 순수한 죄의 지각에 의해 추동되는" 경제를 갖게 되었다고 말한다.[27] 죄에 무슨 일이 벌어진 것일까? 죄는 "부정되어 무의식 속으로 억압된다." 이는 그저 우리가 죄에 의해 "더 통제 불가능하게 추동된다"는 의미일 뿐이다. 이를 다르게 표현하면 인간은 증여하는 동물, 즉 사물을 건네주는 존재에서 전적으로 차지하고 보유하는 동물로 변했다. 지속적으로 차지하고 축적하고 이자를 계산하고 자손에게 물려줌으로써, 인간은 자신의 운명을 완벽하게 통제하고 있다는 환상을 만들어낸다. 결국 축적된 사물은 권력의 가시적 증표

이자, 자신이 유한하거나 의존적이지 않다는 증거이다. 인간은 자기원인 기획이 확고하게 자신의 수중에 있으며, 자신이 창조한 것, 마땅히 자기 소유인 것을 취하는 영웅적 제조자이자 행위자라고 상상한다. 그리하여 우리는 어떻게 현대인이 일차원적 경제학에서 자기 삶의 허위에 의해, 자신의 한계와 자연적 사태의 진정한 상태에 대한 부정에 의해 추동되는지 알게 된다.

이 모든 것을 역사적으로 집약하자면, 우리는 영웅주의가 속죄를 전망 바깥으로 밀어냈을 때 자신의 내달림의 더 큰 희생자가 되었다고 말할 수 있을 듯하다. 인간은 이제 단지 자신의 본성의 한 측면만을 표현하게 되었다. 인간은 자기 삶의 평안을 위해 아직도 속죄를 필요로 한다. 왜냐하면 인간은 자신의 자연적이고 보편적인 죄의 경험에 갇혀 있기 때문이다. 브라운은 "수취하는 인간은 자신의 죄를 짊어질 정도로 충분히 강인하며", 현대인의 속죄 과정은 "물화되어 돌과 황금의 더미 속으로 옮겨간다"고 말한다.[28] 돈이 새로운 자기원인 기획을 표상한다는 점을 감안할 때, 유아의 전능함은 더 이상 자신의 몸이 아니라 사물에 놓인다. 하지만 죄의 억압은 죄를 "짊어지는" 것이 아니다. 죄는 사물로 변형되거나 사물을 통해 속죄함으로써 사라지는 것이 아니다. 오히려 프로이트가 가르쳐주었듯, 부정된 것은 다른 어떤 수단을 통해 드러나게 마련이다. 역사는 통제를 벗어난 영웅주의와 속죄의, 그리고 광적으로 추동되고 고안된 새로운 방식으로 속죄를 구하려는 인간의 노력의 비극적 기록이다. 축적된 소유물, 선형적 시간, 세속화로 인해 만들어진 죄라는 짐은 분명 원시인이 경험했던 것보다 더 거대하다. 죄는 어떤 방식으로든 드러나게 마련이다.

내가 주장하려는 요점은, 인간이 자신의 세계에서 마주했던 대부분의 악은 바로 인간의 부정과 역사적인 내달림이라는 더 거대한 열정의 결과라는 점이다. 이는 즉시 우리를 정신분석학과 역사의 문제에서 곧바로 인간과학 자체의 문제로 이끈다. 인간사에서 악의 본성은 무엇일까? 그리고 우리는 자신의 운명에 대해 얼마간의 통제력을 되찾으려 애쓰고, 우리의 역사적 열정이라는 소용돌이로부터 우리 자신을 건져내려 하는 신중한 인간으로서, 어떻게 악에 관해 파악할 수 있을까? 이성에 열려 있는 듯한 유일한 길은 진지하게 우리 자신의 동기, 우리의 현재 상태에 이르게 한 그 동기를 파악하기 위해 계속 노력하는 것이다.

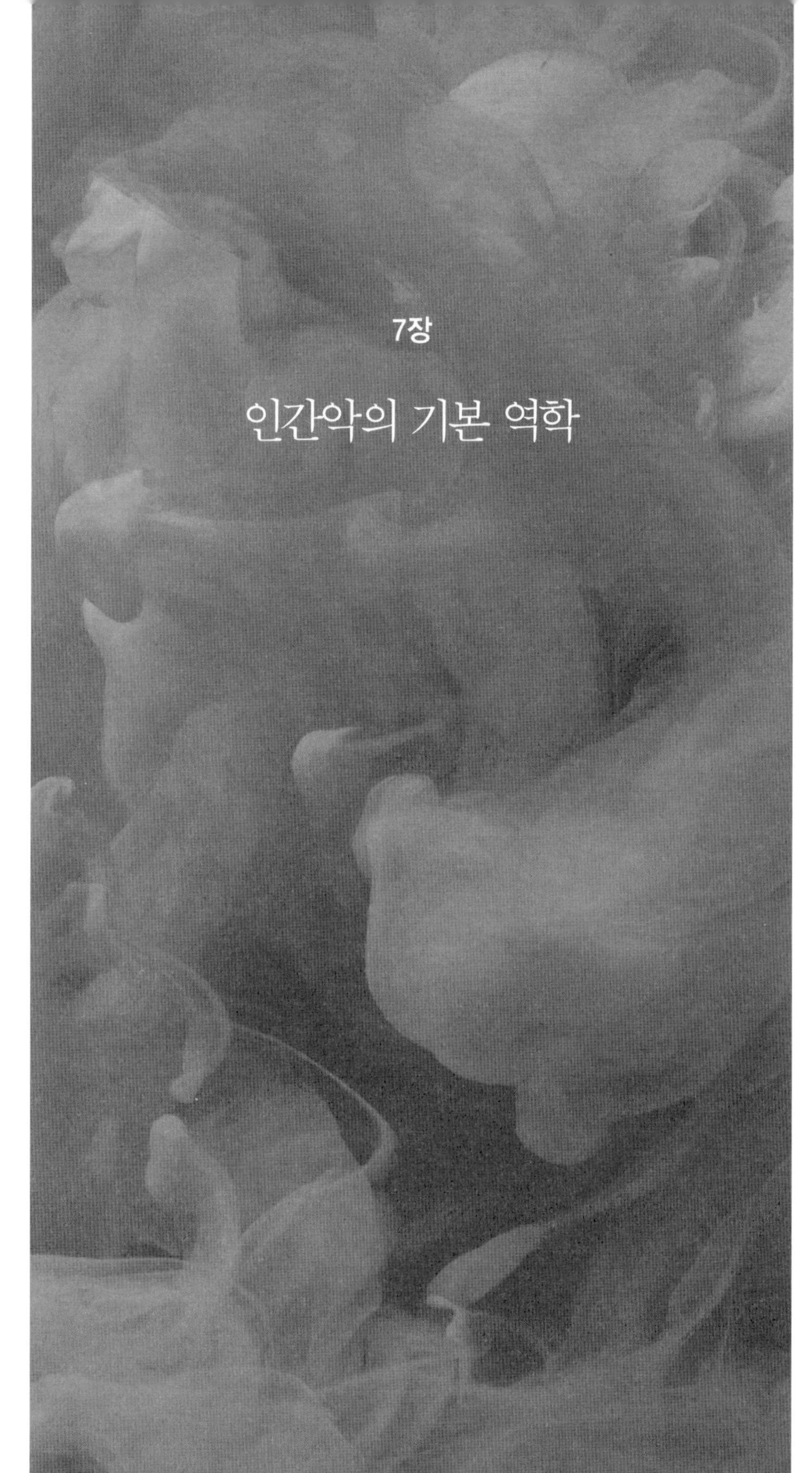

7장

인간악의 기본 역학

> 참을 수 없는 고통을 동반하는 우리의 모든 인간적 문제는 이 물질적 세계를 인공적 현실로 바꾸려는 인간의 끊임없는 시도에서 생겨난다. (…) 저세상에서만 찾을 수 있는 '완벽함'을 이승에서 달성하기를 목표로 하는 (…) 바람에 두 영역의 가치를 절망적으로 혼동한다.
>
> — 오토 랑크[1]

오토 랑크의 이 말은 얼핏 읽으면 인간의 어리석음에 관한 매우 지혜로운 논평처럼 보인다. 우리는 인간이 불가능한 것을 성취하려고 노력했음을, 거만하고 혼란스러워하며 고집 센 동물이기에 악행에 빠졌음을 늘 알고 있었다. 신발 신은 강아지나 실 뭉치를 가지고 노는 고양이처럼, 인간은 현실을 파악하려고 애쓰는 허세 어린 방식 때문에 스스로를 귀하다고 여기게 되는 경향이 있다. 하지만 랑크의 말은 귀하고 애처로우며 혼란스러워하는 동물에 관한 논평에 불과하지 않다. 그 말은 그 이상이다. 즉 인간사에서 악의 원인에 관한 완결된 과학 공식인 것이다. 오늘날 우리는 정신분석의 세계사적 중요성이 바로 우리에게 인간적 불행의 역학을 드러낸 것임을 알고 있다.

우리는 이 점을 프로이트의 저작에서가 아니라, 그의 작업과 의견을 달리했던 사람들에게서 선명하게 확인할 수 있다. 오토 랑크, 빌헬름 라이히, 카를 융이라는 세 명의 서로 다른 사상가를 예로 들어보자. 그들은 프로이트와 의견을 달리했다는 사실을 빼면 서로 동일한 점이 전혀 없다. 각자 자신만의 작업과 독특한 스타일을 지녔고, 종종 다른 반대자의 정반대 편에 서기도 했다. 라이히와 융보다 더 이질적인 두 사람을 찾을 수 있을까? 하지만 이 모든 다름의 밑바닥에는 인간사에서 악을 초래하는 것이 정확히 무엇인지에 관한 근본적 합의라는 사실이 존재한다. 이는 희한한 우연이 아니라, 반대자들이 찾아낸 것의 기본적 진리를 논증하는 확고한 과학적 성취이다.

우리는 랑크와 함께 역사를 조망하면서, 이 진리의 예고편을 이미 보았다. 즉 인간은 무엇보다도 영속하고 번영하기를, 어떤 식으로든 불멸성을 얻기를 바라는 것이다. 자신이 필멸한다는 걸 알기에, 인간이 가장 부정하고 싶은 것은 이 필멸성이다. 필멸성은 자연적인 것, 인간 존재의 동물적 측면에 연결되어 있다. 그래서 인간은 그 측면에서 벗어나, 그 너머에 도달한다. 심지어 인간은 필멸성을 통째로 부정하고자 애쓴다. 권력의 새로운 역사적 형태에 도달하자마자, 인간은 그 전에는 자신이 동일시했던 동물들에 대해 복수심을 품은 채 등을 돌렸다. 우리가 이제는 알고 있듯, 동물은 인간이 가장 두려워하는 것, 즉 이름 없고 표정 없는 죽음을 체현했기 때문이다.

나는 다른 곳에서 랑크의 대단히 뛰어난 사유의 전체 구조가 단일한 초석, 즉 삶과 죽음에 대한 인간의 두려움 위에 세워졌다고 얘기했다. 이 점을 여기서 다시 거론할 필요는 없고, 다만 왜 이러한 근본적 동기가 우리에게 그토록 꼭꼭 숨겨졌는지만 상기하고자 한다. 결국 삶과 죽음에 대한 짝을 이루는 두려움을 드러내고 기록하는 데는, 프로이트의 천재성과 정신분석 운동 전체가 필요했다. 그 대답은 인간이 실제로는 비겁함과 공포라는 고문대 위에 공공연히 누운 채 살아가진 않는다는 것이다. 만일 그랬다면, 인간은 그렇게 명백한 평정심과 무신경함을 지속할 수 없을 터이다. 인간의 두려움은 억압에 의해 깊이 묻혀 있으며, 이는 일상생활에 평온한 외관을 선사한다. 그저 가끔씩 자포자기 상태가 불거져 나오며, 그것도 단지 몇몇 사람들만 그렇다. 따라서 정신분석의 위대한 발견인 억압은, 인간이 어떻게 자신의 기본적 동기를 스스로에게조차 잘 감출 수 있는지 설명해준다. 하지만 인간은 근심 없음, 신뢰, 희망, 기쁨의 차원에서도 살아가는데, 이 차원에서 인간은 억압만이 줄 수 있는 것을 넘어선 쾌활함을 얻는다. 랑크에게서 확인했듯, 이는 문화의 상징적 공학을 통해 성취되며, 도처에서 인간에게 육체적 삶을 넘어서는 새롭고 항구적인 삶을 제공함으로써 공포에 대한 해독제 역할을 한다.

랑크의 저술과 거의 같은 시기에, 빌헬름 라이히 또한 자신의 전체 작업을 동일한 몇몇 기본 명제에 바탕을 두었다. 《파시즘의 대중

심리》에 담긴 몇몇 기막힌 대목에서, 라이히는 지상에 거주하는 인간 불행의 역학을 까발린다. 그 모든 것은 인간이 자신이 아닌 다른 존재가 되려고 애쓰는 일, 자신의 동물적 본성을 부정하려고 노력하는 일로부터 유래한다. 라이히에 따르면 이는 모든 정신 질환, 사디즘, 그리고 전쟁의 원인이다. 모든 인간적 이데올로기의 형성에 길잡이가 되는 원리는 "똑같은 단조로운 어조로 반복한다. '우리는 동물이 아니다.'"[2]

그 책에서 라이히는 파시즘을 설명하려 하면서, 왜 인간이 그토록 기꺼이 자신의 운명을 국가와 위대한 지도자에게 바치는지를 다룬다. 그는 파시즘을 가장 직접적인 방식으로 설명한다. 세상을 설계하고 인간을 자신의 자연적 운명 이상으로 끌어올리겠다고 약속하는 인물이 정치가이며, 따라서 인간은 그 정치가를 전적으로 신뢰한다. 우리는 바로 그런 이유로 인간이 얼마나 쉽사리 평등주의 사회에서 왕권 사회로 이행했는지 확인했다. 왜냐하면 중앙 권력이 인간에게 무제한의 면역과 번영을 주겠다고 약속했기 때문이다. 우리는 다음 장에서 원시사회에서는 가끔씩 보통 소규모로 맞닥뜨렸던 불행들을, 어떻게 이 새로운 질서는 인류에게 주기적이고 대규모로 풀어놓게 되는지 볼 것이다. 인간은 면역 권력을 체현했던 구조에 스스로 의탁함으로써 존재의 자연적 역병을 피하려고 애썼지만, 정치가에게 복종함으로써 촉발된 새로운 역병으로 인해 스스로를 망가뜨리는 데 성공했을 따름이었다. 라이히는 모든 정치가를 묘사하기 위해 "정치적 역병 전파자"라는 적절한 용어를 만들어냈다. 그들은 사람들에게 현실과 가능성에 대한 거짓말을 했고, 인류에게 불가능한 꿈을 설파하여 현실에서 터무니없는 대가를 치르게 했던 이들이다. 일단 우리가 자기 삶의 모든 노력을 가망 없는 거짓말에 쏟고 그 거짓말을 실행하려 애쓰며 세상을 있는 그대로의 정반대로 만들기 위해 노력하면, 우리는 자기 자신의 파멸을 연주하게 된다. 독일의 초인 이론(또는 집단이나 인종의 우월성에 관한 다른 이론)은 "자신을 동물과 분리하려는 인간의 노력에 기원을 둔다." 우리는 그저 자신의 집단이 순수하고 선량하며, 충만한 삶과 모종의 영원한 의미를 누릴 자격이 있다고 말하기만 하면 된다. 하지만 유대인이나 집시 같은 다른 사람들은 진짜 동물이어서, 우리가 가진 모든 것을 망치고 우리의 순수성을 오염시키며 우리의 생명력에 질병과 나약함을 불러온다. 그러면 우리는 세상을 순수하게 만들 군사 작전, 즉 정치적 역병을 개시할 의무를 띠게 된다. 이 모든 것이 히틀러의 《나의 투쟁》에 담겨 있다. 어떻게 유대인이 젊은 독일 처녀들을 매독에 감염시키기 위해 어두운 골목에 도사리고 있는지 설명하는 그 무시무시한 페이지들 속에 말이다. 우리는 다음 장에서 이 책을 좀 더 자세하게 들여다볼 터이지만, 사회에서 희생양 만들기에 관한 일반 이론을 다루는 데 있어서 이론상 이 책보다 더 기초적인 것도 없다.

라이히는 왜 대다수가 인류의 진정한 은인의 이름은 모르는 반면에, "모든 아이들이 정치적 역병을 몰고 온 장군들의 이름은 알고 있는지" 묻는다. 그 대답은 이렇다.

> 자연과학은 근본적으로 인간이 우주 속의 벌레라는 사실을 끊임없이 인간 의식에 주입하고 있다. 정치적 역병 전파자는 인간이 그냥 동물이 아니라 '정치적 동물'이라고, 즉 비非동물이자 가치의 수호자이며 '도덕적 존재'라고 쉼 없이 되뇌고 있다. 국가에 관한 플라톤의 철학으로 인해 얼마나 많은 악행이 끊임없이 자행되었는가! 왜 인간이 자연과학자보다 정치꾼을 더 잘 알고 있는지는 너무도 분명하다. 인간은 자신이 근본적으로 성적 동물이라는 사실을 떠올리고 싶지 않은 것이다. **인간은 동물이 되고 싶어 하지 않는다.**[3]

나는 악의 역학에 관한 라이히의 관점을 아무런 전문적 미사여구 없이 제시했는데, 그럴 필요가 없다고 생각했기 때문이다. 하지만 정신의 얽히고설킨 이론적 작동을 추적하길 원하는 사람들에게, 정신분석 문헌들은 엄청나게 많은 미사여구로 치장되어 있다. 정신분석 이론의 놀라운 점은 인간 조건에 대한 단순한 명제, 예컨대 자기 자신의 동물성을 부정하는 인간 같은 진술을 취해, 그러한 부정이 어떻게 아주 어린 시절부터 정신의 밑바탕을 이루는지 보여주는 것이다. 따라서 정신분석학자들은 '좋은' 대상과 '나쁜' 대상, 발달의 '편집증' 단계, '부정', '죽음의 거처'를 포함한 심리의 '분열된' 부분에 관해 논한다.

내가 보기에는 어느 누구도 융보다 이러한 복잡한 정신 작용을 더 잘 요약하지는 못했는데, 그는 인간 개개인의 정신에 있는 "그림자"에 관해 자신만의 시적이고 과학적인 방식으로 논의했다. 그림자를 논하는 일은 개인이 한낱 생명체로서 느끼는 열등감, 즉 인간이 가장 부정하고자 하는 사실에 관해 언급하는 또 다른 방식이다. 에리히 노이만은 융의 관점에 관해 아주 간략하게 정리했다.

> 그림자는 반대되는 측면이다. 그림자는 우리 자신의 불완전성과 세속성의 표현이자, 절대적 가치[즉 흘러가는 삶의 공포와 죽음에 대한 지식]와 부합하지 않는 부정적인 것이다.[4]

융이 지적했듯, 그림자는 인간 자신의 정신 속 어두운 면, "오직 희미하게 의심될지라도 실제로 존재하는 열등감"이 된다.[5] 당연하게도 개인은 이러한 열등감에서 벗어나길 원한다. 인간은 "자기 자신의 그림자를 넘어서길" 원한다. 이를 행하는 가장 직접적인 방법은 "모든 어둡고, 열등하고, 죄로 얼룩진 면을 **타인**에게서 찾는 것"이다.[6]

인간은 죄를 불편하게 여긴다. 죄는 인간을 옥죄며, 말 그대로 인간의 존재를 뒤덮는 그림자이다. 노이만은 이를 다시 한 번 아주 멋지게 요약한다.

> 죄의식의 근거는 (…) 그림자의 통각統覺이다. (…) 그림자의 존재에 바탕을 둔 이 죄의식은 개인과 집단 모두에게 동일한 방식으로 시스템에서 방출된다. 다시 말해 **그림자의 투사**라는 현상에 의해 방출된다. 공인된 가치[즉 동물성을 가리고 있는 문화적 외관]와 갈등을 일으키는 그림자는, 자기 정신의 부정적 일부로서 받아들여질 수 없고, 따라서 투사된다. 즉 그림자는 외부 세계로 이전되어, 외

부 대상으로서 경험된다. 그림자는 자기 자신의 내적 문제로 다루어지는 대신, '저 바깥의 이방인'으로서 배척되고 처벌되며 절멸된다.[7]

따라서 노이만이 결론짓듯, 우리는 정신의 부정적 힘과 죄를 방출하기 위한 고전적이고 오래된 편법을 작동시키는 역학을 갖게 된다. 희생양 만들기. 희생양에게 투사되어 그와 함께 상징적으로 파괴되는 것은 바로 열등감과 동물성의 분열된 의미이다. 나치가 유대인, 집시, 폴란드인 및 다른 많은 사람에게 자행한 학살에 대한 모든 설명을 비교하고 수많은 이유를 추론해보면, 개개인의 마음과 정신을 울리는 단 하나의 이유가 있는데, 그것은 바로 그림자의 투사이다. 융이 랑크나 라이히보다 훨씬 더 가차 없이 "이 세상에서 주요하게 그리고 실로 유일하게 문제를 일으키는 것은 인간이다"라고 말할 수 있었던 건 전혀 놀랍지 않다.[8]

자, 이제 이 역학이 다른 역사적 맥락과 그 맥락에 영향을 미치는 몇몇 다른 요소에 대해 어떻게 작동했는지 살펴보자.

8장

사회악의 본성

우리는 모두 먹는다는 사실, 각자가 무수한 동물의 고기를 통해
강인해졌다는 사실을 부인할 수 없다.
우리 각자는 여기 시체가 널린 들판의 제왕이다.
— 엘리아스 카네티[1]

랑크를 통해서 우리는 인간사에서 악의 배후에 있는 추동력이 인간의 역설적 본성으로부터 유래한다는 점을 확인했다. 즉 인간은 육신을 지니고 육신과 함께 사멸한다는 것, 육신을 벗어나 상징의 세계에서 천상으로의 도피를 지속하기 위해 애쓴다는 것이다. 늘 하늘을 향해 무모한 짓을 감행해온 인간을 대단히 파괴적인 동물로 만드는 것은, 인간이 동물에게는 불가능한 위상과 운명을 원한다는 점이다. 인간은 지상이 지상으로 남지 않고 천국이 되길 원하며, 이러한 종류의 환상적 야망의 대가는 지상을 원래보다 훨씬 더 열렬하게 무덤으로 만들게 된다.

원시인의 세계에 관한 우리의 커다란 아쉬움은, 그들이 영웅주의와 속죄의 드라마가 갖는 잠재적인 끔찍한 파괴성을 마구잡이로 둔화시켰다는 점이다. 원시인은 영웅적으로 날뛰기 위한 덩치도, 기술적 수단도, 세계관도 없었다. 영웅주의는 소규모였고 더 쉽게 통제되었다. 각 개인은 재생 제의의 기여자로서, 창조의 힘에 보탬을 주는 진정한 우주적 영웅이 될 수 있다. 모종의 전투가 이런 우주적 영웅주의와 연합을 맺었는데, 군인들은 이 전투를 보면 늘 킥킥대고 웃었다. 플레인스 인디언 사이에서 이런 전투는 적을 건드려서 점수를 얻는 일종의 운동경기였다. 보통 그 경기는 체계적이지 않고 유치하며 거의 히스테릭한 게임이었고, 개인은 전리품을 획득하거나 고문할 적을 한 명 잡아서 돌아오면 기쁨에 겨워했다. 그 누구라도 새벽에 자신의 움막에서 납치될 수 있었고, 폴리네시아 같이 산이 많은 섬에 자리 잡은 집단은 산등성이 너머 혹은 석호潟湖 건너편의 집단들에 대한 끊임없는 공포 속에 살아갔다. 누구도 포로가 되거나 산 제물로서 학살되는 일로부터 안전하지 못했다. 이는 이타주의의 이상이 전혀 아니며, 원시인의 평화로운 본성에 관한 이런 낭만적 이미지를 지닌 사람은 오늘날 거의 없다. 북서부 해안의 인디언이 노예를 산 제물로서 살해하기 위해 둔탁한 돌로 만든 칼을 한 번 보기만 해도 오해를 바로잡기에 충분하다. 우리는 원시적 습격의 우발적 희생자가 되는 공포를 경험하지 못하기에, 무작위로 살해된 적은 수의 사람들을 향수에 어린 채 되돌아볼 수 있으며, 그것을 드레스덴에서 하루 만에 혹은 히로시마에서 단 한 번의 섬광으로 죽은 사람들의 수와 비교한다.

이미 루소는 애석해하며 원시 전투에서는 사상자 수가 비교적 적었다고 언급했고,[2] 마르크스를 포함한 사회 분석가들의 전통도 전반적으로 루소와 의견이 같았다. 최근 루이스 멈퍼드는 평생에 걸친 빛나는 작업에 화룡점정을 찍었을 때, 역사에 관한 이러한 관점을 재확인했다.[3] 오늘날 우리는 그 전망이 다음과 같다는 데 동의한다. 인류가 세계를 대규모로 조작할 수 있는 수단을 확보하게 되자, 권력을 향한 탐욕은 파괴적인 대가를 치르기 시작했다. 이는 신성한 왕권에 기반을 둔 위대한 문명이 부상하는 시기에 뚜렷하게 확인할 수 있다. 이러한 새로운 국가는 주변의 부족적 삶을 흡수하여 제국을 건설했던 지배 구조였다. 강력하고 착취하는 계급에 의해, 대중은 실제로 대규모 권력 운용을 위해 복종하는 도구로서 주조되었다. 노예들을 단조롭게 수행되는 다양하고 특별한 재능에 따라 확고하게 분할했던 것도 이즈음이었다. 노예는 폭정을 행사하는 지배자의 자동 장치가 되었다. 오늘날 광산에서 돈을 벌기 위해 단조로운 일을 하는 이들에게서, 우리는 여전히 부족민의 이러한 격하를 본다. 원시인은 단숨에 동등한 사람들의 사회 속에서 의미를 풍부하게 만들어내는 창조자에서 기계적 사물로 변형될 수 있다.

원시인은 꿈도 꾸지 못했던 이러한 새로운 노동의 조직화, 인간 활동 규모의 엄청난 증가에 의해 무언가가 완수되었다. 즉 거대한 장벽 도시, 웅장한 기념물, 피라미드, 관개시설 프로젝트, 유례없이 노획과 약탈이 난무하는 전쟁이 생겨났다. 이 모든 과정에 대한 통찰에서 멈퍼드의 기여는 이를 "거대기계megamachine"라고 부른 것이다. 왕권과 신성한 권력, 인간의 희생, 군사 조직화의 혼합물은 세상에 악몽 같은 거대기계를 풀어놓았다. 멈퍼드는 이 악몽이 수메르에서 시작되었고, 바르샤바, 히로시마, 베트남에서 거대기계의 최근 역사와 더불어 오늘날에도 여전히 우리 주변에 출몰한다고 말한다. 이는 광기 어린 권력의 거대 조각상이다. 이 조각상은 뉴턴의 유물론이나 계몽적 합리주의 또는 19세기 상업주의가 아니라, 고대 세계의 위대한 신성 왕국에서 벌어진 최초의 집단적 착취와 함께 시작된 인간의 비인간화에 토대를 두었다. 인간은 부족사회의 상호의존에서 역사적 소외라는 불가마로 내던져졌다. 우리는 악마적인 거대기계 숭배가 우리의 숙명이 되었다는 점을 보지 못했기에, 그 기계가 세계를 파괴할 위협이 될 때까지 기꺼이 그것을 지속시키고 심지어 악화시켜왔기에, 여전히 그 불가마 속에서 고통받고 있다.

마르크스주의적 차원의 분석이라는 시각에서 보면, 역사에 관한 이런 관점은 가장 명백한 지점에서 사회악을 공격한다. 애초부터 대규모 전투와 같은 침탈은 부분적으로 국가라고 불리는 새로운 지배 구조의 기능이었다. 국가는 정복을 통해 '인위적으로' 생겨난 억압의 도구였고, 국가와 함께 인류의 진짜 고통이 시작되었다. 정복자와 노예로 이루어진 새로운 계급사회는 곧바로 그 자체의 내부 갈등을 품게 되었다. 그 내적 갈등을 무화시키는 데, 대중의 에너지를 '외부'의 적에게 돌리는 것보다 더 나은 방법이 있을까? 국가는 고유의 지혜를 지니고 있다. 국가는 정의를 **외부의** 적에 대한 승리의 문제로 만들어버림으로써, 사회적 정의라는 버거운 **내부의** 문제를 '해결했다'. 이것은 역사 내내 벌어졌고 베트남과 방글라데시에 이르는 현재까지 지속적으로 자행된, 산더미 같은 목숨을 앗아간 대규모 희생양 만들기의 발단이었다. 나라를 하나의 통합체로 주조하고 끔찍한 국내 상황으로부터 만인의 눈길을 돌리기 위해, 외국에 대항하는 영웅적 대의에 집중하는 것보다 더 나은 방법이 있을까? 멈퍼드는 이런 국가의 새로운 희생양 만들기의 심리학에 관해 아주 신랄하게 요약했다.

> 이로부터 전쟁이 발발할 때 그토록 자주 동반되었던 흥겨운 해방감이 나온다. (…) 지배계급을 향한 대중의 증오는 교묘하게 외부의 적들을 난도질하거나 죽이는 행복한 기회로 방향을 바꾸었다.
>
> 요컨대 억압자와 피억압자는 [고대] 도시 내부에서 서로 투쟁하는 대신, 자신의 공격성이 공통의 표적, 즉 경쟁 도시에 대한 공격으로 향하게 했다. 따라서 문명이 주는 긴장이 더 고조되고 문명의 일상적 억압이 더 가혹해질수록, 전쟁은 안전판으로서 더 유용해졌다.[4]

앞에서 거론했던 마르크스주의의 주장(이제 이 관점은 합의에 도달했다)은 정복 국가의 새로운 구조가 더 참혹한 전쟁을 강제했다는 것이다. 멈퍼드는 이런 의미에서 "군사 기계의 발명은 전쟁을 '필수적이고' 심지어 바람직한 것으로 만들었다"고 아주 적절하게 추론했다. 거대기계의 등장과 함께 권력은 그야말로 고삐가 풀렸다(아니, 오히려 소수의 수중에서 복무하도록 압축되었다). 그리고 무시무시한 부족을 위한 고립되고 무작위한 희생 대신에, 소수를 위해 갈수록 더 많은 수의 사람들을 고의적이고 체계적으로 "끔찍한 의례"로 몰아넣었다. 그리하여 "전쟁을 수행하고 집단적인 인간 희생을 부과하는 능력은 역사가 이어지는 내내 모든 주권主權을 식별하는 표식으로 존속했다."[5] 현대의 홍보와 관료적 중립성 및 효율성이라는 외양이 갈수록 국가의 제물과 뻔뻔한 중앙권력 모두를 더 잘 은폐한다는 점은 그다지 문제가 되지 않는다. 미합중국의 '선발 징병제 Selective Service'(이는 홍보용 완곡어법이다) 담당관은 둘러앉아서 어린 고등학생들에게 자신의 직무와 선발 과정의 '공정함'에 관해 논리적으로 설명할 수 있지만, 명백한 사실은 그들이 고대 이집트의 노예처럼 국가권력이 지운 의무에 따라 사람들의 관심을 돌리기 위한 국가 의례에 목숨을 바쳐야 한다는 것이다. 이 모든 일 중에 새로운 점이 있다면, 젊은이들이 실제로 무슨 일이 벌어지는지 깨닫기 시작했다는 것이다.

왜 인류는 역사가 흐르는 내내 그러한 권력의 악마 숭배에 결박되어 있었는가? 단순히 노예들이 자신을 묶은 사슬을 끊을 힘이 없었기 때문은 아니다. 혹은 초기 마르크스주의자들이 주장했듯, 단순히 사람들이 국가가 자신의 목에 사슬을 채우기 이전인 '맨 처음에' 어땠는지를 망각했기 때문도 아니다. 멈퍼드는 이 관점을 넘어 분석의 심리학적 차원으로 나아가서, 악마 숭배가 그 자체의 비합리성으로부터 자양분을 얻기 때문에 존속한다고 답한다. 악마 숭배는 압도적 세상을 직면한 원시인이 느꼈던 불안의 연속성에 바탕을 두고 있다. 거대기계는 인간의 원초적 무력함을 극복하기에 충분한 권력을 만들어내려고 노력한다. 하지만 이제 우리는 그 허위의 대가를 알고 있다. 거대기계의 사용자는 현실에 대한 과대망상적이고 편집증적인 왜곡으로 내몰린다. 일단 군비경쟁이 시작되면, 그것에 매몰되어버린다. 이는 권력의 비극적 파괴성이다. 권력은 인간이 자연과 맺는 관계의 현실에 대한 근본적 왜곡으로 이어진다. 그래서 인간 자신의 행복을 갉아먹을 수 있다. 인간은 자신의 거대기계로 스스로를 보호하기 위해, 거의 모든 것을 기꺼이 희생하려고 한다. 이는 왜 거대기계가 서구인이 직면한 주요한 역사적 도전을 표상하는지 설명해준다. 그 기계를 꿰뚫어 보고 통제하는 일은 우리 시대의 인간 생존에서 핵심 문제이다.[6]

이렇게 멈퍼드가 엄청난 장인의 솜씨로 엮어낸 역사의 외설성에 관한 철학이 등장했다. 그 철학은 마르크스주의적이자 심리학적이며, 이로 인해 설명력을 갖게 된다. 두 가지 이유로 나는 이 철학을 곱씹고 있다. 첫째로 그것은 국가의 파괴적 권력의 진화에 관한 이미 합의된 독법을 명철하게 요약하고 그것에 초점을 맞추기 때문이다. 둘째로 멈퍼드의 서술에 트집을 잡기 위해서다. 그는 우리를 설득하는 데 실패하는 바람에, 우리를 어리둥절한 상태에 빠뜨린다. 그는 심지어 역사의 비합리적 역학을 논의하는 와중에도, 그에 대해 얼버무리고 지나간다. 요점은 내 생각에 그의 논제가 여전히 너무나 마르크스주의적이고 비非심리학적이라는 것이다. 그리고 이는 교정되어야 한다.

내가 품은 아쉬움의 근거는 이런 진술들에 담겨 있다. "어쩌면 인간의 모든 제도 중 가장 신비에 쌓여 있는 것, 종종 묘사되지만 결코 충분히 해명되지 못한 것은 인간 희생이라는 제도이다. 속죄하거나 작물의 더 풍성한 수확을 촉진하기 위한 주술적 노력 말이다." "개명된 마야인 사이에서는 상층계급의 축제에서 그저 그에 어울리는 상류층적 고상함을 더하기 위해 노예를 희생시키기까지 한다." 또는 "손가락 마디부터 몸 전체까지 이르는 수많은 등급으로 나뉘는 인간 희생의 경우, 그 주요한 동기는 설명되지 않았으며, 어쩌면 다른 비합리성과 마찬가지로 설명할 수 없을 것이다."[7] 지금으로서는 이 세 가지 진술 중 첫 번째는 너무 입에 발린 소리이며, 두 번째는 피상적이고, 세 번째는 잘못되었다. 이는 희생이라는 현상에 **바탕을 둔** 역사철학의 심각한 문제로서 바로잡아야 한다. 오로지 희생에 관해 완전히 해명할 때에야, 우리는 역사적 악마 숭배에 대한 진정으로 정교한 그림을 얻을 수 있다.

희생의 신비

언젠가 알렉스 컴포트는 사상사에서 프로이트 혁명의 전반적 의의는 **비합리적인 것이 구조를 지닌다**는 점을 우리에게 드러냈으며, 이로 인해 우리가 그 구조를 이해하기 시작할 수 있게 되었다는 점이라고 아주 적절하게 주장했다. 멈퍼드가 비합리성은 설명 불가능하다고 주장한다면, 자기 사유에 정신분석이 기여한 바를 충분히 통합하지 못했던 것이 분명하다. 희생이 지니는 여러 층위의 의미는 적절하게 설명**되었기에**, 운 좋게도 우리는 그 모든 의미를 여기서 거론할 필요가 없다.[8] 여기서는 희생의 가장 기본적 층위, 즉 희생의 본질적 의미가 드러나는 지점에 관해 몇 마디 덧붙여보자. 이 층위에서 희생은 멈퍼드가 지적했던 바와 같다. 우주의 거대한 신비 mysterium tremendum, 즉 인간을 초월하고 인간의 중요성을 부정하는 광대함을 직면한 인간의 초라한 유한성과 무력함을 받아들이는 것이다. 이 차원에서 희생은 **현실**을 긍정하며, 현실에 무릎을 꿇고, 현실을 회유하려 시도한다. 따라서 희생은 '비합리적 일탈'이 아니라, **진리**에 대한 인간의 기본적 반영이자 타고난 죄에 대한 합당한 속죄이다. 브라운이 지적했듯 사회의 기본적 동기 중 하나는 죄에 대한 상징적 속죄이며, 우리는 이를 인간 조건의 진실에 기반을 둔 아주 복잡한 현상이라고 보았다. 죄는 인간의 중대한 동기 중 하나이기에, 찾아보기에 죄라는 단어조차 등장하지 않는 멈퍼드의 책으로부터 따온 앞선 인용문에서 그렇게 하듯 가볍게 치부할 사안이 아니다.

역사의 사건들을 이해하려면, 이런 사건들이 단순히 권력의 일탈이나 꿈의 모호성으로부터가 아니라 인간적 동기의 **합성물**로부터 비롯된다고 보아야 한다. 멈퍼드는 새로운 기술과 풍요로움에 대한 약속이 인류를 최면에 빠뜨린 꿈이었다고 말한다. 그는 또한 거대기계로부터 흘러나왔던 긍정적 이점이 없었다면, 폭정의 억압성은 용인되지 않았을 것이라고 지적한다.[9] 하지만 사람들이 폭정을 감수하는 까닭은, 그 보상이 위장뿐만 아니라 영혼도 채워주기 때문이다. 그들이 전쟁에 기꺼이 참여해서 폭정을 지원하는 까닭은, 전쟁 참여가 그들이 국내에서 권위를 마주하며 느끼는 좌절감을 줄여주기 때문만이 아니고, 적에게 증오심을 투사할 수 있게 해주기 때문만도 아니며, 또한 **자신의 죄**를 사면해주기 때문이기도 하다. 전쟁

때마다 자기 아들의 비극적 죽음에 관해 전해 들었을 때 더 보낼 아들이 없어서 애석하다고 토로했던 부모들에 관해서 달리 어떻게 설명할 수 있겠는가? 이는 원시적 선물 증여의 오래된 본질이다. 이러한 선물 증여가 오싹하게 느껴지는 이유는 오로지 사람들을 그토록 자발적으로 참여하게 만드는 그 희생의 본질 때문이며, 또한 그 선물이 공여되는 매개적 신이 국민국가이기 때문이다.[10] 그러나 이는 냉소적이거나 냉정한 말이 아니다. 우리는 유죄이기 때문에 죄에 갇혀 누그러진 마음과 숨 막히는 눈물로 증여하고, 자연 세계와 문화 세계의 형언할 수 없는 장엄함과 지고성에 압도되며, 그와 마주하여 현실적으로 겸손해지는 것이다. 인간은 증여를 통해 스스로를 권력 속으로 끌어들이며, 자신의 존재를 그 권력과 융합시킨다.

게다가 희생과 희생양 만들기는 불안을 극복하기 위한 기술적 속임수가 아니다(이로 인해 우리는 그 문제에 더 깊숙이 개입하게 된다). 멈퍼드는 피가 생명의 본질이기에, 피를 뿌리는 일이 작물을 성장하게 만드는 주술적 노력일 수도 있다고 말한다. 물론이다. 희생양 만들기의 여러 형태 중 하나 역시 그 기원이 마법적이다. 염소에 대한 제의를 행함으로써, 부족의 모든 더러움(죄악)이 동물에게 전이된다. 그런 뒤 염소는 쫓겨나거나 살해되며, 마을은 순결함을 유지한다. 하지만 이제 우리는 이러한 모든 기술적 노력은 신성한 노력과 분리될 수 없음을 알고 있으며, 이는 그 노력들이 삶의 조율뿐만 아니라 우리에게 죽음과 맞서 승리할 자격을 부여하는 진정한 영적 정화도 표상한다는 의미이다. 나는 멈퍼드의 말처럼 마야족 상층계급의 축제에서 "단지 상류층적 고상함을 더하기 위해" 노예들이 희생되었는지에 대해 의구심이 든다. 실제로 원시인은 때때로 단지 적에게 우쭐해하거나 뽐내기 위해 피를 뿌렸다. 하지만 내 생각에 그 동기는 단지 축제에서 흥겨운 겉치장을 하는 것보다 더 근본적이다. 인간이 피를 뿌리는 까닭은, 그 행위가 그들의 마음을 기쁘게 하고 자신의 유기체를 생명력의 감각으로 채우기 때문이다. 의례적인 포로 살해는 생명을 능가하는, 따라서 죽음을 능가하는 힘을 긍정하는 한 방식이다. 희생 제의 주관자는 그 행위에 대해 무심한 듯 보일 수 있지만, 이를 행하는 이유는 인간이 자신들의 힘을 손쉽고 순조롭게 경험하고 싶어 하기 때문이다. 마치 자신이 본성상 자연이 제공해야 했던 가장 강력한 힘을 능숙하게 다룰 수 있다는 듯이 말이다. (삶의 진실에 관한 장사꾼의 현실감각을 지니고 힘과 속도를 파는 디트로이트의 자동차 제조업자들은 이 점을 오랫동안 알고 있었다.)

여기서 우리는 2장에서 선물 증여의 역학을 다룰 때 논의했던 핵심 개념 중 하나를 다시 한 번 거론해야 한다. 그것은 죄뿐만 아니라 근본적으로 권력과도 관련이 있다. 희생은 하나의 선물, 신들에게 바치는 선물로서, 힘의 순환으로 이어져 죄악으로 인해 봉쇄당한 생명력을 계속 움직이게 한다. 인간은 희생으로 신들을 만족시키며, 이를 통해 더 많은 것을 갖게 해줄 더 큰 권력을 얻으려 한다. 신성한 음식에는 생명의 힘이 담겨 있다. 생명체의 희생은 삶의 흐름에 가시적인 생명력을 부가한다. 생명체가 더 많이 희생될수록, 더 과도한 힘이 분출한다. 왕이 죽었을 때 왕비와 노예와 나인을 제물로 바치는 고대 풍습은 보이지 않는 세계에서 그들이 주인을 계속해서 섬겨야 하기 때문만은 아니었다(물론 당연히 그런 의미도 있었다). 그들이 산 제물로서 함께 고통받고 죽음으로써 성취한 것은 화려하고 새로운 삶을 탄생시키는 일이었다. 희생은 보이지 않는 세계와의 교감을 수립하고, 힘의 흐름을 순환시키며, 힘이 지나갈 수 있는 다리를 놓는 수단이었다. 따라서 예컨대 땅 한 조각을 소유했을 때 행하는 간단한 "건물 희생building sacrifice"의 경우, 희생 제물은 그 땅에서 악한 영혼을 쫓아내고 말 그대로 그 장소를 정화하며 그 위에 세운 건물을 안전하게 만드는 힘을 풀어놓는다.[11]

그런데 오늘날 우리는 힘의 끊임없는 변화와 흐름이라는 관념을 이해하기 힘들다. 더 정확히 말하면, 만약 우리에게 그런 모종의 경험이 없었다면 납득하기 어려울 것이다. 나는 물론 여기서 대량학살의 형이상학에 관한 음울한 재교육 과정으로 기능했던 나치 체험의 심리학을 말하고 있다. 리오 알렉산더Leo Alexander는 나치 친위대SS에 관한 뛰어난 논문에서, 그가 "이교도 관념heathen concept"이라고 부른 것에 의해 나치가 얼마나 크게 고무되었는지 지적한다. 나치는 죽음이 삶의 자양분이 된다는 신념을 담은 포괄적인 피와 땅의 철학을 지녔다. 이는 정말로 "이교도적"이다. 우리는 이 철학을 생명의 희생이 생명의 흐름을 더 풍부하게 만든다는 익숙한 고대 관념으로 인식한다. 알렉산더는 나치가 죽음에서 환희를 느끼는 걸 "죽음 숭배thanatolatry"라고 부르지만, 나는 이를 죽음이 신비롭게도 생명을 재생한다고 생각하는 '죽음의 포틀래치'라고 말하고 싶다. 이 관념은 나치의 심리학에서 명약관화하다. 예컨대 헤르만 괴링은 전쟁 초기에 "적에게 살해당한 모든 독일 비행사와 더불어 우리의 공군은 더 강해진다"고 천명했다. 여기 죽음의 포틀래치라는 형이상학의 더 정선된 몇몇 사례가 있다.

> 독일제국의 모든 의료 행위를 관장하는 전권을 지닌 카를 브란트 박사는, 의학 실험을 행하는 과정에서 인간 존재를 살해하는 일에 관한 그의 입장을 물었을 때 이렇게 답했다. "당신은 확실한 인명 희생 없이 어떠한 가치 있는 근본적 결과를 얻을 수 있다고 보시나요? 기술 발전도 마찬가지입니다. 죽음 없이는 대규모 교량이나 거대한 건물을 지을 수 없고, 속도 기록도 세울 수 없어요!"
>
> 비슷한 맥락에서, 수많은 나치 친위대원은 자신들이 평시에도 '실전 같은' 군사 훈련 중에 많은 사상자를 냈다는 사실에 묘한 자부심을 느꼈다. 마치 인간 시체가 무기물에 활력을 불어넣을 수 있다는 듯, 그들의 시체는 콘크리트 요새와 벙커에 안치되었다.[12]

우리가 희생을 죄이자 힘의 해방이라는 두 차원 모두에서 이해한다면, 전투에서 잔혹성이 증가할 수밖에 없었다는 사실이 얼마나 논리적이고 놀랄 것도 없는지 알 수 있다. 칭기즈칸부터 아우슈비츠까지, 인간은 기술적으로 가능하다면 어떠한 규모의 죽음의 포틀래치든 벌였다. 일반적 견해에 따르면 종교 조직의 가장 원시적 수준, 즉 샤머니즘의 차원에서는 전쟁 포로의 희생이 드물었다. 포로는 다양한 이유로 소수에 그칠 수 있었지만, 그러한 포획은 대체로 고문을 하며 흡족해하는 것 같은 단지 가학적인 이유나 자신의 가족 구성원을 잃은 데 대한 복수 같은 개인적 이유로 이루어졌다.[13] 그리고 이는 우리가 2장에서 확인했던 사실과 부합한다. 더 소박한 사회에서 죄에 대한 속죄는 더 쉽게 이루어졌고, 어떠한 대규모 생명 손실도 요구하지 않았다. 하지만 사회의 규모가 커지고 복잡해짐에 따라 최고의 신들, 사제, 왕을 결합하면서, 희생의 동기는 노골적으로 신을 만족시키고 권력을 세우는 것이 되었다. 그리하여 산더미 같은 전쟁 포로가 희생되기 시작했다. 습격 원정에서 많은 전리품과 노예를 약탈해 왔을 때, 그 목적은 세속적이고 경제적인 듯 보일 수도 있지만 기본적으로는 종교적이었다. 그것은 삶과 죽음을 지배하는 자신의 힘을 긍정하는 문제였다. 전쟁의 마법적 힘이 아무리 은폐되었다 해도, 그 힘은 늘 경제적 이득이라는 미끼를 압도했다. 다호메이*의 왕들은 흑인 노예를 포획하여 유럽인에게 팔기 위한 전쟁 원정에 착수했다. 그들은 '매년 관습'에 따라 수백 명의 죄수의 목을 잘라 무더기로 쌓았다. 이는 왕이 백성에게 베풀었던 승리 축하 행사였다. 유럽의 노예 상인들을 놀라게 한 건, 왕이 팔기 위한 노예가 부족할 때조차 이 희생자들은 팔지 않았다는 점이다. 왕의 탐욕에도 불구하고, 희생적 학살은 치러져야만 했다. 물론 그 이유는 그 의례가 경제적인 것이 아니라 신성한 것이었기 때문이었다. 왕의 권력의 확인은 단순한 소유보다 훨씬 더 중요했다. 그 권력은 모든 자연과 관련하여 전체 부족을 위해 삶과 죽음을 좌지우지할 수 있는 능력이다.[14]

이 역학은 오늘날 우리가 이해하기 어려운 또 다른 역학과 결합되어 있다. 희생 제물을 바치는 사람은 권력뿐만 아니라 운명도 좌

---

* [옮긴이] Dahomey. 약 1600년부터 1904년 사이에 오늘날 아프리카 베냉 지역에 있었던 왕국이다.

지우지한다. 우리가 적을 살해한다면, 그 행위가 신들의 편애를 입증하기에 우리의 삶은 긍정된다. 전체 철학은 전형적인 '서부'영화의 대사에서 요약된다. 인디언이 기마대 장교와 맞닥뜨렸을 때, 그 우두머리는 말한다. "자, 신들이 저자를 지켜주는지 확인해보자. 쏴라!" 우리 현대인이 놓치는 지점은, 그 인디언이 마치 적이 쓰러질 걸 미리 알고 있다는 듯한 자만심에 찬 긍지와 냉소에서 그 말을 한 게 아니라는 점이다. 고대인은 실제로 **확인하고** 싶어 했다. 하위징아가 지적했듯, 전쟁은 신들의 의지에 대한 시험으로서, 신들이 자신을 편애하는지 확인하는 일이었다. 전쟁은 운명의 계시를 하도록 강제하기에, 거룩한 대의이자 신성한 의무이며 일종의 점술이었다.[15] 결과가 어찌 되었든 전쟁은 신성의 유효성(인간이 얻을 수 있는 최상의 형태의 심판)을 결정짓는 일이었고, 그 심판을 이끌어낼 수 있는지는 **자신의** 손에 달렸다. 우리가 해야 하는 일은 전쟁을 벌이는 것뿐이었다. 따라서 자신의 백성에 대한 모든 권력을 쥐고 있는 신성한 왕이 최상의 법정에서 자기 자신의 운명을 시험하길 원하는 것은 당연했다. 이는 마치 왕이 신들에게 이렇게 말하는 것과 같다. "자, 제가 믿고 있는 만큼 저 자신이 실제로 특별한지 제게 보여주세요. 제가 당신이 편애하는 아들이란 걸 제게 증명해주세요." 평원 전역에 펼쳐진 거대한 노예 군대, 해안을 압박하는 함대, 햇빛에 반짝이는 무기, 하늘을 찌를 듯한 함성 속에서, 신성한 왕은 틀림없이 그토록 거대한 제물 사냥이 실패할 수는 없다고, 자신을 위해 흐르는 피를 본 신들의 호의를 거의 도전적으로 끌어낼 수 있다고 느꼈을 것이다.

이는 원시인의 포틀래치라는 선물 콤플렉스를 최고로 강렬하게 확대한 것이었다. 그곳에서는 신들과 대화가 이루어졌고, 제물로 바치는 선물이 눈에 잘 띄었다. 강조점은 막대한 가시적 권력이었다. 야심은 가능한 한 가장 거대한 결과물을 쌓아 올리는 데 있었다. 따라서 죽은 사람이 수가 몇인지, 혹은 어느 편에서 나왔는지는 전혀 중요하지 않았다. 전쟁은 신성한 의무이자 거룩한 대의였지만, 그것은 **왕의** 대의였다. 전쟁의 주요 의미는 살아남은 **왕의 권력**을 증명하는 것이었다. 그래서 더 많이 죽을수록 더 좋았다. 카네티는 엄청난 통찰로 가득한 책에서 이를 아주 적절하게 지적했다.

> 운도 좋고 호의도 얻은 생존자는 전사한 자들 가운데 서 있다. 그에게는 하나의 엄청난 사실이 존재한다. 셀 수 없이 많은 다른 이들이 죽었고, 그들 중의 다수가 자신의 동료였지만, 그럼에도 그는 여전히 살아 있다. 죽은 자들은 무기력하게 누워 있지만, 그는 시체들 가운데 우뚝 서 있다. 마치 전투가 그의 생존을 위해 벌어졌던 것 같다. (…) 이는 명백히 같은 운명을 공유했던 많은 사람 중에서 선택을 받았다는 느낌이다. (…) 이를 자주 해내는 사람이 **영웅**이다. 그가 더 강한 자이다. 그에게는 더 많은 목숨이 남아 있다. 그는 신이 편애하는 자이다.[16]*

---

* 엘리아스 카네티는 문필가인데, 나는 과학적 문제에 관한 비非과학자의 분석이 대부분의 과학자가 직접 행한 분석보다 얼마나 더 깊은 통찰력을 지니는지 끊임없이 놀라게 된다. 민감한 통찰과 넓은 시야는 분명 일반적으로 과학적 훈련이나 성향의 문제가 아니다. 마찬가지로 문필가인 카를로 레비Carlo Levi는 대규모 학살의 역학에 관한 현대적 이해의 홍수 속에서 카네티와 같은 편에 속한다. 그의《두려

윈스턴 처칠이 자신의 첫 군사 경험 중 하나에서 발견했듯, "인생에서 총에 맞았는데 죽지 않는 것보다 더 신나는 일은 없다." 그리고 히틀러가 그의 목숨을 노렸지만 대신 다른 몇몇 사람의 생명만 앗아간 폭발에서 기적적으로 살아남은 뒤 결론을 내렸듯, "섭리는 내가 위대한 일을 완수할 수 있도록 나를 살려주었다."

계속해서 카네티는 자신에 대한 특별한 호의를 증명하는 시체 더미가 더 크고 더 자주 생겨날수록 그 사람은 점점 더 이러한 확인을 필요로 한다고 지적하는데, 나는 이 말을 진심으로 믿는다. 이는 점점 강화되는 난공불락의 느낌을 증명하는 일, 거듭해서 반복되는 생존의 기쁨을 맛보는 일에 대한 일종의 중독이다. 왕이 승리하면, 전장에 널린 모든 시체는 그의 특별함을 증명하므로 그에게 속하게 된다.[17] 신성한 왕이 거듭해서 자신의 강박적 군사작전을 일삼고, 도살로 인한 산더미 같은 주검들을 영원히 기록에 남긴 것은 놀랍지 않다. 이제 우리는 왕의 자부심이 거룩하다는 것을 이해한다. 왕은 신들에게 엄청난 제물을 바치면서 직접적으로 도전했으며, 왕의 승리로 인해 그의 운명이 정말로 신들의 신성한 호의를 받고 있음이 확인되었다. 최근에는 린든 B. 존슨이 백악관에서 신에게 동일하게 도전했다. 승리를 안겨줌으로써 신의 호의를 보여 달라는 것이었다. 그리고 그는 여전히 사냥 용어를 사용했다. 즉 베트남전쟁에서 벌어진 역겹고 무의미한 살육에 대해, 대통령은 "야만인의 가

움과 자유에 대하여Of Fear and Freedom》(1950)라는 아름다운 소책자를 참조하라. 이 책은 너무도 설득력 있고 훌륭하며, 고대 세계의 희생과 노예제, 국가의 폭정, 현대 전투에서 피의 희생 등등에 관한 온갖 합당한 개념으로 가득하다.

죽을 집에 가져와 벽에 걸기 위한" 도전이라고 언급했다.

이 친숙한 사냥 용어는 동물적 힘이 인간의 가장 추상적인 사악함의 배후에 놓인 추동력임을 우리가 분명하게 깨닫게 해준다. 어떻게 그렇지 않을 수 있겠는가? 인간은 동물 유기체로서, 자신의 세계에 자연스럽게 공격을 가해서 그로부터 필요한 에너지-힘을 흡수하고자 한다. 가장 기초적인 차원에서 이 힘은 음식에 들어 있는데, 이는 왜 원시인이 제물로 바친 식사에서 항상 음식이 주는 힘을 가장 기본적인 것으로 인정했는지 설명해준다. 애초부터 인간은 육식 사냥꾼으로서 동물의 힘을 흡수했다. 하지만 그 자신은 유달리 나약한 동물이었기에, 활력의 근원에 대해 특별한 민감성과 자기 자신의 흡수를 위해 힘의 근원을 활용할 광범위한 자유를 발전시켜야 했다. 이것이 다른 동물보다 더 큰 인간의 공격성을 이해하는 한 가지 방법이다. 인간은 죽음과 소멸을 의식하는 유일한 동물이어서, 자기 영속의 힘을 얻기 위한 강도 높은 탐색을 벌였다. 전투의 초기 진화와 그 생래적 잔혹성에 관한 어떤 연구라도 이 점을 고려해야만 한다. 인간 진화의 아주 초기에 인간은 두 종류의 힘, 즉 물리적 힘과 상징적 힘을 흡수하기 위해 공격했다. 이는 전리품의 획득 자체가 전쟁 습격의 주요 동기라는 뜻이었다. 전리품은 개인적인 힘의 습득이었다. 인간은 사냥에서 자신이 죽인 동물의 일부(버팔로의 뿔, 회색곰의 발톱, 재규어의 이빨)를 자신의 용맹과 재주의 증거물로 삼았다. 전쟁에서 인간은 자신이 적을 죽였다는 증거로 머리 가죽이나 심지어 잘린 머리 혹은 온몸의 피부를 가지고 돌아왔다.[18] 이것들은 특권과 사회적 명예를 부여하고 두려움과 존경심을 불러일으키는 용맹의 증표로서 작용할 수 있었다. 하지만 2장에서 확인했듯, 무시무시하고 거침없는 동물의 일부와 두려운 적의 머리 가죽은 종종 그 이상의 힘, 즉 **그 자체의** 힘을 품고 있었다. 그것들은 마법 부적, '강력한 약'이었고, 그것들이 속한 대상의 영적 힘도 담고 있었다. 따라서 전리품은 보호력의 주요한 원천이었다. 그것들은 화를 면하게 해주었고, 또한 악령을 불러내어 쫓아내는 데 사용할 수도 있었다. 이에 더해서 전리품은 경쟁에서 살아남았다는 가시적 증거였기에, 신의 호의에 대한 증명이기도 했다. 그보다 더 위대한 탁월함의 증표가 있을까? 전리품 사냥이 원시인 사이에서 행동을 부추기는 강박이었다는 점은 놀랍지 않다. 전리품은 인간에게 가장 필요한 것, 즉 삶과 죽음을 능가하는 여분의 힘을 부여했다. 물론 우리는 적의 신체 일부를 실제 흡수하는 경우에 이를 가장 직접적으로 확인한다. 즉 승리 뒤의 식인 풍습을 통해, 상징적 동물은 자신의 문제적 이원성의 양쪽 극 모두에서 끝을 맺는다. 육체적 에너지와 정신적 에너지를 모두 얻게 되는 것이다. "캄보디아 최전선"에서 타전된 AP 통신의 한 기사는 단 훈 병장이 북베트남의 적에게 어떤 일을 했는지에 대한 발언을 인용한다.

> 아직 죽어가는 동안이나 죽은 직후에 바로 그놈들의 배를 가르려고 했어요. 그렇게 그 생간이 내게 적수의 힘을 주는 거죠. (…) [하루는] 그놈들이 공격했을 때 약 80명을 붙잡았고, 모두가 간을 먹었죠.[19]*

희생양 만들기의 논리

이 모든 것으로 인해 우리는 실존주의자 장-폴 사르트르의 논평에 동의해야만 한다. 곧, "타인은 지옥이다." 태초부터 인간은 서로의 욕구를 가장 다양한 방식으로 충족시켜왔지만, 이는 항상 단일한 주제, 즉 인간 자신의 강화와 면역을 위한 연료의 필요성으로 환원될 수 있다. 인간은 죽음에 대항하여 자신의 개인적 승리를 확보하기 위해 서로를 이용한다. 멈퍼드가 개탄했던 "비합리성"으로부터 이보다 더 동떨어진 것은 있을 수 없다. 인간 조건에 관한 가장 논리적인 공식 중 하나에서 랑크가 지적했듯, "죽음에 대한 자아의 공포는 타인을 살해하고 희생시킴으로써 감소한다. 타인의 죽음을 통해 우리는 죽는다는, 즉 살해당한다는 처벌로부터 자유를 얻는다."[20] 인간이 전쟁에 중독되는 건 놀랍지 않다. 랑크의 통찰은 정신분석의 기본 이론에 예시되어 있고, 프로이트 자신도 제공했다.[21] 프로이트는 적과 이방인의 문제에 이르렀을 때, 자아가 그들을 한 치의 주저도

* 전리품 획득에는 부분적으로 인간의 영장류적 본성에서 유래하는 자연스러움이 있다. 나는 영장류가 자기 환경에서 눈을 끄는 세부 사항과 대상에 관심을 나타내는 점을 염두에 두고 있다. 아이들은 각종 기구와 장신구에 진짜로 매혹되며, 구슬이나 그림엽서 등등을 대량으로 모으고 교환하는 데 끊임없이 매진한다. 나는 우리가 "무니moonies"라고 부르던 마노석이 진짜 마법의 힘을 지닌 듯 보였고, 그래서 얼마나 탐을 냈는지 기억한다. 그뿐만 아니라, 전리품 획득과 사냥꾼 되기 사이에는 사냥감을 제압하는 승리를 추구한다는 모종의 자연스런 연관성이 있는 듯하다. 사냥감의 일부를 가져오는 일은 힘의 충만감을 느끼게 해주며, 자신의 승리를 몸으로 긍정하는 길이다. 승리자는 도착했을 때와 달리 승리의 전장을 빈손으로 떠나지 않는다. 그러한 대결의 결과로 희생자의 몸체 일부를 자기 몸에 보탬으로써 자신의 유기적 생명을 실제로 증진시킨다. 자연 서식지에 있는 개코원숭이에 관한 최근의 영상 연구가 보여주듯, 원숭이들은 모형 사자를 머리가 떨어질 때까지 두들겨 팼고, 그러고 나면 우두머리가 그 머리를 움켜쥐고서 가져갔다.

없이 죽음이라는 림보로 보내버릴 수 있음을 보았다. 프로이트에 따르면 현대인은 환상 속에서 살아가는데, 왜냐하면 그는 타인의 죽음과 자신의 불멸성에 대한 소망을 부정하거나 억누르기 때문이다. 그리고 바로 이 환상으로 인해, 인류는 전쟁 같은 사회악을 통제할 수 없다. 이것이 전쟁을 비합리적으로 만든다. 각자는 동일한 숨겨진 문제를 지니고 있고, 적대자가 강박적으로 자신의 반대되는 목적에 매진하기에, 그 결과는 진실로 사악하다. 영화 〈콰이강의 다리〉는 이 점을 기막히게 집약한다. 프로이트가 말했듯, 적뿐만 아니라 심지어 친구와 사랑하는 사람들마저 우리 자신의 영속성을 위한 적당한 연료이다. "무의식 속에서 우리는 매일 매시간 우리가 가는 길에 방해가 되는 모든 사람, 우리를 침범하거나 해치는 모든 이를 추방한다."[22] 이는 우리의 타고난 동물적 나르시시즘의 대가이다. 압박이 가해질 때, 자기 대신 다른 누군가를 희생시키길 꺼리는 사람은 아주 드물다. 여기에 예외가 있다면 물론 영웅이다. 우리가 영웅을 존경하는 이유는, 그가 자신을 위해 타인의 생명을 빼앗기보다는 타인을 위해 자신의 생명을 기꺼이 바치기 때문이다. 영웅주의는 관습적 가치들의 이례적인 전도이고, 인류가 오랫동안 알고 있듯이 전쟁을 그토록 고양시키는 또 다른 이유이다. 전쟁은 영웅 출현을 위한, 따라서 공통의 이기적 가치들의 변형을 위한 제의이다. 전쟁에서 인간은 자신의 숭고함을 영위한다. 하지만 우리는 영웅에 대한 찬양이 우리 자신의 두려움, 깊이 숨겨진 두려움을 대리하는 카타르시스라는 점을 받아들이기를 꺼린다. 그리고 이는 우리를 무비판적인 영웅 숭배로 몰아넣는다. 영웅이 하는 일은 우리에게 너무도 완전무결해보인다. 따라서 다른 관점에서 보면, 우리는 자기 자신의 억압에 바탕을 둔 환상에의 예속에 관하여 프로이트가 얼마나 옳았는지 알게 된다.

따라서 희생양 만들기의 논리는 동물적 나르시시즘과 숨겨진 두려움에 기반을 두고 있다. 아리스토텔레스가 말했듯, 만약 화살이 우리 곁의 동료에게 꽂히는 것이 행운이라면, 희생양 만들기는 동료를 그 길로 밀어 넣는 일이다. 그가 우리에게 이방인이라면 특히나 기꺼이 그리할 것이다. 자기 자신의 죽음을 희생양으로 삼는 논리에 대한 특히 날카로운 표현은 해링턴이 제공했다. 그에 따르면 이는 마치 희생 제의 주관자가 자연이 얼마나 탐욕스럽게 삶을 먹어 치우는지 평가한 다음, 신에게 이렇게 말하는 것과 흡사하다. "당신이 이걸 원하신다면, 자 여기 있으니 거둬가시옵소서."[23] 그러나 **저는** 내버려 두시옵소서.

누군가 여전히 이것이 자기 세계에 있는 악의 사적인 의미를 이해하려 애쓰는 소외된 지식인의 마음속에 있는 기발한 문구에 불과하다고 생각한다면, 일간신문을 들춰보라고 하라. 칠레의 외딴 지역에서는 지진을 일으키는 신을 달래기 위해 거의 매년 인간의 목숨을 희생했던 기록이 있다. 인도에서는 인간을 제물로 바쳤다고 최근에 **공식적으로 보도된** 사례만 열다섯 건이 있다. 그중 한 건에서는 힌두교 여신을 달래기 위해 네 살짜리 소년을 희생시켰고, 다른 건에서는 영국에 거주하는 서부 인도 출신의 이민자 부부가 어머니의 죽음을 막기 위해 기도와 명상을 마친 뒤 열여섯 살 아들을 희생시켰다. 프로이트가 옳았다. 세속적 육신의 나르시시즘에서 각자는 자기 자신의 유한한 피부 속에 치명적으로 감금되어 있어서, **모두가** 스스로에게 이방인이며 자기 자신의 삶을 위한 희생양의 지위에 종속되어 있다.*

우리 자신의 삶을 긍정하기 위해 타인을 살해한다는 논리는 역사에서 우리를 어리둥절하게 만드는 많은 문제를, 로마의 원형경기장 게임처럼 우리 현대인의 생각으로는 이해하기 힘들어 보이는 많은 것을 해명해준다. 포로 살해가 우리 삶의 힘을 긍정한다면, 생사를 건 결투가 실제 엄청난 규모로 수행될 때 전체 사회를 얼마나 긍정하게 되겠는가? 원형경기장에서 동물과 인간의 목숨을 지속적으로 소모시키는 희생은, 전쟁에 헌신하고 죽음을 마주하며 살아갔던 한 사회의 억압과 일체를 이루었다. 이는 불안을 몰아내고 죽음에 대한 궁극적인 개인적 통제를 보여주는 완벽한 오락거리였다. 검투사를 두고 엄지를 올리거나 내리는 행위 말이다. 더 많은 죽음이 눈앞에서 펼쳐질수록, 더 많이 엄지를 내릴수록, 스스로의 삶을 더 많이 얻는 셈이다. 왜 십자가형이 그토록 선호되는 처형 방식이었을까? 내 생각에 그 이유는 그것이 사실상 통제된 죽음의 **전시**였기 때문이다. 십자가 중간에 달린 조그만 받침대가 몸을 떠받쳐서 더 오랫동안 죽어가게 했다. 사람들은 다른 누군가의 죽음을 더 오래 지켜볼

---

* 엘리아스 카네티는 어떻게 군중의 공포, 즉 치타가 쫓아올 때 가젤 무리가 겪는 것과 같은 종류의 공포로부터 희생이 싹트는지 빼어나게 성찰한다. 무리가 느끼는 카타르시스의 순간은 치타가 가젤 **한 마리**를 콕 집어냈기 때문에 공포가 잦아들 때이다. 다수를 위한 하나의 희생은 따라서 일종의 적대적 힘의 자연스러운 완화이다. Elias Canetti, *Crowds and Power*(London: Gollancz, 1962), p. 309[《군중과 권력》, 강두식·박병덕 옮김, 바다출판사, 2010, 413~414쪽]를 참조하라.

수록, 그들 자신의 생존이라는 안전과 행운을 느끼면서 더 큰 즐거움을 얻을 수 있었다.[24] 카네티가 주장했듯, 승리 축하의 전반적 의의는 우리가 우리 삶의 힘을 그리고 적의 가시적 축소를 경험하는 것이다. 이는 전쟁의 전체 의미에 대한 일종의 상연이며, 전쟁의 본질을 입증하는 일이다. 이를 통해 왜 죄수의 공적인 전시, 굴욕, 처형이 그토록 중요한지 알 수 있다. '저들은 나약해서 죽는다. 우리는 강해서 살아남는다.' 로마의 원형경기장 게임은 이런 의미에서 심지어 전쟁이 없는 상황에서도 승리를 지속적으로 상연했다. 각 시민은 게임이 아니었다면 전쟁에서 얻어야 했을 것과 동일한 힘을 체험했다.[25] 우리가 그런 게임의 유혈 낭자함에 거부감을 느낀다면, 그 이유는 우리가 자신의 의식으로부터 진짜 **흥분**시키는 것을 몰아내길 선택했기 때문이다. 인간에게 최대치의 흥분은 자신이 살아남는 동안 다른 사람들은 잡아먹히는 장면을 넋 놓고 짜릿하게 바라봄으로써, 죽음과 '대면'하고 그 죽음을 능숙하게 거부할 때 나온다. 오늘날에는 오직 자동차 경주 선수와 스포츠로 스카이다이빙을 하는 사람만 문명 생활에서 이러한 종류의 드라마를 무대에 올릴 수 있다.

나치는 그들이 **패배하기 시작했던**, 그리고 그들 스스로도 희미한 의식 수준에서 패배할지 모른다고 의심하기 시작했던 1941년 이후, 대규모 생명 희생에 진정 헌신하기 시작했던 것 같다. 나치는 자신들의 힘이 저물어가던 무렵에 저 악명 높은 유대인에 대한 '최종 해결책'을 서둘러 행했고, 말 그대로 종말 직전에 디트리히 본회퍼 같은 그들의 주요 정치범들을 처형했다. 러시아와 이탈리아에서 철수하던 독일군은 특히 분명한 동기 없이 단지 시체 더미를 남기기 위해 살인을 일삼았다. 그들은 최후의 순간에 인질을 죽여 봉헌하면서, 맹목적이고 유기체적인 방식으로 '나는 죽지 않아, 너는 죽겠지만. 알겠어?'라고 완강하게 확인했던 것이 분명하다. 그들은 악에 대항한 모종의 승리를 원했던 듯하고, 그 악이 러시아인일 수 없다면 유대인이나 심지어 다른 독일인도 될 수 있었다. 어떤 대체 희생양에게든 그렇게 해야 했다. 최근 벵골 지역의 봉기에서 서부 파키스탄인은 종종 자신들의 눈에 띄는 누구든 살해했고, 아무도 눈에 띄지 않으면 가옥에 수류탄을 투척했다. 그들은 3백만 명이 넘는 천대받는 벵골인의 주검을 쌓아 올렸다. 인간이 더러운 종자를 지구에서 **청소하기** 위해 살인하는 것은 명백하다. 이것이 승리의 의미이고, 자신의 삶과 힘에 찬사를 보내는 방식이다. 인간은 자신의 피가 흐르는 것을 막기 위해 잔인해진다. 최근의 전쟁 경험을 보면 이는 더 심해진 것 같은데, 자신이 덫에 걸려서 지상에서 생명을 더 지속할 수 없다고 느낀 인간은 '내가 가질 수 없다면, 너도 안 돼'라고 말하게 된다.

우리가 이해하기 어려웠던 다른 문제들은 부족이나 가문 간의 증오와 반목, 개인의 명예와 복수라는 사소하고 교만한 동기 때문에 벌어졌던 거듭되는 살상이었다. 하지만 자기보존으로서의 희생이라는 관념은 이를 아주 직접적으로 설명해준다. 랑크가 인식했듯 원시인과 가문 집단의 특성은, 그들이 불멸성-본체가 모인 일종의 영혼 저장소를 표상했다는 것이다. 만약 우리가 이 저장소에서 구성원 하나를 빼버리면, 우리 자신은 좀 더 필멸에 다가갈 것이다.

랑크의 탁월한 문구로 표현하자면 이렇다.

> 내 생각에 이 이데올로기는 북미 인디언 부족 간의 극심한 증오와 반목을, 그리고 많은 유럽 국가 사이에서 현재 벌어지는 반목 혹은 복수를 모두 이해하기 위한 기반을 제공한다. 족외혼 제도하에서 여성 찬탈이든 부족의 남성 구성원 살해이든, 그것은 항상 공동체의 **영적 경제**에 가해진 심각한 공격에 복수하는 문제였다. **영적 수익의 상징** 중 하나를 빼앗긴 그 공동체는 **불멸성의 장부**에서 생겨난 부족분을 해소하거나 적어도 앙갚음하려 했다.[26]

이러한 종류의 행위는 자연의 균형을 신봉하며 삶의 자원의 저장고가 지나치게 감소하지 않게 신경을 쓰는 원시인에게 특히 자연스러운 현상이다. 조던 셰어Jordan Scher가 아주 적절하게 지적했듯, 복수는 곧 삶의 자원을 공동의 저수지에 풀어놓아서 "그곳으로부터 그 자원이 재할당될 수 있게 하는" 일과 같다. 실제로 그는 삶의 자원이라는 원시적 관념을 현대사회까지 확장하며, 그 관념을 집단학살 전쟁과 심지어 정의를 지키는 일상의 세속적 과정을 추동하는 동기로 간주한다. 죄를 지은 사람은 자신의 삶의 자원을 공동체에 되돌려주기 위해 처벌받는다.[27]

우리가 현대의 세속적 사회에서 삶의 자원의 저장소에 얼마나 많은 해명의 부담을 부여하고자 하는지, 나는 잘 모르겠다. 우선 우리는 더 이상 자연의 균형을 믿지 않는다. 또한 우리는 종종 우리가 누리는 것과 동일한 삶의 질을 타인에게 허락하지 않는다. 하지만 우리가 삶의 자원의 안정적 저장소를 믿든 말든 간에, 숫자는 인간에게 중요하다. 우리가 타인의 죽음으로 자신의 죽음을 '매수한다면', 우리는 그것을 적당한 가격으로 사들이고 싶어 한다. 그레고리 질부르크Gregory Zilboorg는 전쟁 중에 이렇게 지적했다.

> 우리가 우리의 사망자들에 대해 지나친 우울감 없이 애도하는 까닭은, 적의 진영에서도 더 많진 않더라도 동일한 수의 주검이 생겼음을 기뻐할 수 있기 때문이다.[28]

이는 적의 '시신 집계'에 강박적으로 매달리는 성향뿐만 아니라, 적의 손실을 과장하고 자기편의 손실을 최소화하려는 보편적 경향도 설명해준다. 사람들은 자신의 목숨이 위태로울 때만 뻔뻔하고 열성적으로 거짓말을 할 수 있다. 갈등에 관여되지 않은 외부인에게 이러한 과장이 늘 어리석게 느껴지는 이유는, 바로 그들의 목숨이 결부되지 않기 때문이다. 정확히 우리가 지금 믿어야 하는 것은, 모든 전투와 혁명적 투쟁은 그저 반목과 복수가 발전한 것일 뿐이며, 여기서 문제가 되는 기본적 사항은 불멸성의 장부에 대한 극화라는 랑크의 생각이다. 이런 관점에서 바라보지 않는다면, 우리는 우리 시대에 벌어지는 민족주의의 강박적인 전개(국가 간의 기이한 앙심, 자신의 국가에 대한 무조건적 충성심, 조국 혹은 모국의 이름으로 치러지는 소모적인 전쟁)를 이해하기 힘들다. '우리 나라'와 그 '동맹국들'은 영원한 존속해야 마땅한 자들을 대변한다. 우리는 '선택받은 민족'이다. 아테네인이 전쟁에서 자신들과 동맹을 맺으려 하지 않았다는 이유로 멜로스인을 말살했던 시절부터 현대의 베트남인 말살에 이르기까지, 그 역학은 동일했다. 하나의 깃발 아래 함께 뭉친 모든 사람은 동등하며, 따라서 불멸성의 특권을 누릴 자격이 있다. 그 깃발 바깥에 있는 다른 모든 사람은 영원성의 축복에서 제외된다.[29] 전쟁의 잔인한 사디즘은 우리 편에 대한 신의 호의를 시험하는 것일 뿐만 아니라, 적이 필멸이라는 증거이기도 하다. '우리가 적을 어떻게 죽이는지 보아라.' 해링턴은 랑크식의 통찰에서 볼 법한 가장 훌륭하고 신랄한 구절들이 담긴 주목할 만한 책에서 이 점을 잘 지적했다.

> 잔인함은 우리가 잘 지내고 있는 듯한 낯선 개인 앞에서 때때로 느끼는 미적 분노에서 생겨날 수 있다. (…) 그들은 영원한 삶에 이르는 비밀 통로라도 찾은 것일까? 그럴 리 없다. 턱수염을 기르고 요상한 모자를 쓴 그 이상한 개인이 받아들여진다면, 나의 우월함에 대한 주장은 어떻게 되는 것인가? 신이 보기에 그런 사람이 나와 동등할 수 있을까? 저자가 나처럼 영원히 살아갈 희망, 나아가 어쩌면 나를 밀어낼 수 있으리라는 희망을 감히 품을 수 있을까? 맘에 들지 않는다. 내가 아는 건, 그가 옳다면 내가 그르다는 것이다. 그는 너무 다르고 우습게 생겼다. 나는 그가 자신의 교활한 방식으로 신을 속이려 한다고 생각한다. 그의 실체를 벗기자. 그는 그다지 강하지 않다. 일단 내가 그를 괴롭히면 어떻게 나올지 한번 보자.[30]

질부르크가 지적하듯, 사디즘은 죽음에 대한 두려움을 자연스럽게 흡수한다. 왜냐하면 적극적으로 조종하고 미워함으로써, 우리는 자신의 유기체가 외부 세계에 스며든 상태를 유지하기 때문이다. 이를 통해 자기 성찰과 죽음에 대한 공포가 주는 긴장이 낮은 상태로 유지된다. 우리는 타인의 운명을 자신의 수중에 쥐고 있을 때, 자신이 삶과 죽음의 지배자라고 느낀다. 계속 총을 쏠 수 있는 한, 우리는 죽을 수 있다는 점보다 죽일 수 있음을 더 중시한다. 혹은 한 영화에서 영리한 폭력배가 말했듯이, "살인자는 살인을 그만두면 죽는다."

이는 이미 사디즘 이론의 본질이다. 하지만 그 이상으로 이는 신성한 왕권의 시대에서 오늘날에 이르기까지 폭군이 지닌 자연스러운 '지혜'의 임상적 증거이다. 외부의 적이 없는 평화로운 시절에는 전쟁을 부추기는 두려움이 사회 **내부에서**, 즉 계급이나 인종 간의 증오, 일상적인 범죄의 폭력, 자동차 사고, 심지어 자살이라는 자기 폭력에서 그 출구를 찾는 경향이 있다.[31] 전쟁은 이 두려움의 대부분을 하나의 지렛대로 빨아들여, 알려지지 않은 적수가 우리 내부의 죄악의 대가를 치르도록 그것을 바깥으로 쏜다. 멈퍼드가 말했던 바를 마지막으로 강조하자면, 이 "비합리성"은 얼마나 합리적인가.

히틀러 이후의 인간과학

희생과 희생양 만들기에 관한 이러한 고찰을 통해, 우리가 인간관계의 광범위한 분야를 포괄하고 있음이 이미 분명해졌다. 이러한 측면에서 생각하면, 우리는 사유와 맥박이 빨라지는 것을 느낀다. 즉 우리가 무언가 거대한 것에 접속해 있음을 알게 되는 것이다. 내가 죄, 희생, 영웅주의, 불멸성에 관해 들여다보았던 이유는, 그것들이 우리 시대에 출현하고 있는 사회에서 인간과학을 수행하기 위한 핵심 개념이기 때문이다. 이러한 개념을 발전시킨 핵심 저작들은 이미 쓰였으며, 이는 과학을 지향하는 모든 학문의 전개에 좋은 소식이다. 유일한 문젯거리는 과학계 자체가 이 좋은 소식을 깨닫지 못했기에, 우리가 합의된 인간과학을 주조하는 일이 고통스러울 정도로 지체되었다는 것이다. 현대 사회학에서 죄와 희생이라는 관념의 적용은 대체로 소수의 인물들, 특히 케네스 버크Kenneth Burke와 휴 덩컨Hugh Dalziel Duncan에 의해 수행되었다. 진정한 인간과학의 진화에서 결정적인 이 대목에 관해 고찰해보자.

버크는 죄와 속죄를 사회학적 해명의 근본 범주로 인식했고, 간단한 공식을 제안했다. 죄는 사회에서 무효화되어야만 하며, "희생물victimage"을 통해 사면된다. 이 역학은 너무도 보편적이고 일반적이어서, 버크는 "인간 사회가 집단의 개별 구성원들이 공유하는 상징적 희생자 없이 과연 통합될 수 있는지" 의심했다. 그는 "희생된 제물을 통한 구원의 시민적 실행"이 인간의 사회적 동기의 핵심이라고 보았다.[32]

버크는 그리스 비극과 기독교를 통해 희생물과 구원이라는 핵심 개념으로 인도되었다. 그는 이 근본적으로 종교적인 관념이 모든 사회질서의 기본 특성이라고 보았다. 다시 한 번 우리는 모든 문화가 본질적으로 신성하다는, 즉 랑크가 지적했듯 문화는 **초**자연적이라는 애초의 논점으로 돌아왔다. 창조의 기적은 결국 사회적 삶에서 확대된다. 즉 그 기적은 개인 안에, 그리고 특정한 색체, 형식, 드라마 안에 함유된다. 탄생, 성장, 의식, 죽음의 자연적 신비는 사회가 넘겨받는다. 덩컨이 아주 적절하게 말하듯, 이러한 사회적 형식과 자연적 공포의 교직은 떼려야 뗄 수 없는 **신비화**가 된다. 개인은 그저 경탄과 죄 속에서 입을 헤 벌리고 바라볼 뿐이다.[33] 따라서 이 종교적 죄는 또한 이른바 세속적 사회의 특성이기도 하다. 한 사회를 선도하려는 사람은 누구나 어떤 형태로든 신성한 사면을 제공해야 한다. 그 사면이 어떠한 역사적 위장을 했는지와는 상관없이 말이다. 그렇지 않다면 사회는 불가능하다. 버크의 세대에 이 점을 이해하고 실행한 인물은 다름 아닌 히틀러, 스탈린, 무솔리니였다.

우리 시대의 비극적 전쟁들이 가르쳐준 교훈이 한 가지 있다면, 그것은 적이 제의적 역할을 수행하며 이를 통해 악이 구원받는다는 점이다. 이중적 의미에서 모든 "전쟁은 '거룩한' 전쟁으로 치러진다."[34] 즉 운명의 계시이고 신의 호의에 대한 시험**이자**, 동시에 세상에서 악을 제거하는 수단이다. 이는 왜 우리가 바로 전쟁의 가장 끔찍한 측면에 헌신하는지 설명해준다. 그것은 인간 정화를 향한 열정이다. 니체는 "자기 자신에 불만이 있는 사람은 누구나 항상 스스로 복수할 태세가 되어 있기에, 우리 타인들은 그 희생자가 될 터이다"라고 설파했다.[35] 하지만 아이러니하게도 인간은 항상 크든 작든 불만과 죄의식을 느끼며, 이로 인해 그들은 모든 불만을 곪아 터지게 하여 제거할 수 있는 순수성을 추구하도록 내몰린다. 인간은 스스로를 정화하고 자기 주변의 세계에서 악과 더러움을 정화시킴으로써, 영원성의 자격을 얻고자 애쓴다. 이렇게 해서 인간은 비록 자기 자신은 불순할지라도, 순수성의 편에 서 있다는 것을 증명한다. 완벽함을 향한 지향은 인간이 불멸성의 자격 요건에서 모종의 인간적 지분을 얻으려는 노력을 반영한다. 인간은 자신이 선량한지 여부를 오직 권위자가 그렇다고 말해줄 때만 알 수 있다. 이는 왜 인간에게 자신이 호감을 얻고 있는지 아닌지를 아는 것이 감정적으로 그토록 필수적인지, 왜 인간이 '선량함'의 기준에 부응하기 위해 집단이 원하면 어떤 일이든 서슴없이 하는지 설명해준다. 인간의 영원한 삶은 그것에 의존한다.[36] 좋음과 나쁨은 강함과 약함, 자기 영속화, 무한한 지속과 연결되어 있다. 그래서 우리는 랑크가 말했듯 모든 이데올로기가 영원성을 얻을 자격에 관한 것임을 이해할 수 있다. 누가 정말로 더러운지에 관한 모든 논쟁 역시 마찬가지다. 우리의 정당한 증오의 표적은 항상 '오물'이라고 불린다. 오늘날 단발족은 장발족을 '더럽다'고 하고, 거꾸로 장발족은 단발족을 '돼지'라고 부른다. 모두가 스스로(의 더러움)에 대해 불만에 차 있기에, 희생물은 보편적인 인간 욕구가 된다. 그리고 최상의 영웅주의는 오물이 묻은 사람들을 근절하는 행위이다. 이 논리는 끔찍하다. 죄, 항문성애, 사디즘을 정신분석적으로 한데 묶는 일은, 이렇게 인간 분투의 최상의 수준으로 그리고 선과 악이라는 오래된 문제로 번역될 수 있다.

이로부터 우리는 인간이 지구상에서 공포의 산파였다는 결론을 내려야만 하는데, 왜냐하면 이런 공포만이 인간에게 마음의 평화를 가져오며 인간을 세상에 '합당한' 존재로 만들어주기 때문이다. 니체가 "인간이라는 질병"에 대해 얘기한 것은 놀랍지 않다.[37] 우리가 이 생각을 너무 뻔뻔하게 표방한다면 도착적으로 보이겠지만, 바로 여기에 사랑을 향해 자신을 개방하기 위해 죽음이라는 스펙터클을 필요로 하는 동물이 있다. 덩컨은 이렇게 지적했다.

> 우리가 전쟁터에서 우리의 적을 살상하고, 그들의 집에서 적의 여자와 아이를 살해하기에, 서로에 대한 우리의 사랑은 깊어진다. 우리는 무장한 전우가 된다. 서로에 대한 우리의 증오는 적의 고통을 통해 정화되는 것이다.[38]

게다가 더 가차 없이 말한다.

> 우리는 기쁨과 사랑뿐만 아니라 증오와 죽음 속에서도 사회화될 필요가 있다. 우리는 상처를 입히고 고문하고 살해해야만 하는 희생자를 만들지 않으면서 친구를 사귀는 법을 알지 못한다. 우리의 사랑은 증오에 바탕을 둔다.[39]

만약 우리가 인간의 천박함에 관해 다시 한 번 충격적으로 거론한다면, 이는 냉소주의에서 나온 말이 아니다. 오로지 우리의 운명에 관한 모종의 사실 획득을 더 수월하게 하기 위해서다. 우리가 두려워해야만 하는 것은 단지 환상일 뿐이라는 믿음에 있어서, 우리는 프로이트를 따른다. 그리고 이 책 도입부에 인용한 토머스 하디의 글에서 표현되었듯, 이 환상의 제거에 착수하기 위해서는 최악을 직시해야 한다고 믿는 점에 있어서, 우리는 하디를 따른다. 현실주의는 잔혹할지라도 냉소주의가 아니다. 덩컨이 순수성과 사랑의 끔찍한 역학에 관한 자신의 니체적이고 도스토옙스키적인 논증에서 아주 열정적으로 결론 내렸듯, "우리는 타인의 고통과 죽음을 목도할 필요를 이해하기 전까지는 인간적이 될 수 없다. (…) 우리 시대의 사회학은 [그러한] 비통한 깨달음에서 시작되어야만 한다."[40] 그 깨달음은 이미 버크, 덩컨, 멈퍼드, 로버트 리프턴Robert Lifton의 작업에서 시작되었다. 하지만 그 이론적 공식화는 홀대받아온 랑크의 작업에 이미 풍부하게 담겨 있었다. 그러한 사회학의 관점에서 보면, 우리 시대의 거대한 과학적 문제는 특히 히틀러, 스탈린, 마오쩌둥의 성공적이고 웅대한 사회적 결합이었다. 버크와 덩컨은 히틀러 치하의 독일에서 벌어진 종교적 공포 드라마를 상세하게 묘사했는데, 그곳에서 더럽고 사악한 유대인은 나치 사제단에 의해 아리안 순수 혈통의 세계로부터 제거되었다.[41] 부헨발트와 아우슈비츠는 가장 규모가 큰 역사 신비화 중 하나의 결과였고, 인간의 근본적 동기와 공포를 종교적으로 이용한 사례였다. 오늘날 우리는 우리의 '문명화된' 세계에서 그러한 홀로코스트가 가능하다는 점을 여전히 믿을 수 없어 입을 떡 벌리고 있으며, 그 사건이 얼마나 자연을 초월하려는 인간의 본성과 야망에 부합하는지 보려고 하지 않는다. 히틀러의 집권은 사람들이 무엇을 가장 원하고 필요로 했는지에 대한 그의 이해에 기반을 두었고, 그래서 그는 그들에게 다른 무엇보다도 **악에 대항한 영웅적 승리**를 약속했다. 그리하여 그는 사람들에게 자신의 진짜 죄를 한시적으로 제거할 수 있는 살아 있는 가능성을 부여했다. 오늘날 미국의 수많은 완고한 우파들이 그 누구보다 더 잘 깨닫고 있듯, 베트남의 비극은 미국인에게 해결할 수 없는 죄라는 엄청난 짐을 지우면서 전쟁에 승리하지도 못했다는 점이다. 국가를 다스리면서 그 진정한 열망에 그러한 좌절을 안겨준 지도자는 나라를 이끌 자격이 없다는 그들의 말은 옳다. 국가는 승리와 불멸성을 표상하지 못하면, 존재할 권리가 없다. 국가는 확인 가능하고 직접적인 승리를 거두어야 하며, 그러지 못하면 모든 시민의 마음에서 국가에 대한 신뢰가 사라져버린다. 우파가 전쟁 범죄로 유죄 판결을 받은 윌리엄 캘리* 중위를 지지하는 이유는, 그들이 승리하지 못한 전쟁의 죄라는 짐을 감당할 수 없어서, 그가 올곧은 영웅이라고 주장함으로써 그 죄를 간단히 부정하려 하기 때문이다. 죄 없는 승리 없이는 불멸성도 없다. 이런 문제에 관해 우파는 항상 인간의 원초적 충동을 나타내는 솔직한 지표였다.

스탈린의 숙청 재판이 우리에게 알려준 것은, 사회주의 혁명가의 지고한 인간주의적 이상도 (순수하고 결속력 있는 사회주의적 사회를 갖기 위해서는) 희생물과 구원의 종교적 드라마 속에서 수행되어야 한다는 사실이다.[42] 러시아인은 종교적 속죄를 추방했지만, 자신의 인간 본성을 추방할 수는 없었다. 그래서 그들은 종교적 속죄의 세속적 희화화를 주술로 불러내야만 했다. 그리고 그들은 여전히 그런 짓을 일삼고 있다. 순결한 공산주의 군중을 면죄해주는 마법사-

---

* [옮긴이] William Calley(1943~). 베트남전쟁 중이던 1968년 3월 16일에 미군이 저지른 미라이Mỹ Lai 학살의 현장 지휘자였다. 이 학살로 347명에서 504명으로 추정되는 비무장 민간인이 살해당했다.

사제는 이제 정신과 의사의 흰 가운을 걸치고 있다. 그들은 더러운 반대파 희생자를 '세속적' 과학의 최신 기술을 통해 탈바꿈시킨다. 이는 기괴하지만, 버크는 우리에게 희생물과 구원에 관한 신학적 공식의 "세속적 등가물"을 항시 지켜보라고 경고했다. 희생양 만들기는 "야만인, 아이들, 그리고 군중의 '필수적 환상'"이 아니며,[43] 이제는 '가장 선진적인' 사회주의 사회의 업적이다.

가장 최근에 리프턴은 랑크식 분석틀을 우리 시대의 또 다른 위대한 사회주의적 구원의 드라마에 대한 뛰어난 분석에까지 확대했다. 바로 마오쩌뚱이 상연했던 드라마, 지금까지 가장 거대하지만 동일한 유서 깊은 역학을 이용한 드라마 말이다. 리프턴의 분석은 마오주의란 최초의 국가가 출현했던 순간부터 이어져온 오래된 역사적 주제의 또 다른 변형임을 드러낸다. 여기서는 우주적 지배의 드라마가 다시 상연되며, 마오는 제왕-신으로서 신성한 권력을 순수성과 정의의 진영에 속한 사람들에게 연결시킨다. 그 진영에 속하지 않는 사람들은 이제 익숙한 "희생자 만들기" 공식에 끼워 맞춰진다. "희생자 만들기는 (…) 자기 자신이나 자신이 속한 집단의 불멸성을, 죽음으로 얼룩진 제물의 [불멸성의] 절대적 부재와 대비함으로써 재천명하려는 욕구이다."[44] 마오쩌뚱은 죽음을 거부하고 자신의 추종자를 사면해주는 특별한 재주를 지닌 영웅-구원자로서 등장한다. 리프턴이 지적했듯, 그는 "불멸성의 맥박에 가깝게 조율된 인간이다."[45] 물론 불멸성의 매개체는 혁명 자체, 즉 중국 인민의 숭고한 임무, 자신의 모든 정체성을 융합시키고 그로부터 자신의 신격화를 얻어내는 임무이다. 이러한 우주론에서 "불멸의 혁명적 본질"을 수행하는 것은 인민 자신이다. 따라서 신은 "중국 인민 집단과 다름없다." 마치 중국 자체와 중국의 엄청난 인구가 인간 존재의 평범한 한계에 의해 영향을 받지 않는 생명력을 지니고 있는 듯하다.[46] 리프턴의 분석에 따르면, 현대 중국은 순수한 상태를 유지하는 한, 공동체 전체가 끌어낼 수 있는 재생의 신성한 원천인 원시적 집단 영혼이라는 관념을 다시 체험하는 듯하다. 이러한 유비가 견강부회라고 생각한다면, 리프턴을 직접 읽어서 그 유비가 이제는 잘 확립된 사회적이고 심리적인 분석 전통에 얼마나 확고하게 근거하고 있는지 확인해야 한다.[47]

영웅적 자기 확장의 두 측면

이 모든 경우에서 우리는 역사의 연속성을 확인한다. 인간이 여전히 인간이기 때문에, 각각의 영웅적 신격화는 기본 주제의 변주이다. 문명, 국가의 발흥, 왕권, 보편 종교는 모두 동일한 심리학적 역학, 즉 죄와 구원의 필요라는 역학에 의해 작동한다. 더 이상 씨족이 집단적 불멸성의 저장소를 대표하지 않는다면, 그 역할은 이제 국가, 민족, 혁명 소조小組, 기업, 과학 사회, 자신의 인종에 맡겨진다. 인간은 여전히 초월을 모색하지만, 이제 그것이 반드시 자연과 신일 필요는 없고 나치 친위대나 미국 중앙정보국CIA일 수 있다. 변하지 않고 남아 있는 유일한 것은, 원시인이 자신의 토템적 선조에게 했듯이 여전히 개인이 똑같이 겸손하게 떨면서 자신을 바친다는 점이다. 관건은 동일하게 불멸성 권력이며, 동기부여의 단위는 여전히 단일한 개인 및 그의 두려움과 희망이다. 이런 것들이 얼마나 변함없이 존속해왔는지 생생하게 알기 위해서, 우리는 이른 아침 미국 텔레비전에 나오는 방송 종료 영상을 시청하는 것으로 족하다. 영상의 메시지는 그 원시성으로 인해 충격적이다. 몇 분 동안 깃발과 상륙선에 탄 병사들, 창공을 줄지어 가로지르는 전투기들, 행진하는 군인들, 고향의 푸른 들판과 언덕, 빛나는 백색의 국군 묘지, 다시 바람에 나부끼는 깃발, 시대를 초월하는 링컨 기념관, 그리고 다시 행진하는 병사들의 굳세고 결연한 얼굴이 담긴 영상이 번갈아 나온다. 여기 담긴 무언의 텍스트는 각 개인에게 생명력과 불멸성 시스템에서의 확고한 위치를 가차 없이 확인시켜 준다. 이러한 이미지가 암시하는 바는 얼마나 사람들의 마음을 벅차오르게 하며, 감사함으로 얼마나 목이 메게 하는가.

물론 군국주의와 깃발은 개인이 확장되어 나아갈 수 있는 다양한 유형의 상황을 거의 포괄하지 못한다. 인간의 독창성은 그렇게 제한적이지 않으며, 이는 왜 부유하고 상상력이 풍부한 사람들이 종종 그토록 형편없는 애국자가 되는지 설명해준다. 새뮤얼 존슨*이 애국심은 악당의 마지막 피신처라고 말했을 때, 그는 이 점을 선명하게 인식했다. 우리 시대의 젊은이들은 리프턴이 "경험적 초월"이라고 불렀던 형태로, 즉 어쨌든 잠시나마 시간과 죽음의 문제를 제

* [옮긴이] Samuel Johnson(1709~1784). 영국의 시인이자 평론가로, 《영어 사전 A Dictionary of English Language》(1755)을 편찬하기도 했다. 제임스 보스웰 James Boswell이 쓴 전기 《새뮤얼 존슨의 생애 The Life of Samuel Johnson》(1791)에 따르면, 실제로 존슨이 "애국심은 악당의 마지막 피신처"라는 잘 알려진 발언을 했다고 한다.

거하는 강렬한 감정 상태의 체험으로 시선을 돌리고 있다.[48] 이는 신비주의의 역사적 양태의 한 변주로서, 오직 우리 시대의 사람들만이 색채와 소리의 현대적 기술의 도움을 받아 그 체험을 집단적으로 흡수할 수 있다. 해링턴은 이 체험의 분위기를 근사하게 포착했다.

> 원초적 단일성을 받아들임으로써, 나는 죽음이 나를 엄습하기 전에 피한다. 그 음습한 위협은 의식이 이미 망가진 사람과도 사마라Samarra에서 만나기로 한 약속을 지킬 수 있을까?* (…) 디스코텍에서 근심걱정에 찌든 자아는 메아리치는 기타 소리와 전자악기의 소음에 박살나며, 그 조각들은 쏟아지고 흩어지는 조명 효과에 의해 훨씬 더 미세하게 퍼져나간다. (…) 몽환적인 기타 드리프트는 광란의 축제나 교회의 오르간처럼 당신을 시간과 죽음 너머의 공간으로 데려갈 것이다.[49]

이 묘사는 나이 든 세대가 그토록 이해하기 어려워하는 록 음악 페스티벌에 대규모로 참가하는 이유를 설명해준다. 그런 페스티벌은 현대적 삶의 단조로운 공허함, 모든 사람을 제멋대로 몰아가는 뉴스거리의 기계적인 연속, 터무니없는 무질서 속에 시시각각 흘러가는 삶에 대한 흥겨운 승리를 표상한다. 페스티벌은 젊은이들이 음악 비트와 흠뻑 합일하여 요동침으로써 경탄과 기적의 감각을 다시 일깨

---

* [옮긴이] 아라비아의 전설인 "사마라에서의 약속Appointment of Samarra'을 가리킨다.

우려는 시도이다. 어떤 록 음악 권위자가 아주 훌륭하게 지적했듯, 현대의 젊은이가 이를 통해 추구하는 것은 경탄, 즉 현대의 세속화된 기계적 사회가 그들에게 금지했던 표현을 적절하게 표출하는 방법이다. 이런 종류의 기쁨과 강렬한 체험 속에서의 교감은 인간 한계를 극복한 현대 청년의 영웅적 승리라고 결론지어야 한다. 하지만 이 역시 이를 매개하는 새로운 기술에도 불구하고 현대적 발명품은 전혀 아니다. 그것은 원초적인 디오니소스적 팽창감, 요동치는 '현재'와 생각이 비슷한 신봉자들로 이루어진 광적인 집단이 지닌 초월적 힘 속에서 느끼는 정체성의 침잠과 상실의 재현이다.

내 논지는 영웅적 팽창감, 기쁨, 경이에는 유한성, 죄, 죽음이라는 이면이 존재하며, 우리는 그 이면의 표출에도 주시해야 한다는 것이다. 우리의 정체성이 초월하고 박동하는 힘 속으로 녹아들게 한 뒤에, 모종의 균형감을 확립하기 위해서 우리는 무엇을 하는가? 우리는 어떤 형태의 강력하고 긴요한 태도를 소환하여 자신을 재정비하고 경험을 장악할 수 있는가? 우리는 경탄의 떨리는 왜소함 속에서 살아갈 수 없다. 그러지 않으면 우리는 녹아 없어질 것이다. 우리의 새로운 자기 확신을 각인시켜줄 대상, 즉 대부분의 사람들에게는 희생자인 그 대상은 어디에 있는가? 이것이 우리가 항시 경계해야 하는 것이다. 디오니소스 축제는 원형무대에서의 인간의 경험을 반영했고, 따라서 마조히즘적 자아의 상실에 상응하는 사디즘적 자아의 긍정이 존재했다. 디오니소스 찬양자들이 맨손으로 희생양이나 황소를 찢어발겨서 날로 먹어 치우면서, 의식은 절정으로 치달았다. 모든 영웅적 승리는 양면적이다. 그것은 삶에 대한 긍정의 폭발 속에서 절대적 '너머'와의 합일을 지향하지만, 그 속에 여기 지상의 물리적 육신에 깃든 죽음의 부정이라는 썩은 핵심을 보존한다. 문화가 죽음에 대항한 승리의 가능성에 관한 거짓말이라면, 그 거짓말은 기쁨에 찬 승리의 찬양이 아무리 다채롭고 광범위하더라도 어떤 식으로든 생명을 앗아가야만 한다. 히틀러 유겐트의 대규모 집회 혹은 붉은광장에서 스탈린과 베이징에서 마오쩌둥의 대규모 집회는 말 그대로 우리를 숨 막히게 만들고 경이감을 선사한다. 그러나 이러한 찬양에 이면이 존재한다는 증거는 아우슈비츠와 시베리아에서 찾을 수 있다. 이곳은 희생양이 찢겨 나가는 장소이고, 그 이면에 있는 모든 것의 한심한 비겁함이 폭로되는 장소이다. 우리는 현대의 영웅주의가 디오니소스주의에 비해 어딘가 어그러져 있다고 말할 수 있다. 디오니소스주의에서는 초월의 양 측면이 즉석에서 생겨났다. 반면에 현대의 희생양 만들기는 관료주의적 형식, 가스실, 수용소 시설에서 천천히 썩어가는 데서 그 완성태를 갖는다. 어떤 깨끗하고 사심 없는 과학적 방법을 활용했는가와 상관없이, 아무리 냉정하고 사무적으로 상연되더라도, 그런 희생양 만들기는 모두 개개인의 독일인, 러시아인, 중국인 자신의 삶에 관한 실제적이고 살아 있는 공포와 관련된다. 한나 아렌트는 아돌프 아이히만에 관한 훌륭하고 논쟁적인 분석에서, 아이히만이 잘 보이길 원해서 명령을 따랐던 단순한 관료주의적 재단기에 불과했다는 점을 증명했다. 하지만 우리가 이제는 알고 있듯, 이는 그저 이야기의 표면에 불과할 수도 있다. 고무도장을 날인하는 사람들은 호감을 얻기 위해 학살 명령에 서명하지만, 그렇게 호감을 얻는다는 건 불멸성을 위해 선출된 집단에 받아들여진다는 뜻이다. 안경을 쓴 무색무취한 사람들이 벌이는 현대적 살해의 손쉬움과 원격성은 그 행위를 무관심한 관료적 문제로 만드는 듯하지만, 아렌트의 주장처럼 악이 그렇게 평범하지는 않다. 악은 스스로를 영속화하려는 열정적인 사람의 동기에 기반을 두며, 이는 각 개인에게 어떤 희생을 치르더라도 지나치지 않은 문자 그대로 생사가 걸린 문제이다. 그것이 다른 누군가의 희생이고, 지도자와 집단이 승인한 희생이라면 말이다.

영웅주의의 어떤 측면을 살펴보더라도 한 가지는 분명하다. 그것은 세계가 우리의 욕망에 부합하도록 만들기 위해 모든 것을 소진하는 활동이다. 그리고 그 수단을 살펴보자면, 우리는 모두 동등하게 하찮고 무기력한 동물로서 우주를 강력히 제어하려고 노력하며, 세상이 우리의 충동에 봉사하게 만들기 위해 애쓴다. 문화적 거짓말은 그저 오이디푸스적 자기원인 기획의 거짓말을 지속하고 뒷받침할 따름이다.* 거짓이 폭로되면, 우리는 말 그대로 발기불능이 된다. 이로부터 우리는 인간이 어쨌든 살아가려면 거짓 속에서 살아야 하는 동물이라고 결론 내릴 수 있다. 뉴욕에서 진료하는 정신과 의사들은 주식시장이 바닥을 치면 발기불능을 호소하는 경우가 증가한다고 보고한다. 반대로 시장이 활황이거나, 적절한 용어로 표현되듯 '황소bull'[상승] 시장일 때는 발기 능력이 왕성해진다. 우리는 어떻게 고대인이 왕이 무기력한 상태에 빠지자마자 그를 재빨리 죽였는지 상기하게 된다. 월가의 증권 중개인처럼, 원시인은

* 자기원인에 대한 자세한 설명으로는《죽음의 부정》을 참조하라.

부정의 문화적 시스템이 힘을 상실했을 때 실제 발기불능에 빠질 수 있다. 이 모든 것은 죽음 불안이 항시 표면 아래에 머물며, 문화적 영웅 시스템에 결코 확실하고 원만하게 흡수되지 않는다고 주장하는 사람들을 뒷받침한다. 몸이 전부이자, 어쩌면 몸에 **불과한** 동물, 의식의 어떤 수준에서 바로 이 몸 자체를 두려워하는 동물이 어떻게 신체를 확실하게 초월할 수 있겠는가?

이런 이야기를 지나가는 말로 거론하는 이유는, 오직 독자에게 인간의 영웅적 행위의 비극적 측면과 잔인한 희생양 만들기의 자연스러움에 관해 상기시키고 싶기 때문이다. 세상이 돌아가려면 누군가 대가를 치러야 한다. 많은 권위자가 들려주듯, 이것이 역사 속 악마의 의미이다. 악마는 몸을, 즉 인간의 세속적 조건의 절대적 결정론을 표상하는데, 이는 악마가 그토록 위험한 이유이다. 악마는 우리가 처한 상황의 현실성을, 우리가 자신의 세속적 운명을 정말로 벗어날 수 없다는 사실을 폭로한다.[50] 악마와 싸우는 일은 악마가 표상하는 것과 싸우는 일이고, 악마를 희생양으로 만드는 일은 악마가 표상하는 것을 제거하는 일이다. 악마가 표상하는 것은 초자연적인 것의 패배, 신체 구속성에 맞선 정신적 승리의 부정이다. 모든 흡혈귀 이야기가 이렇게 생겨나며, 흡혈하는 악귀는 그악스런 위협이 된다. 박쥐, 피, 송곳니가 나오는 흡혈귀 이야기의 진실은 거세 콤플렉스의 진실과 동일하다. 신체를 통한 자기원인 기획은 거짓이고, 우리의 신체는 실제로 우리의 불운이다. 즉 신체를 지니고 있는 한, 우리는 피와 동물성이라는 지상의 법칙의 전적인 지배에 종속되는 것이다. 따라서 오로지 십자가 표식만이 흡혈귀를 이길 수 있으며, 오로지 신체와 죽음에 맞선 승리를 약속하는 보이지 않는 영혼의 영역만이 인간을 구원할 수 있다. 그러므로 흡혈귀 이야기는 인간 조건의 모든 진실과 그 너머의 희망을 반영하는 계속 반복되는 공포-수난극이다. 비유대인 아이들을 잡아먹으려는 유대인의 욕구 등등의 역사 전반에 존재하는 피비린내 나는 이야기들도 마찬가지다. 나치에게 유대인이 악마였듯, 마오쩌둥에게 그의 적들은 악마였던 것이다.[51] 악마는 각 문화에서, 심지어 무신론적이고 과학적-인본주의적인 문화에서조차, 불멸성의 영웅적 승리를 저지하는 자이다. 정신적 신격화의 문제에 있어서, 모든 지도자는 마르틴 루터와 근본적 친연성을 드러낸다. 왜냐하면 그는 인간의 영광스러운 정신이 육신에, 개인적 욕구와 이기심에 결박된 것을 개탄해야 하기 때문이다. 리프턴이 아주 적절하게 지적하듯, (서구 세력에 굽신대는 중국 정부를 비난하는) 마오의 지저분한 서정시는 정확히 루터를 상기시킨다. "외국 지도자 중 하나가 방귀라도 뀐다면, 그건 그윽한 향기로세."[52] 악마는 항상 신체와 천상을 뒤섞으며, 타락한 자본주의 세계를 사회주의 낙원처럼 보이게 만든다.

결론: 문화는 영웅적 죽음 부정의 양식이다

이 모든 논의로부터 교훈을 끌어내기는 매우 쉽다. 비록 그 교훈이 구식 스타일로 사회 이론을 수행하는 사람들에게는 충격적이겠지만 말이다. 계몽주의부터 마르크스, 베버, 카를 만하임, 소스타인 베블런, C. 라이트 밀스로 이어지는 연속성이 존재함은 아주 명약관화하다. 랑크, 버크, 덩컨, 리프턴의 분석에서 중요한 사항은, 그들이 정확히 전통적 구원의 종교 드라마가 현재 취하고 있는 **세속적** 형태들을 드러낸다는 점이다. 우리는 이제 기본적 인간 동기를 나타내는 사회적 표현의 일반적 범위에 관한 아주 훌륭한 작업 목록을 지니고 있으며, 이것이 위대한 베버의 작업의 완성을 표상한다고 주장하기는 쉬울 터이다. 베버는 이미 동양과 서양을 막론한 사방에 존재하는 몇몇 역사적 사회의 사회적 드라마를 보여줬다.

하지만 히틀러와 스탈린을 포함하는 우리의 더 거대하고 심지어 더 비극적인 역사적 경험을 통해, 우리는 베버적 전통에 훨씬 더 많은 생명력과 비판력을 부여할 수 있다. 우리는 그 전통을 원시인부터 현대의 혁명적 단일체에 이르기까지 확장할 수 있으며, 그렇게 하는 와중에 그 전통을 인간적 동기부여의 몇몇 보편적 원리에 위치시킬 수 있다. 삶과 죽음의 원초적 신비를 해결할 수 있는 어떠한 세속적 방법도 존재하지 않기에, 모든 세속적 사회는 허위이다. 그리고 그러한 신비에 대해 그 어떤 확실한 인간적 응답도 존재하지 않기에, 모든 종교적 통합은 신비화이다. 이것이 우리가 다다른 냉철한 결론이다. **각 사회는 악과 죽음에 대한 승리를 약속하는 영웅 시스템이다.** 하지만 어떤 인간도, 7억 명에 달하는 순결한 혁명적 인간 집단조차 그러한 약속을 지킬 수 없다. 개인이나 집단이 아무리 우렁차게 혹은 아무리 교묘하게 저항한다 해도, 악과 죽음을 이기는 수단은 인간의 수중에 있지 않다. 세속적 사회에서 그것은 터무니없는 일이다. 세속적으로 '승리'는 어떤 의미일 수 있는가? 종교적 사회에서 승리는 현실의 또 다른 차원에 대한 맹목적이고 쉽게 믿을 수 있는 신념의 일부이다. 따라서 각 역사적 사회는 희망 섞인 신비화이거나 확고한 거짓이다.

많은 종교인은 히틀러와 스탈린이 자신의 추종자에게 종교적 속죄와 불멸성의 등가물을 제공하기 위해 자행했던 엄청난 희생자 수에 탄식했다. 인간은 경험의 진솔한 종교적 차원을 상실하면 훨씬 더 필사적이고 광폭해지는 듯했다. 인간은 자신만의 힘으로 지구를 순수한 낙원으로 만들고자 애쓸 때, 훨씬 더 악마적이고 사악해져야만 했다. 하지만 종교적 통합이 불러온 희생양의 수를 살펴보면, 우리는 종교적 신비화가 이제껏 존재해온 다른 것들만큼이나 위험하다는 덩컨의 말에 동의할 수 있다.[53] 어떤 세계관도 확고한 진리에 대한 권리는 지니지 않으며, 더 거대한 순수성에 대한 권리는 더 말할 필요도 없다. 적어도 순수성이 사회적 세계에서 역사적으로 실천되어온 내력을 보면 그러하다. 늘 그렇듯 해링턴은 이를 아주 다채롭게 요약한다.

> 지상과 천상의 낙원을 설계한 사람들은 수백 년 동안 서로 싸우고, 헐뜯고, 훼방 놓았다. 누군가는 통제되지 않는 오만이라는 (즉 신의 보복을 무릅쓰고 만인의 기회를 위태롭게 한다는) 혐의를 받지만, 다른 누군가는 미신이라는 (즉 신비 앞에서 굽신댄다는) 혐의를 받으며, 각각은 상대방이 영원한 삶으로 가는 길을 가로막고 있다고 본다.[54]

도스토옙스키는 러시아의 유일한 희망이 그리스도의 몸을 숭배하고 자족적 소농을 보유하는 것이라고 생각했다. 우리는 스탈린주의가 만든 희생자 수를 보며 애석해할 수 있지만, 도스토옙스키의 해결책이 만든 희생자 수도 따져보고 비교해볼 수 있어야만 할 터이다. 사회 이론의 형태가 뚜렷하기 때문에, 우리는 어떤 추상적 주장에도 휘말릴 필요가 없다. 각 역사적 사회가 어떤 면에서 허위이거나 신비화라면, 사회에 대한 연구는 **허위의 폭로**가 된다. 사회에 대한 비교연구는 **이 허위의 대가가 얼마나 큰지에 대한 평가**가 된다. 혹은 다른 관점에서 보면, 문화는 근본적이고 기본적으로 **영웅적 죽음 부정**death denial**의 양식**이다. 따라서 내가 보기에 우리는 경험에 근거하여 그러한 죽음의 부정에 따르는 대가가 무엇인지 물어볼 수 있다. 왜냐하면 우리는 어떻게 이런 부정이 삶의 양식으로 구조화되는지 잘 알고 있기 때문이다.* 이 대가는 대략 두 가지 방식으로 집계될 수 있다. 하나는 사회 내부에서 자행되는 폭정의 측면에서이고, 다른 하나는 사회 밖의 외국인 혹은 "적"에게 자행되는 희생물 만들기의 측면에서이다.[55]

희생양 만들기의 비용을 산정하고 인간의 원초적 두려움을 흡수할 대안적 이상을 계획하려고 노력함으로써, 우리는 인간의 자유

---

* 프란츠 보르케나우는 역사에서 죽음을 부정하는 문화, 죽음을 거부하는 문화, 죽음을 수용하는 문화가 번갈아 나타난다고 말한다. 하지만 내가 보기에 이런 종류의 분류는 오히려 초월의 서로 다른 유형들을 언급하는 것 같다. 우리는 여전히 각 문화에서 자기 영속이 어떻게 확보되는지 물어야 한다. 소수의 지식인 입안자에게 어떠한지는 아니더라도, 집단에게 어떻게 확보되는지는 물어야 하는 것이다. Franz Borkenau, 〈죽음의 개념The Concept of Death〉(《20세기The Twentieth Century》 vol. 157, 1955, p. 317)을 참조하라.

회피에 대한 마르크스주의적 비판을 최신판으로 갱신한 듯하다. 그리고 마침내 죽음 부정이라는 사회적 문제를 확고하게 파악한 듯하다. 마르쿠제의 에세이 제목처럼, 마르크스주의적 관점에서 죽음은 하나의 이데올로기이다. 이는 비록 죽음이 자연적 공포라 할지라도, 이 공포는 항상 자신의 지배를 확고히 하려는 기득권 세력에 의해 이용되고 착취되어왔다는 뜻이다. 죽음은 엘리트가 유순하고 순종적인 대중에게 자신의 의지를 관철하도록 돕는 사회적 통제와 억압의 수단으로서, 원시시대부터 사회가 활용해왔던 '문화 메커니즘'이다. 결국 문화의 정의는 죽음 초월이라는 자기원인 기획의 연장이다. 따라서 우리는 인간 굴종의 치명성과 자연스러움을 알고 있다. 인간은 이 두려움으로 인해 부족, 경찰, 국가, 신이 자신을 확고히 지배하도록 돕는다.[56]

이 문제를 이런 측면에서 표현할 때, 우리는 이 문제가 얼마나 거대한지, 그리고 과학을 수행하는 우리의 전통적 방식을 넘어 얼마나 멀리 확장되는지 알 수 있다. 산더미 같은 인간 목숨을 대가로 치르는 영웅적 행위에 관해 거론할 때, 우리는 왜 그러한 영웅적 행위가 기성 사회 시스템 내에서 수행되는지 알아내야 한다. 즉 누가 누구를 희생양으로 만드는지, 어떤 사회계급이 영웅주의에서 배제되는지, 사회를 자기 파괴적인 영웅적 행위를 향해 맹목적으로 몰아가는 사회구조 속에는 무엇이 존재하는지 등등을 찾아내야만 한다. 이뿐만 아니라 우리는 실제로 모종의 해방적 이상을, 무심하고 파괴적인 영웅주의를 대체할 모종의 생명을 부여하는 대안을 세워야만 한다. 우리는 인간에게 나르시시즘적 희생양 만들기의 단순한 반영이 아닌 영웅적 승리의 기회를 부여할 책략을 짜기 시작해야 한다. 우리는 파괴적이지 않으면서도 **승리하는** 사회 시스템의 가능성을 상상해야 한다. 두 세대도 더 전에 윌리엄 제임스가 자신의 유명한 에세이 〈전쟁의 도덕적 등가물 The Moral Equivalent of War〉에서 설계했던 것이 바로 이 문제이다. 하지만 두말할 필요도 없이 우리는 실제적 사회의 차원에서는 물론 개념화의 차원에서조차 이에 관해 아무런 일도 하지 못했다. 사태가 엉망진창인 것은 별로 놀랍지 않다.

사회과학자들이 그러한 설계에 더디게 착수했던 이유 중 하나는, 인간 본성에 관한 적절하고 합의된 일반 이론이 없었기 때문이다. 제임스에게는 그런 이론이 없었고, 우리가 프로이트의 진짜 유산을 발굴해내는 데 착수하기까지는 아주 오랜 시간이 걸렸다. 현대 마르크스주의는 여전히 인간의 모든 측면을 보여주지 못하며, 따라서 원숙한 학자에게는 그 단순한 낙관주의로 인해 여전히 순진해 보인다. 마르크스주의에 프로이트 학설을 주입한 마르쿠제의 작업에서조차, 인간 조건에 관한 논평은 너무 어설프다. 이 책의 말미에서 나는 마르쿠제에 대한 비판을 요약할 것이지만, 지금 당장은 인간 본성에 관한 합의된 일반 이론을 탐색하는 과정에서 **정확히 무엇이 개인의 자율성을 손상시키는가**라는 질문으로 독자를 이끄는 것이 중요하다. 자유롭고 자율적인 인간에 대한 계몽주의의 희망은 한 번도 출현한 적이 없다. 한 가지 이유는 프로이트가 등장하기 전까지, 우리는 인간을 그토록 비극적으로 비굴하게 만드는 정확한 역학에 대해 알지 못했다는 것이다. 왜 모든 요청이 우리에게 두려움을 장악하라고, 올곧게 우뚝 서라고, 합리적 통제를 반영하는 사회에서 과학을 건설하라고 명령하는가? 왜 이 명령들은 그토록 불가능할 정도로 유토피아적인가? 우리는 이미 이 책에서 그 이유를 대부분 살펴보았다. 이제 여기에 마지막 기술적 조각을 끼워 맞추는 일만 남았다. 이는 우리가 마침내 사회과학을 위한 프로이트의 유산을 한데 모을 수 있게 해줄 것이다.

전이

프로이트는 분석 대상인 환자가 분석가에 대한 강렬한 애착을 형성한다는 점을 목격했다. 분석가는 환자의 삶의 핵심, 모든 생각의 대상, 완전한 매혹이 되었다. 이것이 기이한 현상임을 깨달은 프로이트는, 이를 전이轉移, transference라고 설명했다. 다시 말해 환자가 한때 자신의 부모에 대해 가졌던 감정을 자기 삶의 새로운 권력자인 의사에게 전이하는 것이다. 전이를 보편적 메커니즘으로 활용하여 자신의 발견을 이론적 체계로 확장한 뒤, 프로이트는 지도자의 심리학에 관심을 기울였고 《군중 심리학과 자아 분석Massenpsychologie und Ich-Analyse》을 펴냈다. 100쪽이 채 안 되는 이 책에서, 그는 왜 인간이 집단 속에서 역할을 할 때 그토록 순한 양이 되는지 설명했다. 즉 어떻게 그들은 자신이 보호받는 자녀로서 부모에게 복종했을 때 그랬던 것처럼, 자신의 자아를 지도자에게 의탁하고 지도자의 권력과 동일시하는지 해명했다.

알프레트 아들러, 랑크, 에리히 프롬, 융, 그리고 다른 이들의 작업을 통해, 차츰 우리는 프로이트를 기반으로 하는 전이에 대한 좀 더 포괄적인 관점으로 강조점이 이동하는 것을 목격했다. 그래서 오늘날 우리는 전이가 인간 조건의 숙명성의 반영이라고 말할 수 있다. 강력한 타자로의 전이는 우주의 압도성을 관리한다. 강력한 타자로의 전이는 삶과 죽음의 공포를 다룬다. 중언부언을 피하기 위해, 나는 관심 있는 독자에게 《죽음의 부정》에서 통째로 전이에 대해 다루는 7장 〈인격이 부리는 주술〉을 권한다.

9장

사회 이론:
마르크스와 프로이트의 융합

우리가 어디에 이르렀는지 살펴보기 위해 잠시 뒤를 돌아보자. 3장에서 확인했듯, 루소는 우리가 앞선 다섯 장에서 다루어왔던 문제들을 해명하려는 노력에서 중요한 출발점이었다. 즉 우리는 어떻게 상대적으로 무해한 원시의 인간 상태로부터 억압, 타락, 대규모의 불행과 악이 생겨났는지 다뤄왔다. 하지만 루소의 논지는 전통적 마르크스주의 이론과 마찬가지로, 인간 부자유의 심리학적 차원에 관해 충분히 고려하지 않는다. 우리는 이번 장에서 이 문제를 더 밀고 나갈 것이며, 심리학적 측면을 그것이 귀속되는 바로 그 장소, 즉 사회 이론의 핵심부에 위치시킬 것이다.

루소를 광인으로 여길 뿐 전혀 진지하게 취급하지 않았던 보수주의자들은 마르크스주의 이론에도 결코 동의하지 않았다. 프랑스혁명에 몸서리를 쳤던 에드먼드 버크와 다른 이들이 이해한 바에 따르면, 마르크스주의는 여전히 인간 본성을 건드리지 않고 내버려두었기에, 다시 한 번 상대적으로 개탄스럽고 비극적인 사태를 초래해야 했다. 19세기에는 원시 공산주의, 정복에 의한 국가의 기원 등등에 관한 마르크스 이론의 많은 측면을 둘러싼 의견 불일치가 오랫동안 이어졌다. 하지만 이 모든 것은 하나의 문제에 오롯이 토대를 둔다. 그 문제는 인간 본성이다. 마르크스주의자는 인간이 부자유한 이유가 타인의 권력에 의해 강압되기 때문이라고 생각했다. 보수주의자는 인간이 부자유한 이유가 인간 사이의 타고난 차이 때문이라고 말했다. 누군가는 더 열심히 일하고, 누군가는 더 강하며, 누군가는 더 많은 재능과 재주를 지녔기에, 만사는 생래적으로 불평등하다는 것이다. 사람들은 함께 일해서 불균등한 재능의 결실을 맺어 거둘 필요가 있었기에, 사회는 그 본질상 불평등한 이들 사이의 불평등한 분배에 대한 필연적이고 자발적인 합의이다. 불평등이 현대에 더 증대되었다면, 그래도 모든 사람이 향유할 수 있는 결실도 증가하지 않았나. 또한 재능 및 기타 등등의 차이도 마찬가지로 더 커지지 않았나. 그래서 보수주의자는 과거에나 현재에나 급진주의자를 발끈하게 만드는 도덕적 분노와 부정의의 인식으로부터 상대적으로 자유로웠다. 하지만 그들 자신은 혁명들이 초래한 인명 희생과 불행에 단단히 화가 났다. 그 혁명들은 사태를 바로잡을 것이라 여겨졌지만, 인간을 전보다 더하진 않더라도 전과 다름없는 노예이자 천민으로 만들었을 뿐인 듯했다. 차르 시대에 정치범은 간수에게 뇌물을 줄 수 있었지만, 오늘날 소비에트 러시아에서는 어떤 반정부 인사도 흰 가운을 입은 국가의 정신과 의사를 매수하여 감방에 처박힌 상태에서 빼내 줄 수 없다.

현대적 폭정의 전면적 결정론이라는 생각에 몸서리친다면, 우리는 19세기에 그랬듯이 보수주의적 주장이 설득력 있음을 인정해야 한다. 특히 오늘날 우리는 (적어도 이론적으로는) 어떻게 역사적 불평등이 발생했는지 매우 정확하게 알고 있기 때문에 더욱 그러하다. 그리고 우리는 이 과정이 국가의 성립 훨씬 이전에 시작되었음을 알고 있다. 실제로 우리가 3장에서 보았듯 불평등은 원시사회 자체에 내재했고, 심지어 수렵채집 사회처럼 가장 단순하다고 알려져 있는 가장 평등한 사회에도 내재했다. 이런 사회에는 지위 구별이 없었고, 한 개인이 다른 개인에 대해 갖는 권위가 거의 혹은 전혀 없었다. 원시인은 매우 소박한 소유물만 지녔기에, 부의 실제적 차이가 없었다. 재산은 균등하게 분배되었다. 하지만 이런 수준에서도 개인의 차이는 인정되었고, 이미 사회적 차별화의 맹아가 형성되었다. 이 차별화는 점차 지위 구별, 축적된 부, 세습적 특권, 착취적 국가의 궁극적 성립과 공고화로 귀결될 터이다.

3장의 루소에 관한 논의로 돌아가 보면, 루소의《인간 불평등 기원론》은 인간 사이의 불평등에서 가장 중대한 요소로서 개인의 특성 차이를 강조함으로써 보수주의적 주장을 **지지하는** 듯 보인다.[1] 혹은 이 에세이가 오류와 공상적 추측으로 채워져 있지 않다면, 그런 주장을 기꺼이 지지할 것이다. 나는 독자에게 루소의 에세이를 평가하는 부담을 주지는 않을 것이다. 즉 나는 공상적 인류학에 바탕을 둔 이 에세이에 담긴 통찰 중 무엇이 훌륭하고 무엇이 우스꽝스러운지 선별하지 않고, 단지 두 개의 결정적 논점만 거론할 것이다. 첫 번째는 기초적 오류이다. 즉 사회 진화의 초창기에 인간이 개인적 특성의 차이에 영향을 받지 않던 시절이 있었다는 주장이다. 루소가 이 입장을 견지할 수 있었던 까닭은 사회 진화에 대한 그의 정말로 공상적인 개요 덕분으로, 그 개요에서 그는 인간을 처음에는 고립된 동물, 가족 집단조차 이루지 않고 살아가는 동물로 간주한다. 가족 생활은 차츰 진화했고, 그다음에 부족 생활이 진화했다. 그리고 그즈음에는 "각자가 남을 주목하고 또 자신도 남에게 주목받길 원하기 시작했고, 공적 평판이 가치를 지니게 되었다."[2] 루소의 유명한 개념인 "자연 상태"는 "스스로에 자족하는" "야만인"의 시대와 더불어 시작된다. 그것은 인간이 자연 상태에서 벗어나 사회 상태로 들어갈 때 종료된다. 인간은 "타인의 견해에 맞춰 살아가는 법을 아는" "항상 자기 바깥에 존재하는 사회적 인간"이 되었다. 그래서 루소는 인간의 추락이 "인간의 원초적 상태"에서 시작되지 않았고, "오직 사회의 정신과 그것이 낳은 불평등만이 우리의 모든 자연적 성향을 변화시키고 변질시킨다"고 주장할 수 있었다.[3] 그 성향이란 우리의 "자연적" 고립성, 타인의 개인적 특성에 대한 우리의 "자연적 면역성"이다.*

---

* 인간이 자신의 영장류 선조들처럼 항상 모종의 가족 집단에서 살아왔음을 밝혀주는 진화의 데이터와 이 명제를 맞세우는 것은 의미 없다. 혹은 자존감이 모유와 아이가 습득하는 첫 낱말에서 유래하는 인공적 권리임을 증명하는 사회심리학의 데이터와 맞세우는 것도 의미 없다. 또는 루소의 설명이 얼마나 편리하게도 논점을 흐리는지 지적하는 것도 의미 없다. 루소는 "야만인"이라는 단어를 자연 상태의 첫 단계와 마지막 단계에 있는 사람들을 지칭하기 위해 썼는데, 그의 분석에 따르면 그 마지막 단계에서 그들은 이미 "사교적" 인물이었기에 타락했다. 루소가 "야만인"으로 칭송하는 카리브 부족들이 자연 상태에 존재했다고 보기는 힘든데, 왜냐하면 그들은 이미 "권력과 명성" 같은 것에 대해 충분히 잘 알고 있었던 "사교적" 인물들이었기 때문이다. Jean-Jacques Rousseau, *The First and Second*

루소의 에세이에 담긴 공상의 두 번째 논점은 사실에 기반을 두고 있기에 더 이해하기 쉽다. 그는 자기 시대의 원시사회에서 재화의 축적을 확인하지 못했기에, 원시인이 "그저 살면서 한가롭게 지내기를" 바랐고 재화를 축적하기 위해 일하길 거부했다고 생각했다. 문명사회에서 축적된 재화는 그런 축적을 위해 노예가 되었던 사람들에게 가시적인 짐이었고, 이는 사회적 불의의 직접적 원인이었다. 그래서 루소는 원시적 상태가 즐거운 게으름과 자유의 상태였다고 말할 수 있었다.[4] 하지만 우리는 이것이 잘못된 결론임을 알고 있다. 사냥꾼과 채집자들이 잉여를 축적하지 못한 까닭은 그들이 잉여를 원하지 않았기 때문이 아니라, 오히려 원시적 기술과 생계형 경제 때문이다. 그들은 이미 더 많은 아내 갖기, 사냥터에 대한 특권 얻기 등등을 열렬히 원했다. 자기 확장을 향한 충동은 있었지만, 그것을 충족할 기회나 세계관은 없었다. 또는 브라운의 주장에 따라 말하자면, 자연 상태는 한가하지 않고, 다른 모든 인간 상태처럼 항문기적이다.

루소의 저술 이래로, 우리는 원시인에 관해 수집된 방대한 자료로부터 무언가를 깨달았다. 원시인이 살아 있는 개인의 권위에 결

Discourses, 1755[New York: St. Martin's, 1964], ed. R. D. Masters, p. 179. [《인간 불평등 기원론》, 주경복·고봉만 옮김, 책세상, 2018, 153쪽])을 참조하라. 하지만 "야만인"이라는 용어를 이렇게 탄력있게 사용함으로써 루소는 사회형태에 선행하는 이상적 인간에 대해 거론할 수 있었으며, 또한 자기 시대의 원시적 사회들을 그 자신의 서구 사회에 대한 이상적 비판으로서 활용할 수 있었다. 그리하여 루소는 자연적 불평등이 부와 타락을 초래한다고 비난할 수 있었고, 동시에 불평등이 선진화된 사회적 삶의 인위적 창조물이라고 질타할 수 있었다. 이렇게 해서 루소는 불평등의 심리학에서 불평등의 **역사적 부정의**로 은연중에 옮겨갔다.

박되지 않았을 경우, 그는 영혼의 힘에 완전히 종속되었다. 삶과 죽음에 대한 인간의 두려움 때문에, 부족은 죽은 자의 영혼에 의해 저당 잡혔다. 또는 어떤 부족 사람들이 죽음을 두려워하지 않는 듯하다면, 그 이유는 그들이 집단 이데올로기(어떤 이데올로기든 상관없이)에 스스로 몰입함으로써 이 두려움을 변형시켰기 때문이었다. 이제 이를 통해 우리는 루소와는 완전히 반대되는 입장, 심지어 사회 진화에 관한 그의 공상적 개요에 비춰 봐도 상반된 입장에 도달한다. 즉 자연 상태에서 고독한 개인은 심지어 사회에 도달하기 이전에도 이미 **부자유**하다. 개인은 살기 위해 필요한 속박을 자기 내부에 지니고 있다. 오늘날 우리는 루소가 어떻게 삶이 사회적 억압으로부터 자유로운 상태일 수 있었는지 상상하기 위해, "자연 상태"라는 관념을 탐색 가설로서 활용했음을 알고 있다. 우리는 이 관념이 얼마나 강력한 비판 도구였는지, 어떻게 이 관념이 마르크스부터 멈퍼드에 이르기까지 일관되게 국가를 지배 구조로서 강조하도록 도왔는지 또한 알고 있다. 하지만 사실 인간은 결코 자유롭지 않고, **출발**점으로서의 자기 본성으로부터 자유로울 수 없다. 극소수의 개인은 수년간의 경험과 노력 끝에 자유를 **성취할** 수도 있다. 그리고 그들은 루소가 경멸했던 선진 문명이라는 조건하에서 이를 가장 잘 성취할 수 있다.

지금까지 확인했듯, 각 인간 유형은 그럴 수 있는 힘만 있다면 스스로를 영속화하려 애쓴다. 자신에게 열려 있는 방법을 통해 스스로를 확장하고 강화하기 위해 애쓴다. 하지만 원시적 차원에서 권력을 쥔 인물은 바로 그들의 위험한 권력 때문에 항상 의심받았다.

그로 인해 마녀 등등에 대한 줄기찬 불안이 존재했다. 제임스 프레이저는 초기 부족에서 마법적 힘을 체현한 인물(마녀뿐만 아니라 사제-왕 역시)이 부족 구성원을 위해 준비된 희생양이었음을 보여줬다.[5] 왕이 이후에 무기력한 대중에게 자신의 의지를 행할 진짜 권력을 얻게 되자, 그 권력을 무자비하게 휘둘렀다는 점은 놀랍지 않다. 이러한 관점에서 보면 지중해 연안의 거대한 노예국가의 신성한 왕은 성년에 이르러 무제한의 권력을 얻게 된 초창기 샤먼이다.[6] 그는 스스로 희생양이 되는 대신 전체 백성을 자신의 제물용 동물로 삼곤 했고, 마음대로 그들을 군사적 학살로 끌고 갔다고 할 수 있다. 이러한 종류의 역전의 논리는 거의 불가피하다. 카네티가 매우 적절하게 주장했듯, 각 개인은 **생존자**가 되길, 죽음을 속여서 주위에 아무리 많은 사람이 쓰러지더라도 자신은 선 채 버티길 원한다. 부족사회에서 **사람들**은 할 수만 있다면 생존자로 남으며, 심지어 이를 위해 안전한 상호성과 공생의 일반적 수준으로부터 스스로를 지나치게 멀리 떨어뜨려 놓는 임시적 권력자를 희생시키기도 한다. 이후의 폭정 국가에서 왕이 이 절차를 역전시키는 것은 지극히 당연했다. 8장에서 보았듯, 자기 백성이 아무리 많이 죽든 상관없이 혹은 심지어 그들이 죽기 **때문에**, 왕은 **바로 그** 생존자로 판명된다.[7]

이렇게 보자면, 역사는 누군가의 문제를 다른 누군가에게 전가하는 장대한 이야기다. 그 개인이 권력을 쥐고 있지 않다면 (혹은 '무기'가 예술이라면) 무해하게, 권력을 쥐고 있고 무기가 국가 전체의 무기고일 때는 무자비하게. 이 전설담은 현대에도 강압을 감추고 사회적 합의를 강조하는 형태로 지속되지만, 그 화법은 동일하다. 권력을 집중시키는 데 소질이 있는 개인들, 그리고 권력에 굶주리고 권력을 두려워하는 군중. 각 사회는 대중에게 영웅적 승리, 죄에 대한 속죄, 개인적 갈등의 구제를 부여하는 재능이 있는 지도자를 숭배하고 그에게 보상한다. 이를 어떻게 달성하는지는 상관없다. 즉 마법적 종교 제의를 통해서든, 마법적인 활황 중인 주식시장을 통해서든, 5개년 계획의 마법적이고 영웅적인 달성을 통해서든, 마나로 가득 찬 군사적 거대기계를 통해서든, 혹은 이 모두를 합친 것을 통해서든 상관없는 것이다. 중요한 것은 사람들에게 그들이 마땅히 원하는 자기 확장을 부여하는 일이다. 권력을 쥔 사람은 수많은 다양한 형태의 사회적·경제적 구조를 통해 권력을 행사할 수 있는데, 이 모두를 떠받치는 것은 보편적인 심리적 허기이다. 이 허기야말로 생사가 걸린 계약으로 인민과 권력자를 한데 묶는다.

인간의 본성

불평등의 기원에 관한 물음은 복잡한 마르크스주의 역사철학의 문제 가운데 절반에 불과하다. 나머지 절반은 루소가 홉스와 벌인 논쟁이 결코 만족스럽게 해결되지 않았다는 점이다. 마르크스주의자는 루소와 더불어, 인간 본성이 중립적이고 심지어 선한 빈 서판이라고 말했다. 악은 악을 조장하는 사회제도 때문에, 이 제도에서 발원하는 사회계급, 증오, 질시, 경쟁, 타락, 희생양 만들기 때문에 존재한다. 사회를 바꾸면, 인간의 자연적 선량함은 만개할 터이다. 보수주의자는 그렇지 않다고 말하며, 사회계급을 철폐했지만 개인적 악과 사회적 악이 지속적으로 표출되는 혁명적 사회를 그 증거로 제시한다. 따라서 악은 분명 생명체의 핵심에 자리 잡고 있다. 사회제도가 할 수 있는 최선은 악을 둔화시키는 일이다. 그리고 과도한 억압 없이 개인 권리의 합법적 보호 장치 내에서 이 작업을 효과적으로 수행하는 사회제도, 바로 이러한 사회제도는 변화되어서는 안 된다. 보수주의자는 이렇게 주장한다.

이 물음은 인간과학의 핵심 질문이었고, 그 학문의 전체 전개에서 가장 얽히고설킨 문제였다. 따라서 논리적으로 이것은 해결되어야 할 마지막 문제다. 나 자신도 10여 년이 넘게 이 문제로 거듭해서 돌아왔고, 확실한 해결책이 있다고 생각했던 매 순간 나는 필수적인 사안들이 언급되지 않고 남겨져 있음을 나중에 발견했다. 처음에는 루소가 홉스와의 논쟁에서 이미 승리를 거둔 것처럼 보였다. 홉스가 악은 건강한 아이라고 말하지 않았던가? 그렇지만 루소가 주장했듯, 아이들은 순진하게 활동과 자기 확장을 추구하지만, 아직 스스로를 통제할 수 없기에 자신의 환경에 모종의 피해를 입힐 수밖에 없는 서투르고 과시적인 유기체이다. 아이들의 행동이 해를 끼친다고 해도 의도는 악하지 않다. 이런 관점에서 인간은 자신의 통제력을 행사해야 하는 에너지 변환적 유기체로서, 활동적 존재라는 자신의 본성 때문에 어떤 식으로든 자기 세계에 해를 끼칠 수밖에 없으며, 다른 사람을 불편하게 만들 수밖에 없다. 인간은 아주 불확실한 권력에 기반해서 자기 확장을 꾀한다. 인간이 다른 사람을 해친다 해도, 그 이유는 그가 약하고 두려워서이지 자신감 있고 잔인해서는 아니다. 루소는 이러한 관점을 약자가 아닌 강자만이 윤리적일 수 있다는 생각으로 요약했다.

나중에 나도 마르크스주의자에게 동의하여, 인간에게서 증오와 폭력적 공격성이 특별한 종류의 문화적 지향으로서 발전될 수 있다고 보았다. 이는 사람들이 크고 중요해지기 위해 배운 것이다. 마치 몇몇 부족에서 적에 대한 잔인함 등등으로 인해 전쟁을 배우고 사회적 존경을 받게 되는 것처럼 말이다. 프로이트의 생각과 달리 인간은 증오와 공격성이라는 본능을 지니지 않으며, 오히려 그들에게 보상을 주는 사회에 의해 그런 식으로 쉽사리 주조될 수 있다. 인간을 특징짓는 것은 자존감에 대한 욕구이며, 이를 얻기 위해서는 사회가 바라는 무엇이든 할 것이다.

이런 관점에서 보면, 희생양 만들기와 그것이 역사적으로 초래했던 끔찍한 사상자 수조차 루소의 용어로 설명되는 듯하다. 인간이 가장 원했던 것은 친애하는 내부 집단의 일원이 되고, 자기와 같은 부류인 다른 사람들과 평화롭고 조화로운 관계를 맺는 일이다. 이러한 내밀한 동일시를 성취하기 위해서는, 이방인을 공격하고 외부 표적에 초점을 맞춤으로써 집단을 결속시킬 필요가 있었다. 이렇게 되면 나치의 희생양 유린에 관한 덩컨의 분석조차 중립적 동기 혹은 심지어 사랑, 조화, 통합이라는 이타적 동기라는 측면에서 접근할 수 있다. 그리고 한나 아렌트의 아이히만에 대한 유명한 분석 역시 이에 들어맞는다. 여기 한 명의 단순한 관료가 있는데, 그는 자신이 효율적으로 수행한 일에 대한 칭찬과 보상을 원했을 뿐이며, 우체국 직원의 무심함으로 수백만 명이 죽도록 고무도장을 찍었던 셈이다. 지금껏 보았듯, 우리는 아가페Agape적 동기 밑에도 이런 태도가 있다고 가정할 수 있다. 인간은 더 큰 전체와 합일하기를, 믿음과 겸손으로 자신의 존재를 바칠 수 있는 무언가를 갖기를 원한다. 인간은 우주적 힘에 복무하고 싶어 한다. 따라서 가장 고귀한 인간 동기가 가장 거대한 피해를 끼치는 이유는, 인간이 복종하는 무리의 일원으로서 자신의 최고의 쓰임새를 찾고 완전한 헌신과 목숨을 지도자에게 바치도록 이끌리기 때문이다. 현대인의 동기를 이해하는 데 최고의 재능을 지닌 아서 쾨슬러*는 최근에 이 점을 재확인했다. 그의 견해로는 역사에서 가장 막대한 사상자를 초래했던 요인은 공격적 충동이 아니라, 오히려 "이타적 헌신", "피被암시성과 결합된 과다 의존성"이다. 이는 앞 장의 마지막 대목에서 다루었던 바로 그 문제들이다. 쾨슬러의 관점에서 보면, 인간은 아드레날린에 추동되기보다는, 상징, 문화적 신념 체계, 깃발이나 국가 같은 추상물에 중독되어 있다. "전쟁은 말을 두고 벌이는 싸움이다."[8] 다시 한 번, 루소는 정당화될 것이다.

루소는 에리히 프롬의 공격성에 관한 일생에 걸친 연구에 의해서도 뒷받침될 수 있는데, 프롬은 이 연구에서 공격성은 많은 부분 아이들이 양육된 방식과 사람들이 겪은 삶의 경험의 유형에서 기인한다는 것을 보여준다. 이 관점에서 보면, 가장 뒤틀리고 사악한 이들은 가장 불우하고 애정과 온기와 자아실현에 있어 가장 많이 배반

* [옮긴이] Arthur Koestler(1905~1983). 헝가리 태생의 영국 작가이자 저널리스트이다. 전체주의에 대한 비판을 담은 소설《한낮의 어둠Darkness at Noon》으로 세계적 명성을 얻었다.

당한 사람일 터이다. 스트레인지러브 박사*는 세상을 파멸로 이끄는 일종의 기계적 냉정함과 삶의 좌절을 표상하는 패러다임일 것이다.[9] 다시 말하지만 이는 온전히 마르크스주의적 시각이다. 즉 현대사회의 삶을 부정하는 제도를 바꾸면 새로운 유형의 인간이 형성될 수 있다는 것이다.[10] 프롬은 온전히 완성된 계몽주의의 희망을 대변하는데, 그는 무엇이 자립적 인간을 방해하는지 **임상적으로** 증명하고자 한다. 이는 프롬의 모든 작업에 부과된 짐이었다. 즉 그는 자율성의 이상을 주장하는 동시에, 개인의 심리학과 사회 사이의 상호작용에서 무엇이 그 이상을 방해하는지 정확히 보여주고자 했다. 이런 식으로 예속화에 관한 모든 역사적 문제가 공격을 받는다. 19세기의 위대한 러시아 사회학자 니콜라이 미하일롭스키Nikolai Mikhailovsky가 말했듯, 사람들은 항상 기꺼이 자신의 의지를 양보하고 영웅을 숭배할 태세를 갖추고 있는데, 그 이유는 그들에게 주도권, 안정성, 독립성을 발전시킬 기회가 주어지지 않았기 때문이었다.[11] 랠프 월도 에머슨 역시 이 점을 자기 평생의 핵심 교훈으로 삼았으며, 인간이 여전히 타인의 도구인 까닭은 그 자신이 자립과 완전히 독립적인 내면을 발달시키지 못했기 때문이라고 여겼다. 프롬은 오직 이런 방식으로만 인간이 모종의 안정된 용골龍骨을, 즉 자신이 사디즘과 마조히즘의 두 극단을 영원히 오가지 않게 해줄

* [옮긴이] 스탠리 큐브릭 감독의 1964년 영화 〈닥터 스트레인지러브Dr. Strangelove Or: How I Learned To Stop Worrying And Love The Bomb〉의 등장인물이다. 미국 정부를 위해 일하는 나치 출신의 천재 과학자이자 전쟁광이며, 휠체어를 타고 있고 외계인 손 증후군(자신의 한 쪽 손을 의지대로 통제할 수 없는 상태)을 앓는 인물로 묘사된다.

모종의 내적 자이로스코프를 얻을 수 있다고 주장한다.

루소에 반대하여

인간의 삶에서 공격성의 문제에 관한 통찰은 이렇게 그 윤곽을 그릴 수 있다. 이미 말했듯 이러한 통찰은 그 문제를 포괄하는 듯했지만, 중요한 무언가는 항상 말해지지 않은 채 남아 있었다. 랑크의 저작을, 그리고 그 뒤에 브라운의 저작을 마주하기 전까지, 난 그 공백을 메울 수 없었다. 이제 나는 그 문제를 더 밀고 나가서 포괄적 결론에, 즉 인간악에 관한 일반 이론에 이를 수 있다고 본다. 악은 우리가 개괄한 모든 것에 더하여, 그들이 빠뜨린 한 가지, 즉 이 모든 것의 바탕을 이루는 강력한 추동력으로부터 발원한다. 그 추동력은 **정당한 자기 확장과 영속화를 향한 인간의 갈망**이다. 우리가 모든 단편적 통찰을 한데 합쳐 인간 본성에 관한 양측의 관점을 결합시키는 일에 그토록 오래 걸린 것은 놀랍지 않다. 악을 초래하는 가장 커다란 원인은 모든 인간적 동기를 하나의 거대한 역설에 포함시켰다. 선과 악은 너무도 분리 불가능하게 얽혀 있어서 구별할 수 없다. 악은 선을 낳고, 선한 동기는 악을 낳는 듯하다. 그 역설은 **악에 대한 영웅적 승리를 추구하는 인간의 충동으로부터 악이 발원한다는** 점이다. 인간을 가장 괴롭히는 악은 자신의 취약성vulnerability이다. 인간은 자기 삶의 절대적 의미를, 우주 속에서 그 의미의 중요성을 보장하는 일에 무력해 보인다. 따라서 인간은 **이 삶과 이 세계에서** 자신의 우주적 영웅주의를 완수하려 노력함으로써, 악의 창궐을 보장한다. 이는 7장 앞에 인용한 랑크의 말이 정확히 의미했던 바이다. 인류의 견딜 수 없는 모든 고통은 전체 자연 세계에 **자신의** 현실, 자신의 영웅적 승리를 반영시키려는 인간의 시도로부터 생겨난다. 따라서 인간은 지상에서 자신의 우주적 중요성을 입증하는 가시적 증거인 완벽성을 성취하기 위해 노력한다. 하지만 이 기념물은 오로지 저편에 의해서만, 인간의 가치를 유일하게 알고 있는 창조의 원천 그 자체에 의해서만 최종적으로 주어질 수 있다. 왜냐하면 그 저편만이 인간의 임무, 인간의 삶의 의미를 알기 때문이다. 인간은 가시적 세계와 그 너머의 세계라는 두 영역을 혼동했고, 이 맹목은 그가 불가능한 일에 착수하도록 내버려뒀다. 즉 자신의 한정된 가시적 영역의 가치를 어떤 형태로든 간에 나머지 모든 창조의 영역으로 확대하려 했던 것이다. 따라서 역사의 비극적 악은 그런 장대한 맹목성과 불가능성에 상응하는 결과이다.

이는 동시에 우리가 그린 윤곽에서 말하지 않은 동기들에 관해 해명해준다. 루소와 마찬가지로 홉스도 옳았다. 인간은 강건하게 활동적인 생물체이다. 활동만이 인간이 광기에 사로잡히지 않도록 막아준다. 인간이 수렁에 빠져서 자신의 상황을 반추하기 시작하면, 자신의 무의식에 억압되어 있는 신경증적 두려움을 풀어놓을 위험이 있다. 인간이 정말로 무력하며 세상에 아무런 영향도 끼치지 못하리라는 그 두려움 말이다. 그래서 인간은 미친 듯이 스스로를 다그쳐서 자신의 영향력을 **확인하고**, 자신이 정말로 중요하다는 점을 스스로와 타인에게 납득시키려 한다. 이것만으로 악이 스스로 발생하기에 충분하다. 자신의 힘에 대한 개인적 불안을 지닌 에너지 넘치는 유기체가 바로 인간이다. 대상(대부분의 경우 인간적 대상)을 향하지 않는 인간의 에너지가 있을까? 다시 말해 인간은 어떤 식으로든 자신의 개인적 문제를 전이 대상에게 투여한다. 오늘날 정신과 의사들이 지적하듯, 인간의 전체 삶은 자신과 타인이 얽히는 일련의 '게임'으로서, 대부분의 경우 모종의 권력 시나리오에 따라 반추적이고 충동적으로 진행된다. 극작가 외젠 이오네스코는 그가 생각했던 이 게임의 진짜 문제를 이러한 한탄 속에 요약했다. "불멸성을 확신하지 못하는 한, 우리는 결코 완성되지 못할 것이고, 서로 간의 애정에 대한 욕구에도 불구하고 서로를 증오할 것이다."[12] 우리가 할 수 있는 가장 일반적 진술은, 적어도 각 개인은 타인을 어떤 식으로든 '전유하여' 스스로를 영속화하려 한다는 것이다. 이런 의미에서 '삶의 양식'은 자신의 정당한 자기 영속을 확보하기 위해 타인을 전유하는 양식이다. 모든 상호작용이 서로 간의 전유이기에, 우리는 사회적 삶에 자연적이고 내장된 악이 존재한다고 말할 수 있다. 그 직접적 사례를 우리는 지도자가 집단과 맺는 관계에서 확인했다. 제자가 스승을 흡수하는 동안, 스승은 제자를 먹이로 삼는다. 사회적 삶은 때때로 과학-공포 소설 같아서, 모두가 마치 인간 거미처럼 서로서로를 뜯어 먹는다.

역사적으로 우리는 이것이 군중과 권력자 사이의 대화에서 어떻게 작동하는지 확인했다. 하지만 우리는 또한 어떻게 인간의 에너지와 공포가 사회조직의 가장 단순한 차원에서 악을 창조했는지도 보았다. 우리는 대체로 영혼 권력의 동기와 죄에 관해 언급하지만, 때때로 사정은 훨씬 단순하고 직접적이었다. 즉 그것은 순전히 육체적 식욕의 문제일 수도 있다. 멜라네시아와 남미의 몇몇 부족에서 그랬듯, 어떤 부족은 인육의 맛을 사랑했고, 단순히 식욕이라는 동기로 인해 포로가 된 남자, 여자, 아이들을 즐겁게 열정적으로 흡수했다고 할 수 있다. 때때로 인간은 부족 내에서의 개인적 좌절, 성적 질투와 슬픔의 해소, 혹은 단순한 지루함으로 인해 전쟁에 나섰다.[13] 원시적 수준의 삶은 단조로울 수 있으며, 그래서 전투는 종종 새로운 경험, 여행, 진정한 자극의 주요 원천이었다. 실제로 원시적 수준에서는 전투가 타인을 전유하고 자신의 삶을 그들과 엮기 위한 '게임'이었다는 사실이 거의 명백하다. 우리는 이것을 플레인스 인디언 사이에서 선명하게 확인하는데, 그곳에서 전투는 종종 정말로 부족 간에 벌이는 일종의 운동경기였다. 하지만 유기체적 충동은 그 본성상 사디즘적이며, 원시인은 종종 승리를 만끽하고 으스대려는 욕망 때문에 포로로 잡힌 적에게 악행을 저질렀다. 그들은 자신을 긍정하기 위해, 그리고 타인을 모욕함으로써 자기 자신의 중요성에 관한 인식을 높이기 위해, 고문을 행했다. 그래서 정신적 동기가 없더라도, 어떠한 형태로든 저세상과 관련된 야망이 없더라도, 유기체로서의 인간은 자신의 동물적 힘을 느끼며 즐기기 위해 악을 저지른다. 다시 말하지만 이는 홉스가 확인했던 바로서, 순전한 에너지가 악을 불러온다는 것이다.

이 문제를 길게 다루면서 내가 보여주고자 한 핵심은, 영웅적 승리를 향한 인간적 충동 이면의 강력한 개인적 동기를 강조하지 않고서는 악의 심리학을 가질 수 없다는 것이었다. 겉보기에는 미천하고 수동적이며 무관심한 사람들이 양 떼처럼 이끌려 사악한 행위를 하며, 인간이 군중 속에서 자신의 판단력을 쉽사리 잃어버리고, 군중의 수와 함성과 기막히게 표현된 슬로건과 화려한 깃발에 휩쓸리는 듯 보일 수 있다. 이것을 우리는 공격성에 관한 "어수룩한 구경꾼impressionable spectator" 이론이라고 부를 수 있다.[14] 의심의 여지 없이 자신을 둘러싼 집단의 규모와 열광은 인간을 엄청나게 자극한다. 결국 인간은 권력을 숭배하고, 군중의 광경에 매료되어 그 수가 지닌 명백한 힘에 반응할 수밖에 없다. 자연이 인간을 편애한다는 가시적 증거는 인간 종족이 이토록 증식했다는 사실이다. 자연은 인간의 승리를 편드는 듯하다. 부버가 보았던 또 다른 사실은, 인간이 다른 인간의 얼굴을 보고 자신의 영웅적 운명을 믿게끔 자극받는다는 것이다. 그 얼굴은 인간으로부터 밝게 빛나는 창조의 기적을 보게 한다. 그리고 이 기적이 그 눈과 머리 속 깊이 동일한 믿음을 품고 있다는 사실은, 당신으로 하여금 이러한 자신의 믿음이 자연의 창조에 의해 뒷받침된다고 느끼게 한다. 그러한 수천 명의 기적이 당신과 함께 행진하는 모습을 보고 느끼는 일이 그처럼 절대적이고 당연한 확신을 선사하는 것은 별로 놀랍지 않다.

따라서 집단적 열광이라는 사실에 관해서는 논쟁의 여지가 없다. 문제는 이것이 공격성의 원인으로서 얼마나 중요한가이다. 로렌츠는 이것이 가장 중요한 원인이라고 생각하지만,[15] 프로이트는 "정신적 감염"과 "무리의식"의 초기 이론가인 귀스타브 르 봉과 윌프레드 트로터Wilfred Trotter에 맞서면서 이미 그 중요성을 격하시켰다.[16] 프로이트는 "왜 무리로부터의 감염인가"라고 묻고, 그 동기를 무리의 특성이 아닌 개인에게서 찾았다. 우리는 어떻게 지도자를 멈춤으로써 군중을 멈출 수 있는지, 혹은 어떻게 지도자가 살해되었을 때 공황 상태가 초래되는지 알고 있다. 프로이트는 어떻게 군중이 지도자와 동일시하는지 설명했다. 하지만 그 이상으로 우리는 또한 인간이 자신을 권력자와 동일시할 때 자기만의 동기도 스스로에게 부여함을 확인했다. 인간이 영향받기 쉽고 순응적인 까닭은 마법적 조력자를 **기다리고 있기 때문이다.** 인간이 집단의 마법적 변환에 굴복하는 까닭은 **그 자신**이 갈등과 죄로부터의 구원을 원하기 **때문이다.** 인간은 지도자의 선제적 행동을 뒤따르는데, 그 이유는 자신이 거룩한 공격에서 **즐거움을 얻으려면** 그에 앞서 마법이 필요하기 때문이다. 인간은 군중의 물결과 함께 제물이 될 희생양을 죽이기 위해 나아가는데, 그 이유는 물결에 휩쓸려서가 아니라 자신의 삶과 다른 이의 삶을 심리적으로 물물교환하길 **좋아하기** 때문이다. '나 말고, 네가 죽어.' 동기와 욕구는 상황이나 환경이 아닌 인간에게 있다.* 쾨슬러가 인정하듯, 실제로 자기 초월을 향한 인간의 충동, 대의를 향한 헌신은 개인적 공격성보다 역사에 더 많은 참상을 낳았고, 끔찍한 집단적 증오는 자기 집단의 구성원에 대한 애정, 그 집단의 이름으로 기꺼이 죽을 수 있는 태도에서 자양분을 얻는다.[17] 원시인이 확인 가능한 신들과 충성을 바칠 거대한 사회적

* 이러한 동기에 지도자와 집단 중 어느 쪽이 더 영향을 끼치는지의 질문에 관해, 우리는 프리츠 레들Fritz Redl이 개진했던 노선을 따라 그 문제를 탐구해야 할 것이다. 이 문제는 아마 영웅적 대의가 (예컨대 제2차 세계대전에서 연합군의 대의처럼) 특정 지도자에 상관없이 구성원이 느낄 수 있는 명확한 형태와 연속성을 띠는지, 혹은 (히틀러와 나폴레옹이 그랬듯) 지도자 자신이 그 대의에 형태와 연속성을 부여하고 자신의 육신으로 그 대의를 체현하고 대변하는지에 달려 있을 것이다.

집합체를 발굴하자마자, 그들 자신의 타고난 사디즘적 욕구는 역사에서 볼 수 있는 타자의 대규모 희생으로 전환되었다는 것을 우리는 알고 있다. 사람들은 더 이상 뇌를 먹거나, 마법적 힘을 얻기 위해 압축하거나, 적을 조롱하기 위해 적과 마주하는 땅에 심을 머리통을 구하러 다니지 않았다. 폴리네시아나 서부 아프리카에서 그렇듯, 우리는 이제 제단 바닥을 깔기 위한 두개골을 충분히 확보할 수 없다. 하지만 쾨슬러의 추론 과정은 우리를 동물적 두려움이 아니라 오직 고귀한 인간의 희망에만 바탕을 두게 될 집단 심리학으로 이끈다. 일찍이 원시인은 실제로 타인의 머리를 자신의 고양감을 위해 취했다. 아무리 사소하고 개인적인 종류의 고양감일지라도 말이다. 실제로 아이히만은 독가스의 작용을 실제로 목격했을 때 몸이 아팠다고 하는데, 이는 그가 개인적으로는 사디스트가 아님을 증명한다.[18] 하지만 이는 그가 살인 행위에 대한 개인적 이해관계가 없음을 증명하지는 않는다. 프로이트가 최종적으로 가르쳐주었듯, 인간은 자신이 순진하게 휘말려서가 아니라, 자신의 **욕구**에서 기인하는 모순으로 의해 둘로 쪼개진다. 그리고 랑크가 덧붙였듯, 인간이 가장 순종적이고 예속적일 때, 그는 자신의 본성 속 아가페적 충동을 발산하고 있는 것이다. 인간이 지도자와 집단의 비위를 맞추기 위해 몸부림칠 때, 그들은 초월에 포함될 수 있는 가치를 인정받기 위해 절대적 선함과 순수함의 자격을 얻으려 애쓴다. 개인이 자발적으로 집단에 스스로를 바치는 이유는 그 집단의 불멸성을 공유하려는 **자신의 욕망** 때문이다. 우리는 심지어 인간이 죽지 **않기** 위해서 기꺼이 죽으려 한다고 말해야만 한다.

이 문제를 바라보는 또 다른 방식은 인간의 기본적인 일반적 동기(자존감과 뛰어난 가치를 지녔다는 느낌에 대한 욕구)가 중립적인 그릇이 아니라고 말하는 것이다. 사실 그 내용은 각 개인과 각 사회에 따라 다양하다. 사람들은 온화한 자기 가치를 느끼는 서로 다른 방식을 습득한다. 나 자신은 자존감의 동기가 유연하고 중립적이라고 쓰고 주장해왔지만, 이제는 꼭 그렇진 않다는 것을 알고 있다. 사실 사람들이 스스로에 대해 만족해야 할 때를 절대적으로 결정하는 본능은 없다. 하지만 자존감은 '정당함' 혹은 '마땅하다'는 느낌과 같다. 이는 자존감이 능동적 열정에 토대를 둔다는 뜻이다. 인간은 자신이 악에 대한 영웅적 승리, 불멸성에 대한 확신으로 살아가지 않는 한 정당하다고 느낄 수 없다. 따라서 애초부터 자존감은 보편적으로 이 임무를 짊어지고 있으며, 그 임무를 어떻게 해결하는가에 따라 그 형태가 주어진다. 물론 이는 자존감이 아이의 자기원인 기획의 문화적 연속성에 기반을 둔다고 말하는 또 다른 방식이다. 자존감은 늘 이런 식으로 이해되어왔다. 이제야 우리는 이러한 자기원인 기획의 특성은 결정적이고 변경될 수 없다고 덧붙인다. 그 특성은 바로 불멸성의 확보이다(개인과 사회가 불멸성을 어떻게 이해하든 상관없다).

이 논점을 따라 우리는 공격성에 관한 프롬의 접근법에 중요한 사항을 덧붙여야만 한다. 좌절하고 박탈당하고 나약하고 개별화되지 못한 사람들이 매우 쉽게 공격성을 표출한다는 것은 사실이다. 임상 기록은 이를 선명하게 보여준다. 삶을 두려워하는 기계적인 사람들, 확실한 권력 감각을 통해 사태를 통제할 필요가 있는 사람들, 살아 있는 존재보다 무생물적 대상을 선호하는 사람들 등등이 존재한다는 것도 사실이다. 프롬은 이들을 "생명 애호자" 혹은 생명을 사랑하는 사람과 대비시켜, "시체 애호자" 혹은 죽음을 사랑하는 사람이라고 부른다. 이는 성격 구조에서 가치 있는 특징인데, 그것이 우리로 하여금 아이를 두 가지 일반적 방향으로 이끌 수 있는 서로 다른 양육 방식에 초점을 맞추도록 돕기 때문이다. 하나는 따뜻한 인간성의 감정을 발달시켜주는 삶에 대한 사랑으로 가는 방향이며, 다른 하나는 이러한 감정을 억누르는 "쇠퇴 증후군"으로 귀착되는 방향이다. 할 수만 있다면 우리는 다른 사물들을 대할 때보다 컴퓨터를 더 존중하는 젊은 세대를 양육하는 일을 거부하고 싶을 것이다. 프롬은 세상이 현재 핵 파괴의 위험에 직면했다는 사실을 설명하는 하나의 지표가 현대의 호모 메카니쿠스Homo mechanicus[기계적 인간]의 광범위한 확산이라고 말한다. 프롬은 사람들이 완전한 파괴를 두려워하지 않는 까닭이, 삶을 사랑하지 않거나 삶에 무관심하거나 심지어 완전한 파괴의 전망에 매혹되어서 죽음에 이끌리기 때문이라고 말한다.[19]

우리가 알고 있는 바에 따라, 나는 단순히 죽음을 사랑하는 사람보다는, 기계의 힘과의 동일시를 통해 자신의 불멸성을 얻는 문화적 유형의 인간에 관해 이야기하는 것이 진실에 더 가까우리라고 생각한다. 기계 신의 통치 아래에서 자행되는 대규모 파괴는 현대인이 동일시할 수 있는 확고하고 효율적인 힘의 확장에 바치는 찬사이다. 그러나 이는 죽음 자체의 적막함에 대한 매혹은 아닐 것이다. 내가 보기에 이 매혹은 불교적 정서에 더 가깝다. 다시 말해 모종의 성숙과 초월의 성취인 것이다. 기계적 인간은 생명체를 경멸하고 두려워할 수도 있지만, 내 생각에 그 이유는 다름 아니라 기계적 인간이 기계가 지닌 삶과 죽음에 대한 권력이 생명체에게는 없다고 느끼기 때문이다. 따라서 기계적 인간에게 영원성의 상징은 삶과 죽음 모두를 초월하는 기계이다. 심지어 히틀러에게도 죽음은 그 자체가 목적이 아니라, 더 강한 활력, 더 나은 질서로의 권력 변환이었다.

하지만 이 모든 것은 단지 문화적·임상적 유형에 대한 해명이 갖는 부차적 딜레마에 불과하다. 이런 것들을 정리하는 데는 더 많은 노력이 필요할 것이며, 우리는 아주 포괄적이고 암시적인 방식이 아니면 결코 그 작업을 수행할 수 없다. 공격성의 문제를 정상적 유형부터 병리적 유형까지 이르는 연속체에 위치시키려는 프롬의 시도에는 훨씬 더 중차대한 사안이 존재한다. 우리는 그 사안이 무엇인지 즉시 알 수 있다. 나약하거나 기계적이거나 병리적이거나 '원시적이고 원초적인' 유형뿐만 아니라, 뚱뚱하고 유쾌한 유형, 즉 어린 시절 충분한 보살핌과 사랑을 받았던 사람들도 공격성을 내보인다. 원자탄을 투하한 사람은 옆집에서 성장한 온화하고 다정한 소년이다. 매년 살해한 수백 명의 죄수의 머리를 산더미처럼 쌓아 올리라고 신호를 보냈던 다호메이의 왕들은, 마거릿 미드가 호의적으로 서술했을 법한 아동 양육을 받았을 것이다. 그 이유는 긍정적이고 단순하다. 인간은 좌절감과 두려움 때문만이 아니라, 기쁨과 풍성함과 삶에 대한 애정 때문에도 공격성을 드러낸다. **인간은 악에 대한 영웅적 승리의 숭고한 기쁨 때문에 넘쳐나도록 살해한다.** 그게 전부다. 임상적인 분류와 세부 사항은 이와 무슨 관련이 있을까?

내 생각에 나약한 사람은 압박을 가하면 훨씬 쉽게 타인의 목숨을 빼앗아 자신의 목숨을 부지하지만, 강한 사람은 그럴 가능성이 더 낮다는 건 사실이다. 대부분의 사람들은 악에 대항하는 싸움 같은 종류의 기치 아래 있지 않는 한, 대체로 살해하지 않는다는 것 또한 사실이다. 이런 경우 우리는 쾨슬러처럼 인간이 아니라 그 기치, 선전 문구, 인위적 신념 체계를 탓하고 싶어진다. 하지만 기치는 인간을 감싸서 결박하지 않는다. 인간이 기치를 만들고 그 기치를 움켜쥔다. 인간은 삶을 설득력 있는 의미로 포장해줄 믿을 만한 말을 갈구한다. 도스토옙스키가 아주 잘 지적했듯, 인간은 만약 (자신의 상황을 납득시켜줄) 근사한 말이 없으면 죽을 것이다. 그들이 죽는 까닭은 그 말이 삶을 근사하게 장식해주기 때문이 아니라, 그 말이 없으면 행동이 완전히 멈추며, 행동이 멈추면 무력함을 괴롭게 자각하게 되고 동물적 삶이 주는 막막한 허무감이 시작되기 때문이다. 말은 두려움을 제거하고 그 자체로 희망을 체현한다. 내 생각에는 바로 지금이 사회과학자가 심리학자로서의 히틀러를 따라잡아야 할 때이며, 인간이 대의의 정당성에 대해 납득했을 경우 그 의기양양한 대의에 영웅적으로 속하기 위해 무슨 일이든 하리라는 것을 깨달아야 할 때이다. 나는 인간에게서 우주적 영웅주의를 향한 충동을 면제해줄, 다시 말해 악을 판별하고 그 악에 맞서 행동하는 일로부터 벗어나게 해줄 그 어떤 심리학도, 아직까지는 지구상의 그 어떤 조건도 알지 못한다. 단 하나를 제외한 모든 경우에, 이는 또한 악을 체현하는 개인에 맞서는 움직임을 뜻한다. 물론 그 하나의 사례는 위대한 종교들의 가르침이고, 그 현대적 외관인 평화주의 또는 비폭력이다. 이는 기술심리학descriptive psychology이 멈추게 되는 2천 년 묵은 이상인데, 그 이유는 이 이상이 인간사와 인간의 마음에 아직 거의 흔적을 남기지 못했기 때문이다. 하지만 우리는 이 책의 결론에서 이 중요한 가치의 문제로 다시 돌아올 것이다.

(원본 원고의 이 대목에 이르러, 다윈주의에 관한 현대적 접근법을 연구하는 데 할애된 자료를 빼자는 결정이 내려졌다. 이 연구는 현재 다른 곳에 별도로 출판되었다.* 빠진 내용에 담긴 저자의 의도는 근본적으로 인간적 동기라는 쟁점에 관한 생물학자와 문화과학자 간의 간극을 연결하는 것이었다. 두 과학자 진영 간의 차이는 도출된 결론이 아니라 전제와 접근법의 차이에서 드러난다. 인간의 원초적 동물성에 관해서는 과학자들 사이에 합의가 존재한다. 그 합의란 인간은 환경에 좌우되며, 자유롭거나 완전히 합리적으로 또는 충분한 자기 인식을 지니고 행동하지 않는다는 사실이다.

로렌츠, 다윈, 프로이트, 랑크, 브라운은 모두 비합리성을 인간의 근본적 일부로 본다. 이 문제에 대한 저자의 답변은 더 광범위한 현상학 분야의 접근법을 취해서, 인간을 유기체적 자기 확장을 향유하며, 스스로 강력함을 느끼고 죽음을 몰아내고 싶어 하는 동물로 보자는 것이다. 이 접근법을 통해 원초적 동물성이, 그리고 본능적

* 관심 있는 독자는 Ernest Becker "Toward the Merger of Animal and Human Studies," *Philosophy of the Social Sciences* vol. 4, nos. 2~3, June-September 1974, pp. 235~254을 참조하라.

환원주의가 놓친 더 커다란 현상학적 문제가 모두 다뤄진다.)

결론: 사회 이론의 형성

앞서 보았듯, 불평등은 급진주의자들의 생각처럼 오직 사적 소유의 출현과 국가적 지배 구조의 전개와 더불어 생겨난 것만은 아니다. 그렇지만 보수주의자들이 원했던 만큼 "자연적"이지도 않았다. 억압적 권력은 항상 "합법적 질서"에 복무해왔다.[20] 마찬가지로 인간 본성은 루소와 마르크스가 바랐던 만큼 중립적이지 않다. 그렇지만 인간 본성은 보수주의자들이 현상 유지를 위해 주장하는 것처럼 필연적으로 사악하지도 않다. 급진 이론가들은 인간이 정치적이고 경제적인 평등을 부여받는다 해도, 어떤 형태로든 부자유를 여전히 환영하리라는 것을 깨달아야만 한다. 보수주의자들은 복종하거나 복종하지 않을 자유, 자신의 권력을 권위에 위임할 자유는 그렇게 자유롭지 않다는 점을 인식해야만 한다. 그것은 애초부터 권력과 권위에 대한 인간 지각의 본성 자체에 의해 강제된다. 사람들이 부와 사회적 권력을 축적하기 위해 활용하는 '재능'은 정신과 육체의 자질에서의 몇몇 실제적 차이에서 기인할 수도 있다. 하지만 타인을 신비화하는 재능은 폭정을 일삼는 군주이다. 그것은 반드시 자연적이거나 중립적이지 않고, 오히려 무지, 환상에 대한 갈망, 두려움에 의해 빚어진 부분적으로 인공적인 것이다. 이렇게 재능은 인간 해방이라는 과학적 문제의 일부이며, 자연적 사물의 질서 속에 전적으로 머물 운명은 아닌 것이다.[21]

불평등의 심리학적 차원의 복잡성과 인간 본성의 핵심에 자리한 부자유가 이데올로기적 진영에 굳건히 뿌리 내린 그 누구도 확실히 만족시킬 수 없다면, 이 사안들에 대해 무엇을 해야 할지 또는 어떻게 접근해야 할지 아는 일은 더더욱 힘들어진다. 이데올로기의 다원주의는 이 문제들을 지나쳐 계속 말하고 행동할 것이다. 하지만 몇 가지는 분명해 보인다. 비록 급진주의자는 좋아하지 않을 수 있지만, 사회에 대한 과학은 루소와 마르크스가 그 과학을 처음 실현했던 때보다 훨씬 더 천천히 조심스레 진행되어야 할 것이다. 물론 과학이 폭력 혁명에 복무하지 않는 경우에 말이다. 이런 경우 애석하게도 우리가 알아버린 것처럼, 존재하게 될 새로운 사회는 공개적으로 과학적일 가능성이 훨씬 적다. 보수주의자에 대해 말하자면, 비록 그들은 두려움에 뒷걸음치겠지만, 인간과학이 계몽주의가 전망했던 절대적으로 비판적이고 개량적인 사회과학이 되지 못하게 막을 것은 존재하지 않는다. 인간 본성에는 가장 철저한 사회 변화와 유토피아적 야망을 미리 파멸시키는 그 무엇도 존재하지 않는다. 예컨대 만일 인간의 타고난 공격성이 표출되어야만 하는 충동이라면, 모든 사회는 "증오의 만족"을 위한 모종의 수단이 있어야 한다고 여겨지곤 했다. 클라이드 클럭혼과 같은 인류학자가 그렇게 주장했다.[22] 수많은 우리 시대 최고의 지성들이 이 문제의 함의를 두고 지난한 싸움을 벌여왔다. 인간이 자기 안에 파괴성의 씨앗을 품고 있다면, 어떤 종류의 인본주의적이고 해방적인 사회 이론도 가질 수 없을 듯하다.[23] 그리고 분명히 전쟁과 희생양 만들기의 역사라는 사실은 클럭혼과 프로이트 및 다른 수많은 학자를 뒷받침하는 듯하다. 하지만 만일 증오가 기본적 충동이나 일정한 본능이 아니라 오히려 죽음과 무력함에 대한 공포에서 연유하며, 증오의 대상에 대한 영웅적 승리로 해소될 수 있다면, 적어도 우리는 그 문제에 관한 몇몇 과학적 이해를 얻게 된다. 인간의 가장 파괴적 동기들을 인정한다고 해도, 사회 내에서 인간과학은 가능하다. 그 이유는 바로 이런 동기들이 드러나고 명확하게 분석될 수 있다는 것, 즉 인간사가 인간의 내면적 삶과 실존적 역설이 주는 고통을 반영하기에 인간사의 모든 영역에서 그 동기들의 전체 구조가 추적될 수 있기 때문이다.

따라서 사회 이론은 급진적이지도 보수적이지도 않으며, 과학적일 따름이다. 그리고 우리는 인간과 사회의 근본적 이미지에 대한 과학적 합의를 시작해야 한다. 만일 우리가 과학에서 합의된 이미지를 갖게 되면, 우리가 8장에서 거론했던 사회적 청사진의 형태로 나아가는 것을 그 무엇도 막을 수 없다. 파괴적이지 않지만 승리를 구가하는 유형의 사회 시스템을 위한 설계 말이다. 우리는 케네스 버크가 원한 것처럼 인간 본성에 관해 완전히 "자연주의적인" 일반 이론을 지니고 있으며, 그 이론은 인류의 "타고난 나약함", 즉 인간 자신의 두려움과 욕구로 인한 희생양 만들기에 대해 "인류"가 이론적으로 "면역을 갖게" 할 수 있다. 우리는 인간의 가장 저급한 동기들을 고려하는 사회적 이상을 고안할 수 있는데, 이제 그 이상은 그런 동기에 의해 직접적으로 부정되지 않는다. 다시 말해 증오 대상은 어떤 특수한 계급이나 인종 혹은 심지어 인간 형태의 적일 필요가 없고, 가난, 질병, 억압, 자연재해 등등의 비非개인적이지만 실제적 형태를 띤 사태일 수 있다. 또는 악이 억압자와 교수형 집행인 같은 인간 형상을 띤다는 것을 안다면, 우리는 적어도 인간에 대한 우리의 증오를 현명하고 유익하게 활용하려 노력할 수 있다. 버크가 그토록 웅변적으로 주장했듯, 우리는 자유의 적, 즉 노예제나 동료의 어수룩함과 나약함을 이용해 먹는 자들에 대적할 수 있다.[24]

나는 이 결론이 해결책을 제시하기보다 더 많은 문제를 야기한다는 점을 인정한다. 왜냐하면 인간은 자신들의 개별적 이해와 개인적 필요에 따라 증오하고 사랑하기 때문이다. 하지만 우리는 한 걸음 더 나아가려 노력해야 한다. 계몽주의 이래 인간과학의 모든 추진력은 결국 악에 관한 객관성이 가능하다는 약속이었다. 이 악에 관한 객관성은 우리가 객관적 증오의 가능성이라고 부를 수 있는 것을 도입한다. 이러한 증오에 대한 해명은 우리로 하여금 다시 한 번 타고난 사디즘의 도덕적 등가물에 대한 윌리엄 제임스의 시대를 초월한 호소로 돌아가게 만들고, 우리의 자기 확장을 삶의 파괴가 아니라 삶의 확대로 전환할 희망을 품도록 해줄 것이다. 마지막으로 만일 우리가 증오하는 이들처럼 우리 자신도 영웅적 승리에 대한 동일한 욕구와 충동 때문에 증오한다는 걸 안다면, 아마도 인간사에 관한 더 온건한 정의의 도입에 착수하는 데 이보다 더 나은 방법은 없을 것이다. 이는 알베르 카뮈가 우리의 악마적 시대로부터 끌어낸 위대한 교훈이다. 카뮈는 각 개인이 납골당의 침묵 속에 있는 올바름보다 타인을 살해하지 않는 그릇됨이 더 우월할 수 있다고 자신만의 방식으로 주장하게 될 날이 오리라는 가슴 뭉클한 희망을 표현했다.

10장

회고와 결론:
영웅적 사회란 무엇인가?

만약 우리가 신성함에 대한 위대한 상징론을 그 본래적 믿음에 따라 더 이상 영위할 수 없다면, 우리 현대인은 비판 속에서 그리고 비판을 통해 두 번째 순진성을 지향할 수 있다.

— 폴 리쾨르[1]

나는 긴 여정을 밟아오면서 죽은 나무로 만든 펄프 용지 위에 많은 양의 잉크를 뿌렸다. 이제 독자의 인내심은 말할 것도 없고, 이렇게 자연의 풍요로움마저 허비한 데 대해 정당화할 때가 되었다. 이를 수행하는 유일한 길은 비록 우리가 인간의 비참한 초상을 그려왔음에도 불구하고, 인간에 대해 아는 것이 인간이 지닌 **가능성**을 우리에게 말해준다는 점을 증명하는 것이다. 우리가 사람들이 바로 원초적 인간 동기에 따라 행위하도록 만드는 게 무엇인지 정말로 파악했다면, 우리는 정말 현명하게 우리 마음속 가장 내밀한 질문을 논의할 수 있을 터이다. 인간이 항상 알고자 열망했던 것, 즉 무엇이 가능한가?

인간과학에 관한 한, 계몽주의 이래 많은 사상가가 사회에 대한 과학에서는 모든 것이 가능하다고 믿어왔다. 루소, 마르크스, 로버트 오언 등 유토피아 사회주의자의 모든 학파 및 오늘날 모든 대륙의 현대 혁명가들은 여전히 이를 믿고 있다. 그들은 우리가 해야 하는 일은 사물의 구조를 바꾸는 것이고, 그러면 새로운 사회가 마치 모든 불순함과 악에서 해방된 빛나는 불사조처럼 등장할 것이라 주장한다. 그들에 따르면 악은 인간의 마음이 아니라 인간이 당연시하는 사회적 배치에 놓여 있기 때문이다. 중세 아랍의 역사가 이븐 할둔은 태초에 세상이 부족 체제 아래에서 얼마나 자유롭고 평등했는지를 인간이 망각했다고 썼다. 인간은 왕권과 국가라는 새로운 시스템 속에서 성장했기에, 상황이 늘 이러했다고 생각하며 불만 없이 받아들인다는 것이다. 마르크스는 그와 동일한 테제를 몇 세기 후에 반복했다. 인간은 자연적 자유의 상태를 더 이상 이해하지 못하기 때문에, 폭정과 자기기만 아래에서 예속된 채 살아간다는 것이다. 혁명가들은 오늘날에도 여전히 순수한 인간이 타락한 사회구조로 몰락했다고 보는 이 역사철학을 소리 높여 외친다.

이 철학이 그토록 매혹적인 이유는 인간에게는 추동력을 얻게 해주는 희망과 이상이 필요하기 때문이다. 인간은 세상을 개선하려 노력하기 위해서라도 가능성과 자신에 대한 믿음이 필요하다는 것이다. 모든 진리는 생명체에 관한 한 부분적 진리이고, 따라서 창조적인 환상은 아무런 문제가 없다. 물론 어느 정도까지만, 즉 환상이 인간 본성처럼 무언가 아주 중요한 것에 대해 거짓말을 하는 지점 전까지만 그렇다. 환상이 그 정도로 허위이면 억압이 되는데, 왜냐하면 거짓으로 새롭게 시작하기 위해 애쓰면 실패하기 때문이다. 나는 이러한 지혜의 조각이 우리 시대에는 이미 진부하다는 걸 알지만, 그 진부함에도 불구하고 우리는 환상을 떨쳐버리지 못한다. 우리는 여전히 환상의 그늘 아래 살고 있다. 소비에트 러시아의 국가 폭정은 인간 심리를 무시한 대가를 지속적이고 일상적이며 경험적으로 상기시켜준다. 전통적 형태의 마르크스주의는 그저 새로운 사회를 향한 올바른 길잡이에 불과하지 않다. 하지만 역설적인 것은 우리가 단순히 이 진부한 진리를 어떻게 다뤄야 할지 모른다는 점이다. 이 점이 마르크스주의 사상과 좌파-인본주의적 사유에 그러한 위기가 닥친 이유이다. 진정으로 성숙하고 정교한 마르크스주의란 무엇인가? 만약 이런 지적을 한데 모은다면, 그것은 사회문제에서 어떤 지점을 가리키는가? 마르크스와 프로이트의 통합은 사회에 대한 과학을 위한 계몽주의적 전망을 앗아가는가? 그렇지 않다면, 우리는 어떤 형태의 과학을 상상하고 매진할 수 있을까? 이는 현대의 과학적 양심이 제기하는 필수적이고 뼈아픈 질문들이다. 우리의 현재 지식은 어떤 종류의 답변을 제시하는가?

역사

자, 무엇보다도 중요한 지점은, 이제 우리는 전반적 심리역학의 측면에서 실제 진행된 역사를 본다는 것이다. 바깥에는 폭정, 폭력, 억압의 서사시가 있고, 내부에는 자기기만과 자기 예속이 있다. 고대부터 인간은 신비화될 것을 요청했고, 곧바로 그 역할을 기꺼이 맡을 존재가 있었다. 인간은 죽은 선조의 힘이, 그다음에는 샤먼, 사제, 신성한 왕, 국가원수의 힘이 부과한 사슬에 매여 있다. 오늘날 우리는 이 오래된 자기 비하의 역사의 내적 역학을 이해한다. 인간은 삶을 견디기 위해 전이가 필요하다. 인간은 자신의 매혹을 통제하고 국지화하며 그 근원에 대한 실질적인 대응책을 발달시킴으로써, 스스로에게 공포에 대한 면역을 부여한다. 그 결과 인간은 압도적인 공포와 매혹 대신에 사소한 공포와 사소한 매혹의 반사체가 된다. 이것은 강제적이고 필수적인 물물교환, 즉 부자유와 생명의 교환이다. 이런 관점에서 역사는 살아남기 위해 생명에 대항하여 스스로를 무력화해야 하는 겁에 질린 동물의 생애이다. 그토록 타인의 목숨을 앗아간 것이 바로 이러한 무력화이다.

모든 유기체는 스스로를 영속화하고자 하며, 계속 경험하고 살아가길 원한다. 이것은 우리가 이해하지 못하지만 매일 목격하는 위대한 신비이다. 궁지에 몰린 쥐를 때려잡으려 할 때, 우리는 그 쥐가 얼마나 미친 듯이 살고 싶어 하는지에 감탄하게 된다. 모든 동물은 죽음이 무엇을 뜻하는지 알지도 못한 채로 이처럼 광란한다. 동물은 어쩌면 상대방의 파괴적 힘이 주는 위험을 감지할 뿐일 터이다. 이는 '자기보존 본능'이 해줄 수 있는 최대한으로서, 이를 통해 동물은 자신을 압도해서 집어삼키려고 위협하는 것에서 벗어날 수 있다. 따라서 모든 유기체에게 대항하고 말살하는 힘은 악이다. 악은 경험을 멈추겠다고 위협한다. 하지만 인간이 정말로 가련한 생물체인 까닭은 죽음을 의식하기 때문이다. 인간은 자신에게 상처를 입히고 질병을 야기하거나 심지어 즐거움을 빼앗아가는 그 무엇이든 악으로 볼 수 있다. 이러한 의식은 또한 인간이 어떤 직접적 위험이 없이도 악에 사로잡혀 있어야만 한다는 뜻이다. 인간의 삶은 악에 관한 명상이 되며, 악을 통제하고 방지하기 위한 계획된 모험이 된다.

그 결과가 인간 존재의 가장 거대한 비극 중 하나, 우리가 '악을 물신화하려는' 욕구라고 부를 만한 것, 즉 삶에 대한 위협을 달래고 통제할 수 있는 어떤 특별한 장소를 특정하는 일이다. 이것이 그야말로 비극적인 이유는 악이 때때로 아주 자의적이기 때문이다. 인간은 악에 관한 환상을 만들고, 잘못된 장소에서 악을 목격하며, 쓸데없이 몸부림쳐서 자신과 타인을 파괴한다. 이야말로 멜빌의 《모비딕》에 담긴 위대한 교훈으로서, 모든 악을 흰고래의 육신에 몰아넣도록 내몰린 한 인간의 특별한 비극이다.[2] 그 결과 그는 자신이 마주치는 거의 모든 사람의 목숨을 자신의 어깨에 짊어지고 사라진다.

죽음에 대한 인간의 동물적 취약성과 그에 대한 상징적 의식의 두 번째 결과는, 자신을 보위해줄 힘을 얻기 위한 투쟁이다. 다른 동물은 그저 자연이 그들에게 부여한 힘과 그 힘을 활성화시키는 중립적 순환을 사용해야 한다. 하지만 인간은 권력을 발명하고 상상할 수 있으며, 권력을 보호할 방법을 고안할 수 있다. 이는 니체가 목격하여 세상을 놀라게 했듯, 모든 도덕적 범주는 권력의 범주라는 뜻이다. 그 범주는 어떤 추상적 의미에서도 미덕에 관한 것이 아니다. 순결함, 선량함, 정당함은 죽음을 속여서 권력을 온전히 유지하기 위한 방법이다. 완벽함을 향한 분투는 이 세상뿐만 아니라 다가올 다른 세상에서도 대단히 특별한 면역성을 획득할 자격을 얻는 방법이다. 따라서 모든 더러움, 오물, 불완전성, 오류 같은 범주는 **취약성**의 범주이자 권력의 문제이다. 어린이에게 일회용 반창고는 이미 그 취약성의 전체적 색조를 확립하는 강박적 종교이다. 청결이 안전인 것이다.

따라서 우리는 유기체로서 인간이 스스로를 영속화해야 하는 운명이며, 의식을 지닌 유기체로서 악을 그 영속화에 대한 위협으로 인식해야 하는 운명임을 안다. 마찬가지로 인간은 스스로를 유기체로서 개별화하고, 자신의 특별한 재능과 성격을 발달시키도록 추동된다. 그렇다면 그 재능을 가장 잘 개발하고 사용하게 해주는 것은 무엇인가? 당연히 악에 대항한 싸움에 이바지하는 것이다. 다시 말해 윌리엄 제임스가 보았듯, 인간은 이 지구를 영웅주의를 위한 무대로 간주하고, 자신의 삶을 바로 악을 초월하는 것을 목적으로 하는 영웅적 행위를 위한 수단으로 간주할 운명이다. 각 개인은 자신의 삶이 인류의 삶에 변화를 가져오고, 어떤 식으로든 인류의 삶을 안전하게 지키고 발전시키는 데 기여하며, 어떤 면에서든 인류의 삶을 덜 취약하고 더 오래 지속되게 만들기를 원한다. 진정한 영웅이 되는 길은 질병, 결핍, 죽음에 대해 승리하는 것이다. 우리는 자신의 삶이 인류의 삶에 진정한 혜택을 가져올 수 있다면, 그러한 자신의 삶이 중요한 인간적 의미를 갖게 된다는 것을 알고 있다. 따라서 인간은 자신의 영웅을, 특히 종교, 의술, 과학, 외교, 전쟁의 영웅을 항상 찬양해왔다. 영웅주의가 가장 쉽게 확인되어온 곳이 바로 여기다. 콘스탄티누스 황제와 예수부터 처칠과 드골에 이르기까지, 인간은 자신의 영웅을 말 그대로 '구원자'라고 불렀다. 그들은 삶의 절멸이라는 악으로부터 인간을 구원한 자들이다. 구원된 것이 인간 자신의 직접적 삶이든, 자기 민족의 지속으로서의 삶이든 간에 말이다. 나아가 영웅은 자신의 죽음을 통해 타인의 삶을 보장하며, 따라서 프레이저가 가르쳐주었듯, 가장 위대한 영웅적 희생은 자기 민족을 위한 신의 희생이다. 우리는 이를 콜로노스의 오이디푸스와 예수에게서, 그리고 오늘날에는 죽어서 방부 처리된 레닌에게서 마주한다. 거인들은 인류를 보호하기 위해 죽었다. 그들의 피로 우리는 구원받는다. 엄청나게 취약한 동물인 인간이 어떻게 영웅적인 것에 대한 광적인 추종을 발달시켰는지는 거의 가련할 정도로 논리적이다.

하지만 영웅성의 논리에 불가피한 악의 물신화를 더하면, 우리는 더 이상 가련하지 않고 무시무시한 하나의 공식을 얻게 된다. 이 공식은 그 자체로 왜 모든 동물 가운데 인간이 지구상에서 가장 커다란 참극, 즉 가장 진정한 악을 초래했는지 거의 대부분 설명해준다. 인간은 죽음을 의식하기 때문에, 죽음에 대한 면역을 얻기 위해 더욱 열심히 투쟁한다. 하지만 악을 자의적으로 규명하고 고립시킬 수 있게 되면서, 인간은 모든 방면에서 이 세상의 상상된 위험들에 대해 비난할 수 있게 되었다. 이는 인간이 살아가기 위해 세상의 많은 부분을 자신의 어깨 언저리에 짊어질 수 있다는 뜻이다. 역사는 그저 영웅주의의 가공할 만한 대가에 대한 기념물에 불과하다. 영웅은 앞서 나아가서 적을 살해하고 그의 부적을 빼앗거나 머리 가

죽을 취하거나 심장을 먹어 치움으로써 힘을 배가시킬 수 있는 존재이다. 영웅은 누적된 힘의 살아 있는 저장소가 된다. 동물은 힘을 얻기 위해 음식만을 취할 수 있지만, 인간은 말 그대로 전체 세계의 장신구와 신체를 취할 수 있다. 나아가 영웅은 전투에서 승리함으로써 자신의 힘을 입증한다. 즉 그는 자신이 신의 호의를 받고 있음을 보여주는 것이다. 또한 그는 이방인을 희생시켜 바침으로써 신들을 위무할 수 있다. 따라서 영웅은 자신의 행위로 힘을 축적하며, 자신의 속죄로 보이지 않는 힘을 달래는 인물이다. 그는 자신의 집단을 위협하는 이들을 살해하고, 자기 집단을 더 보위하기 위해 그들의 힘을 흡수하며, 자기 집단이 면역을 얻도록 타인을 희생시킨다. 한마디로 영웅은 피를 통해 구원자가 된다. 원시인의 머리사냥과 호부護符 사냥부터 히틀러의 홀로코스트에 이르기까지, 그 역학은 동일하다. 즉 순수한 권력의 거래를 통해 악에 대한 영웅적 승리를 거두는 것이다. 그리고 그 목적도 동일하다. 그것은 순결함, 선량함, 정당함, 즉 면역의 획득이다. 히틀러 유겐트는 이상주의에 근거하여 모집되었다. 옆집의 착한 소년이 히로시마에 원자폭탄을 투하한 사람이다. 이상주의적 공산주의자는 자신의 지난 시절 동지에 대항하여 스탈린 편을 들었던 사람이다. 즉 영웅적 혁명을 보위하고 악에 대한 승리를 확보하기 위해 살해하는 것이다. 도스토옙스키가 보았듯, 살해는 때때로 역겹지만, 진정한 영웅주의에 필수적이라면 그 역겨움은 감내된다. 《악령》에서 혁명 조직이 그 동료 중 한 사람을 죽이려는 순간, 한 혁명가가 표트르 베르호벤스키에게 "다른 집단들도 이렇게 하나요?"라고 물었듯이. 달리 묻자면, 그런 행위는 사회적으로 영웅적인가? 혹은 우리는 악을 자의적으로 식별하고 있지 않은가? 각 개인은 스스로의 삶이 자신의 집단이 정의하는 선의 지표가 되길 원한다. 인간은 본시오 빌라도부터 아이히만과 윌리엄 캘리에 이르는 표준적 문화 시나리오에 따라 영웅주의 프로그램을 수행한다. 헤겔이 오래전에 말했듯이, 인간은 악의가 아니라 선의로 악을 초래한다. 인간은 악에 대항하여 영웅적으로 승리하기를 원함으로써 악을 초래한다. 왜냐하면 인간은 승리하려고 애쓰는 두려움에 사로잡힌 동물이자, 자신의 무가치함을 받아들이지 않으려는 동물이기 때문이다. 즉 자기 자신과 자신의 집단을 영원히 영속화할 수 없으며, 영속성을 증명하기 위해 아무리 많은 타인의 피를 뿌리든 상관없이 어느 누구도 죽지 않을 수는 없기 때문이다.

이 모든 사안을 집약하는 또 다른 방법은, 선의에 기인하는 악이라는 헤겔의 관점과 매우 구체적으로 사악한 **동기**에 초점을 맞추는 프로이트의 관점을 대조하는 것이다. 프로이트는 악을 인간의 마음에 영원히 갇혀 있는 인간의 숙명으로 보았다. 이는 프로이트에게 인간의 미래에 대한 그토록 어두운 관점을 갖게 했다. 많은 시선이 인간의 가능성에 관한 예언을 기대하며 그 위대한 인물을 주시했지만, 프로이트는 마법사-예언자인 체하면서 사람들에게 거짓 위안이 담긴 예측을 주기를 거부했다. 프로이트는 후기 저술에서 이렇게 지적했다.

내게는 동료 인간 앞에 한 명의 예언자로 우뚝 설 용기가 없고, 그

들에게 아무런 위안도 주지 못한다는 그들의 비난에 머리 숙인다.[3]

이는 역사상 가장 위대한 인간 연구자 중 한 사람의 진지한 고백이다. 하지만 나는 이 고백을 그 진솔함이나 겸허함 때문이 아니라, 그 파토스의 이유 때문에 인용한다. 인간의 미래가 프로이트에게 문제적이었던 까닭은, 인간을 추동했고 아마도 인간을 항상 추동하게 될 충동 때문이다. 앞서의 인정 바로 뒤인 책의 말미에서, 프로이트는 이렇게 쓴다.

> 내가 보기에 인류에게 운명적인 물음은 인류가 (…) 공격과 자기파괴라는 인간 본능을 (…) 지배하는 데 성공할 것인지, 한다면 어느 정도까지 성공할 것인지이다.

인간이 이룩할 수 있는 최대한은 이 본능 위에 문명과 이성이라는 겉치레를 걸쳐놓는 것이다. 하지만 악의 문제는 프로이트가 이보다 3년 전인 1927년에 썼듯 "모든 아이와 함께 새롭게 태어나며", 이는 바로 본능적 소망, 즉 근친상간, 살해 욕망, 식인 풍습 등의 형태를 띤다.[4] 이는 인간의 혐오스러운 유산이며, 인간은 이 유산을 세상에 향해 영원히 수행할 운명인 듯하다. 인간에 관한 칸트의 유명한 언급은 이제 한낱 철학적 격언이 아닌 과학적 판단이 되었다. 인간을 만든 뒤틀린 목재로는 그 어떤 곧은 것도 만들 수 없다.

하지만 오늘날 우리는 프로이트가 악에 관해서 틀렸다는 것을 알고 있다. 인간은 뒤틀린 목재가 맞지만, 프로이트가 생각한 방식으로는 아니다. 이것이 중대한 차이인 까닭은, 우리가 인류의 미래에서 문제적인 것에 관한 프로이트의 생각에 정확하게 기반을 두고 그를 따를 필요는 없다는 뜻이기 때문이다. 그 대신 만일 랑크와 일반적 인간과학을 따른다면, 우리는 가장 오래된 "본능적 소망"에 관한 전혀 다른 그림을 얻게 된다. 근친상간은 불멸성의 동기이며, 융이 매우 잘 기술했듯 인간의 자가수정self-fertilization이라는 관념을 상징한다.[5] 즉 생물학의 패퇴와 종 번식의 죽음을 상징하는 것이다. 랑크가 아주 명쾌하게 주장했듯, 가족 내의 아이에게 이는 정체성의 동기일 수 있고, 즉각 한 개인이 되는 길이자 가족 이데올로기를 해체함으로써 복종하는 아이라는 집단적 역할에서 벗어나는 길이기도 하다.[6] 역사적으로 파라오 같은 고대 왕들의 남매혼은 분명 왕이 소유했던 귀중하고 신비한 마나의 힘을 보존하고 증진시키는 방법이었을 것이다. 식인 풍습이 종종 고기에 대한 순전한 식욕, 어떠한 정신적 함의도 없는 순전히 관능적 유형의 흡수라는 쾌락에 의해 동기부여가 되어왔던 것도 사실이다. 그러나 방금 지적했듯, 대부분의 경우에 그 동기는 마나의 힘과 관련된다. 이는 왜 식인 풍습을 지탱하는 영혼 권력에 대한 믿음이 뒤에 남겨진 채 잊혔을 때, 그 풍습이 인간에게 한결같이 거부감을 불러오는지를 대부분 설명해준다. 식인 풍습이 본능적 욕구의 문제라면 훨씬 더 오래 지속됐을 터이다. 이제 우리는 살해 욕망 역시 대체로 심리적 문제임을 알고 있다. 살해 욕망에서 사악한 동물적 공격성의 만족이라는 문제는 핵심이 아니다. 우리는 인간이 종종 헌신뿐만 아니라 욕구와 흥분 때문에도 살해한다는 것을 알고 있다. 하지만 이는 오직 사냥꾼으로 태어난 동물, 그리고 덫에 걸린 무기력한 먹잇감을 희생해서 자신의 유기체적 활력을 극대화하는 느낌을 즐기는 동물에게만 논리적이다.

진화와 수백만 년의 선사시대를 통해 이만큼이 우리에게 주어졌다. 하지만 특정한 즐거움과 양식으로 순결함과 영웅주의에 대한 욕구를 충족시키는 것에 대해 말하는 것이, 그 즐거움 자체가 욕구를 향한 동기라는 말은 아니다. 프로이트는 인간을 망치는 건 인간의 욕구라고 생각했지만, 우리가 이제는 알고 있듯 실제로 인간을 망치는 건 인간의 동물적 한계이다. 진화의 비극은 제한 없는 지평을 지닌 제한된 동물을 창조했다는 점이다. 인간은 자기 세계를 자신이 자동적으로 행동할 수 있는 규모로 축소하는 자연적 본능의 메커니즘이나 프로그램으로 무장하지 않은 유일한 동물이다. 이는 인간이 인위적이고 자의적으로 자기 경험의 수용을 제한하고, 자신의 결정적인 행위의 결과에 집중해야 한다는 뜻이다. 인간은 자신이 일정 정도 통제할 수 있고 모종의 유기체적 만족을 끌어낼 수 있는 현실의 작은 조각들을 씹어 먹음으로써, 스스로가 광기에 빠지지 않도록 막아야 한다. 이는 인간의 가장 고귀한 열정이 가장 협소하고 성찰되지 않은 방식으로 수행된다는 뜻이며, 이로 인해 인간은 망가진다. 이러한 관점에서 보면 인간의 미래에 대한 가장 중요한 문제는 다음과 같은 역설로 표현되어야 한다. 인간은 생존하고 '정상적 정신 건강'을 갖추기 위해 물신화해야만 하는 동물이다. 하지만 인간이 생존하게 해주는 이러한 전망의 축소는, 또한 동시에 인간이 자기 경험의 축소가 초래할 결과를 대비하고 통제하는 데 필요한 포괄적 이해를 갖추는 것을 방해한다. 이 씁쓸한 역설은 모든 성찰적 인간에게 오싹함을 선사한다. 만일 프로이트의 유명한 "인간 종이 당면한 숙명적 물음"이 정확히 올바른 질문이 아니라면, 그 역설도 못지않게 치명적이다. 인간이라는 실험은 진화의 막다른 골목, 즉 불가능한 동물로 판명될 수도 있을 터이다. 즉 개별적으로는 건강한 행위를 위해 필요한 바로 그 행동이 일반적 차원에서는 그 자신에게 파괴적인 동물 말이다. 이는 터무니없이 도착적이다. 설사 우리가 악에 관한 프로이트의 관점을 헤겔의 관점과 나란히 세운다고 해도, 미래에 관한 프로이트의 비관론에 확고한 토대가 있음은 인간이 마치 실제로 사악한 **동기**를 갖는 것만큼이나 결코 부정할 수 없다.

그러나 이는 내가 여기서 그리고 있는 역사에 관한 전체 관점에 실제로 영향을 끼친다. 역사와 그 믿기 힘든 비극 및 추동성은 이해 가능한 어리석음의 기록이 된다. 그 기록은 살아가기 위해, 혹은 더 낫게 표현하자면 자신의 본성에 맞는 변별적인 양식을 살아가기 위해 거짓말을 해야 하는 겁에 질린 동물의 연혁이다. 역사의 엄청난 파괴성에 자양분을 주는 것은, 인간이 자신의 집단에 전적인 충성을 바친다는 점이다. 그리고 각 집단은 하나의 코드화된 영웅 시스템이다. 이는 사회가 죽음을 부정하는 표준화된 시스템이라고 말하는 또 다른 방식이다. 이 시스템은 영웅적 초월의 공식에 구조를 부여한다. 따라서 역사는 불멸성 이데올로기들의 연속으로, 또는 어떤 시기에 이 이데올로기들 중 몇 가지가 혼합된 것으로 볼 수 있다. 우리는 어떤 시대에 관해 이렇게 물을 수 있다. '활용 가능한 영웅주의의 사회적 형식은 무엇인가?' 그리고 우리는 역사를 훑어보면서, 이러한 형식이 얼마나 다양하며 얼마나 각 시대에 생기를 불어넣었는지 볼 수 있다. 자연의 제의적 재생을 실행했던 원시인에게, 각 개인은 아주 명확한 유형의 우주적 영웅이 될 수 있다. 그는 자신의 힘과 의식을 통해 우주적 삶의 재충전에 기여할 수 있다. 점차 사회가 더 복잡해지고 계급이 분화되면서, 우주적 영웅주의는 자신의 특별한 힘을 통해 자연을 재생하고 집단을 보호할 책임을 지고 있는 신성한 왕과 군부 같은 특별한 계급의 소유물이 되었다. 그래서 인간이 명령에 따라야만 영웅이 될 수 있는 상황이 전개되었다. 인간은 권력과 속죄의 권한을 자신의 지도자-영웅에 부여했고, 따라서 구원은 이러한 인물을 통해 그들에게 매개되어야만 했다. 원시의 사냥단이나 부족에서 지도자는 누구에게도 전쟁에 나가라고 강요할 수 없다. 왕권과 국가에서 백성은 선택의 여지가 없다. 그들은 이제 승리를 위해 자신의 힘을 제공하고 생존자들을 그 힘으로 감싸는 신성한 왕을 위한 전쟁 영웅주의에 복무한다. 화폐 주화의 등장과 함께, 우리는 돈의 영웅이 되어서 가시적 금권의 축적을 통해 사적으로 자신과 후손을 보호할 수 있다. 기독교와 함께 새로운 무언가가 세계에 도입되었다. 즉 현세를 그리고 현생의 만족을 포기하는 영웅주의가 생겨났는데, 이는 이교도들이 기독교를 정신 나갔다고 보는 이유이다. 기독교는 악을 거부하기 위해 삶을 거부하는 동물에 의한 일종의 반反영웅주의였다. 불교는 같은 일을 더 극단적으로 수행하면서, 모든 가능한 세계를 부정했다. 계몽주의와 함께 현대에는 부분적으로 기독교의 세계 포기에 대한 반작용으로,

세속적 삶의 착취와 향유라는 새로운 이교주의가 다시 시작되었다. 이제 새로운 유형의 생산적이고 과학적인 영웅이 두각을 나타냈고, 우리는 오늘날에도 여전히 그렇게 살고 있다. 디트로이트에서의 더 많은 차량 생산, 주식시장의 더 높은 주가, 더 많은 이윤, 더 많은 재화의 유통, 이 모든 것은 곧 더 많은 영웅주의와 같다. 그리고 프랑스혁명과 함께 또 다른 유형의 현대적 영웅이 코드화되었다. 그 혁명적 영웅은 그 순수성 면에서 완벽한 새로운 유토피아 사회를 가져옴으로써, 불의와 악을 최종적으로 끝장낼 것이다.

심리학

이는 문화적으로 코드화된 영웅의 완전한 목록은 아니지만, 그토록 많은 생명을 앗아간 이데올로기들의 훌륭한 표상이다. 앞선 각각의 사례에는 문화적 초월의 성취를 위한 대규모의 인간 목숨이 쌓여 있다. 여기에 '도착적'인 것이 없는 까닭은, 그 이데올로기가 영웅적 동물의 최대한으로 팽창적인 삶의 표현을 표상하기 때문이다. 우리는 무엇이 인간의 공격성을 야기하는지 한 세기 동안이라도 이야기할 수 있다. 즉 우리는 그 원천을 동물적 본능에서 찾으려 할 수도 있고, 또한 좌절로 인한 숨 막히는 증오심에서, 혹은 모종의 유년기의 실패한 경험이나 열악한 아동 양육과 교육에서 찾으려 할 수도 있다. 이 모든 것이 사실이겠지만 여전히 사소한 이유는, 인간이 악을 초월하여 확장되는 경험 속에서 환희를 느끼며 살해하기 때문이다. 이는 사회 이론에 중대한 문제를 제기하는데, 우리는 이 문제를 해명하는 데 완전히 실패했다. 인간이 영웅적 환희를 느끼며 살해한다면, 우리는 인간 본성의 개선을 위해 어떤 방향으로 프로그램을 짜야 하는가? 인간이 정당함과 선량함에 대한 충동으로 인해 악을 행한다면, 우리는 무엇을 개선할 것인가? 만일 인간이 삶을 확장하기 위해 공격적이라면, 만일 삶에 복무하는 이 공격성이 인간의 최상의 창조적 행위라면, 인본주의적 새천년을 맞이하기 위해 우리는 (프롬, 카렌 호나이Karen Horney 등과 함께) 어떤 형태의 아동 양육 프로그램을 추진할 것인가? 우리가 논리적이라면, 이러한 아동 프로그램은 평화에 유용하도록 그러한 환희와 영웅적 자기 확장을 제거하는 무언가가 되어야 할 터이다. 가장 억압적인 사회적 규제 없이, 우리는 어떻게 아동 양육 프로그램을 통제할 수 있는가?

이와 같은 광적인 딜레마의 목록 만들기는, 유토피아적 사유에서 보면 아마도 책 한 권은 너끈히 채울 수 있을 것이다. 여기서는 단지 몇몇 사례만을 덧붙이겠다. 우리는 인간이 된다는 것은 어떤 면에서 그리고 어느 정도는 신경증적이 되는 것임을 알고 있다. 세상에 관한 자신의 지각을 심각하게 왜곡시키지 않고 성인이 되는 방법은 없다. 더욱이 가장 위험한 인물이 특별히 왜곡된 사람도 아니다. 분뇨기호증자는 무해하며, 강간범은 이상주의적 지도자만큼 삶을 손상시키지는 않는다. 또한 지도자는 상당 부분 집단의 '정상적' 충동의 기능이다. 이는 심지어 심리적으로 장애가 있는 지도자조차 영웅적 초월을 향한 광범위한 충동의 표현이라는 뜻이다. 스트레인지러브 박사는 분명 정신적 장애를 지녔지만, 그 주위 사람들을 자신의 의지대로 조종하는 사악한 천재는 아니었다. 그는 '자유세계'

의 생존을 보증하기 위한 광대한 이상주의적 프로그램에 포함된 하나의 영리한 컴퓨터에 불과했다. 오늘날 우리는 19세기의 제약 없는 물질적 생산의 영웅 시스템에 의해 지구가 오염되어가는 기괴한 광경을 영위하고 있다. 이는 어쩌면 전 역사에 등장한 악들 중 가장 거대하고 가장 만연한 악이며, 궁극적으로는 모든 인류를 파멸시킬 수도 있다. 여전히 우리가 이 모든 일의 책임을 물을 수 있는 '왜곡된' 사람들은 없다.

나는 이 모든 것이 어느 정도 명백하다는 것을 알지만, 이를 통해 우리의 논의는 제 경로를 찾아간다. 즉 우리에게 하나의 위대한 가르침(즉 현대인이 삼키기에 가장 씁쓸할 법한 알약)을 주는 것이다. 다시 말해 우리가 심리학의 측면에서 인간악의 문제에 접근할 수 없다는 것을 가르쳐준다. 프로이트는 인간의 심리적 해방이라는 이상을 주었지만, 또한 우리가 그 한계들도 여러 차례 일별하게 해주었다. 내가 여기서 언급하는 것은 인간이 그 본성의 도착성으로 인해 과연 무엇을 성취할 수 있을지에 관한 그의 냉소주의가 아니라, 오히려 인간 세상사에서 정상적인 것과 비정상적인 것을 구분하는 어떤 믿을 만한 선도 없다는 것에 대한 그의 인정이다. 가장 특징적인 인간 행위인 사랑에서, 우리는 현실이 가장 왜곡된 모습을 목격한다. 전이-사랑의 왜곡에 관해 언급하면서, 프로이트는 이렇게 말한다.

> 그것[전이-사랑]은 현실에 대한 고려가 극도로 결핍되어 있고, 우리가 규범적 사랑에서 기꺼이 받아들이는 정도보다 결과에 관해 덜

민감하고 덜 관심을 가지며, 사랑하는 사람에 대한 평가에 있어서는 더 맹목적이다.

그런 뒤 그는 정직한 사상가이기에 이 주장을 대부분 거둬들이면서, 이렇게 결론 내린다.

하지만 우리는 이러한 규범으로부터의 탈피야말로 사랑에 빠진 상태의 본질적 요소를 구성한다는 사실을 잊지 말아야 한다.[7]

다시 말해 전이는 인간이 가질 수 있는 유일한 이상성 ideality이다. 사랑하고 믿는 능력이 환상에 대한 민감성의 문제라는 점은 프로이트에게 새로운 이야기가 아니었다. 그는 자신이 의연한 과학자이며 환상이라는 버팀목을 초월했다고 자부했지만, 과학(정신분석학)에 대한 믿음을 자신의 특정한 영웅 시스템으로서 간직했다. 이는 자신의 것을 제외한 모든 영웅 시스템이 환상에 기반을 두고 있다는 말과 같다. 이러한 프로이트의 영웅 시스템은 마치 자연 자체가 마련해준 듯한 모종의 특별하고 특권적인 장소 같다. 랑크는 프로이트 딜레마의 핵심을 꿰뚫고 있었다.

그가 스스로를 위한 사적 종교를 만드는 동안, 그 자신이 그토록 쉽사리 스스로의 불가지론을 고백할 수 있었던 것과 마찬가지로, 그는 자신의 지적이고 합리적인 성취에 있어서조차, 적어도 자신의 합리적 관념들을 옹호하기 위해 싸움으로써 여전히 자신의 비합리

적 욕구를 표현하고 주장해야 했다.[8]

완벽한 문장이다. 이는 프로이트 역시 우주적 영웅주의의 도식, 즉 신념으로 받아들여야 하는 불멸의 이데올로기에 자신을 끼워 맞출 필요에서 면제되지 않았음을 뜻한다. 이것이 랑크가 "심리학을 넘어서" 나아갈 필요를 느낀 이유다. 프로이트에게 그랬듯이, 심리학은 그에게 불멸성을 보장해주었던 바로 그 영웅 시스템이 아닌 한 그 자체로 영웅 시스템을 대체할 수는 없다. 이것이 랑크가 심리학을 "자기기만"이라고 비판했던 것의 의미이다. 심리학은 삶의 특성인 불멸성의 충동을 담을 수 없다. 심리학은 그저 또 다른 이데올로기로서 "종교적이고 도덕적인 이데올로기를 점진적으로 대체하려고" 하지만, "단지 부분적으로만 그럴 자격이 있을 뿐인데, 왜냐하면 그것이 압도적으로 부정적이며 해체적인 이데올로기이기 때문이다."[9] 달리 말하면 심리학이 실제로 성취했던 모든 것은 내면의 삶을 과학의 주제로 삼는 일이며, 그렇게 함으로써 영혼이라는 관념을 소멸시켰다. 하지만 영혼은 한때 인간 내면의 삶을 우주적 영웅주의라는 초월적 도식에 연결시켰다. 이제 개인은 자신이 오로지 사회적 조건화의 산물로서만 분석할 수 있는 자기 자신과 내면의 삶에 갇혀 있다. 심리학적 자기 성찰은 우주적 영웅성을 취했고, 이를 자기반성적이고 고립된 상태로 만들었다. 기껏해야 심리학은 개인에게 새로운 자기 수용을 제공하지만, 이는 인간이 원하거나 필요로 하는 것이 아니다. 인간은 미치지 않는 한 자기 스스로 고안한 영웅 시스템을 만들어낼 수 없다. 오직 순수한 나르시시즘적 과대망상만이 죄를 추방할 수 있다.

랑크가 보았듯, 프로이트의 영웅주의 시스템이 붕괴된 지점은 죄였다. 랑크는 선명하게 우월한 개념화를 지닌 인물을 도덕적으로 비웃음으로써 프로이트에게 훈계한다.

> "인과적으로" 개인의 유아기 경험으로 거슬러 올라가 죄를 제거하려는 치유적 시도를 통해서 프로이트는 개입한다. 인간의 죄를 인과적으로 "신경증적"이라고 설명함으로써 단순히 없애버리려는 이 생각은 얼마나 주제넘은 동시에 순진해 빠졌는가![10]

정확하다. 죄는 우주에서 활동하는 문제의 반영이다. 그것은 오직 부분적으로만 자신의 출생과 초기 경험에서의 사건과 연결된다. 실존주의자들이 지적했듯, 죄는 **존재** 자체의 죄이다. 죄는 자기의식적인 동물이 스스로가 자연으로부터 출현했다는 점, 왜 그런지 이유를 모른 채 지나치게 눈에 띈다는 점, 스스로 영원한 의미 체계에 확고히 자리 잡을 수 없다는 점에 대해 느끼는 당혹감을 반영한다. 심리학이 이러한 차원의 문제를 다룰 수 있다고 주장하는 것은 얼마나 주제넘은 짓인가. 아이라 프로고프Ira Progoff가 프로이트 이후의 심리학을 아주 기막히게 요약했듯, 이 모든 것은 우주적 영웅주의라는 문제의 중차대함을 다시 한 번 인식하면서 절정에 달한다.[11]

이것이 아들러가 자신의 전체 작업의 기본 통찰을 "모든 신경증은 허영이다"라고 간결하게 요약했을 때 뜻한 바다.[12] 달리 말해 신경증은 개인이 스스로를 영웅적으로 초월할 수 없는 무능력을 반영한다. 인간은 이를 이러저러한 방식으로 시도하지만 분명 헛된 짓이다. 우리는 여기서도 랑크의 작업으로, 즉 신경증은 "근본적으로 항상 오로지 환상에 대한 무능력"이라는 그의 통찰로 다시 돌아가게 된다.[13] 하지만 우리는 복수심과 함께, 그리고 가능한 한 가장 포괄적인 현대적 인식과 함께 이 통찰로 복귀한다. 전이는 필수적이고 불가피한 것뿐만 아니라, **가장 창조적인** 현실 왜곡도 표상한다. 부버가 말했듯, 인간에게 현실은 상상해야만 하는 그 무엇이며, 열정적인 헌신으로 빛나는 동료의 눈에서 찾아내야 하는 그 무엇이다. 이는 또한 융이 전이의 활력을 "친족 리비도"*라고 부를 때 암시한 바이기도 하다.[14] 이는 인간이 무언가 초월적인 것을 향한 도박에 자신들의 개별적 박동을 함께 모은다는 뜻이다. 삶은 그 자체의 중요성을 상상하고, 그 믿음을 정당화하기 위해 안간힘을 다한다. 마치 생명력 자체가 스스로 더 나아가기 위해 환상을 필요로 하는 듯하다. 따라서 논리적으로는, 인간에게 이상적 창조성은 가장 거대한 환상을 향해 나아가려 애쓰는 것이다.

인간과학

자, 분명 이 중 그 무엇도 수년 동안 비평가의 비판에서 자유롭지 못했다. '비합리성', '환상', '의지에 찬 영웅적 헌신' 같은 용어는 많은 사람을 잘못된 방식으로 자극한다. 이런 용어는 (특히 현대에는)

* [옮긴이] kinship libido. 상담자가 분석가에게 자신의 심리를 투사하는 전이 과정을 추동하는 자아의 관계 지향적 충동을 가리킨다. 성 충동을 본질로 하는 프로이트의 개념과 달리, 융의 친족 리비도는 근친상간의 위험 없이 타인과의 친밀한 관계를 지향하는 자아의 본능 에너지를 뜻한다.

우리 세상을 더 낫게 만드는 데 거의 도움이 되지 않는다. 예컨대 에리히 프롬은 랑크의 전체 사유 체계가 파시스트를 위한 철학으로 얼마나 완벽히 적합한지를 논증하면서 의문을 제기했다.[15] 이 비판을 수행한 에세이는 사상가로서의 프롬에 대한 신뢰를 가져다주는 글은 아니었다. 하지만 그 글은 적어도 부분적으로는 당대의 악마적 위기, 즉 히틀러주의로 인해 생기를 얻었으며, 그 초라함에도 불구하고 하나의 진실, 즉 삶을 촉진하는 환상에 대해 경계해야 할 필요성을 전달했다.

바로 이 지점에서 인간과학이 개입한다. 우리는 나치즘이 지상에서 악을 퇴치하려는 환상을 영위했던 실행 가능한 영웅 시스템이었음을 안다. 우리는 전 역사에 걸친 희생물과 희생양 만들기의 끔찍한 역학을 알고 있으며, 그 의미도 안다. 그것은 자신의 죽음을 매수하기 위해 타인의 신체를 봉헌하는 행위, 즉 탁월한 사디즘적 공식이다. 희생 제의 주관자만이 소유하는 모종의 '더 높은 진리'에 복무하기 위해 희생자의 뼈를 부러뜨리고 피를 흘리게 했던 것이다. 신이 신체를 다루는 것과 동일한 경멸로 신체를 다루는 일은 신에게 더 가까이 다가가는 행위다. 자, 우리 시대에 우리는 이러한 것들을 너무도 잘 알고 있다. 문제는 이에 어떻게 대처할 것인가이다. 인간은 영웅적인 것을 버릴 수 없다. 만일 비합리적이거나 신비로운 것이 인간의 초월에 대한 모색의 일부라고 말한다 해도, 우리가 그에 대해 어떤 포괄적 승인을 하는 것은 아니다. 하지만 인간 집단은 자신들이 늘 해오던 일을 할 수 있다. 즉 영웅주의에 대해 논쟁하고, 그 대가를 가늠하며, 영웅주의가 자기 패배적이고, 공상적이며, 삶을 향상시키거나 고상하게 만들어주지 않는 위험한 환상임을 증명하는 것이다.[16] 폴 프루이저Paul Pruyser가 아주 잘 지적했듯, "중대한 질문은 이렇다. 환상이 필요하다면, 어떻게 우리는 교정 가능한 환상을 가질 수 있을까, 그리고 어떻게 망상으로 퇴락하지 않을 환상을 가질 수 있을까?"[17] 만일 인간이 절대적인 것이 아니라 신화 속에서 살아간다면, 이에 대해 우리는 아무것도 행하거나 말할 수 없다. 하지만 우리는 파괴적이지 않은 신화를 주장할 수는 있다. 이것이 일반적 사회과학의 임무이다.*

나는 다른 곳에서 정신 질환을 아주 생생하게 바라보는 한 가지 방법은, 그것을 삶과 죽음에 대한 자신의 과도한 공포를 타인에게 전가하는 행위로 보는 것이라고 주장했다. 이 관점에서 보면 우리는 또한 국가의 지도자, 이른바 민주주의 국가의 시민, '평범한 인간'도 동일한 짓을 내내 행하고 있음을 알 수 있다. 즉 자신의 권력-속죄적 면역의 실책을 다른 모든 사람에게 전가하는 행위 말이다. 오늘날 전 세계는 이미 국가 간 권력 과시로 인해 거듭되는 '군사훈련war games'과 수소폭탄 실험에 대해 불편해하고 있다. 그 실험은 자신의 위험을 무고하고 무기력한 이웃에게 전가하는 짓이다. 어떤 면에서 이는 가족 드라마와 줄스 파이퍼**식 연애사의 확대판이 지

---

* **길잡이가 되는** 영웅 신화의 필요성에 대해 인정하는 동시에, 그 신화의 대가에 대해 경계해야 한다고 간청하는 것은, 사회 이론에서 오랫동안 존속해온 주장을 포용한다. 그 주장은 곧 조르주 소렐Georges Sorel이 사회적 삶의 길잡이로서의 이성에 대해 비판하면서 내던져버렸던 도전이다. 사회과학자들은 소렐이 중요한 주장을 했다고 인정해야 했지만, 동시에 그 주장은 그들에게 이성의 대표자로서의 역할을 남겨주지 않는 듯했기에 그것을 받아들일 수 없었다.

** [옮긴이] Jules Feiffer(1929~). 미국의 만화가이다. 남녀가 서로 소통하지 못하

구 표면, 즉 국가들이 이룬 '가족'에게 뚜렷이 나타난 것이다. 이 문제로 비난할 특정한 지도자나 특별한 엘리트 평의회는 없는데, 그 이유는 단지 모든 사람이 권력의 상징과 동일시하고 그들에게 동의하기 때문이다. 국가는 모든 구성원에게 불멸성을 제공한다. 이번에도 에리히 프롬은 틀렸는데, 그는 자신이 "시체 애호적 성격"이라고 부른 정신적 장애를 지닌 사람들이 삶보다 죽음을 더 소중히 여김으로써 악행을 저지르고, 따라서 삶이 자신들을 불편하게 만든다는 이유로 삶을 파괴한다고 주장했다. 삶은 평범한 사람들이 사는 모든 국가를 불편하게 만들며, 그 결과 이로부터 역사 내내 인간이 스스로를 패배하게 만들었던 차분한 합의와 포기가 유래한다.

우리가 이제 발견했듯, 이는 계몽주의적 합리주의의 엄청난 약점으로서, 이성이 확산되면 인간이 완전한 모습으로 우뚝 서게 되어 비합리성을 거부하리라는 안이한 희망이다. 계몽주의 사상가들은 집단의식의 위험을 충분히 인식했고, 과학과 교육의 확산을 통해 이 모든 것이 바뀔 수 있다고 생각했다. 위대한 러시아 사회학자 미하일롭스키는 이미 영웅을 민주주의의 적이라고, 즉 그가 제공하는 안전 때문에 다른 사람들이 자신의 의지를 포기하게 만드는 인물이라고 지목했다.[18] 해야 할 일은 사회가 사회적 효율성과 안전을 위해 개인을 도구로 만드는 것을 막는 것이다. 어떻게 개별성의 침해를 극복할 수 있을까? 미하일롭스키는 현대의 인본주의적 정신과 의사와 동일한 맥락에서 대답했다. 즉 개인에게 조화로운 발전의

고 각자의 에고에 빠져 연애 상대를 고려하지 못하거나, 한 가족의 구성원들이 각자의 생활에 바빠서 서로의 삶에 무관심한 모습을 많이 그려냈다.

기회를 제공하자는 것이다.[19] 다른 위대한 계몽주의자와 거의 동일한 시점에 에머슨은 유명한 자립에의 호소, 즉 완전하고 독립적인 내면을 갖춘 인물에의 호소를 했으며, 이를 통해 그들이 집단 열광과 집단 공포를 견뎌낼 수 있는 안정성을 갖출 수 있다고 보았다.

이 모든 전통은 마르쿠제가 죽음의 이데올로기에 관한 명철한 에세이에서 최신판으로 갱신했다. 마르쿠제는 지도자와 엘리트가 군중을 순응시키고 자율성을 포기하게 만들기 위해 항상 이용해온 이데올로기가 죽음이라고 주장했다. 지도자가 문화적 자기원인 기획에 대한 충성심을 끌어낼 수 있는 까닭은, 그 기획이 취약성의 보호막이 되기 때문이다. 폴리스polis, 국가, 신, 이 모든 것은 무오류성의 상징으로서, 군중은 기꺼이 자신의 두려운 자유를 그 상징에 묻어버린다.[20] 이게 핵심이다. 계몽주의의 정점은 집단적 예속성의 근본 역학에 적절하게 초점을 맞추는 것이다. 최고도의 사변에서 우리는 인간이 무엇을 두려워하고 어떻게 그 두려움을 부정하는지 세세하게 알고 있다. 에머슨에서 미하일롭스키를 거쳐 프롬과 마르쿠제에 이르는 단일한 계보가 존재한다.

하지만 잠깐. 우리는 계몽주의적 합리주의가 너무나 안이한 신념이라고 말했고, 따라서 이 약점을 모든 계몽주의 사상가에게서 볼 수 있으리라 예상했다. 그리고 마르쿠제도 예외는 아닌데, 그는 이렇게 순진하게 말한다.

> 죽음[은] 모든 불안의 궁극적 원인이며, [그리고] 부자유를 뒷받침한다. 죽음이 정말로 '자신의 것'이 되지 않는 한, 다시 말해 죽음이

인간의 자율성에 의해 통제되지 않는 한, 인간은 자유롭지 않다.[21]

슬프게도, 사실 인간은 무언가를 통제할 만한 어떤 자율성도 갖고 있지 않다. 랑크는 계몽주의 학문의 전체 여정을 향하는 이 거대하고 근본적인 문제를 제기했다.

개인이 정말로 [모종의 전이적 정당화, 모종의 도덕적 의존성] 너머로 성장해나갈 위치에 있는지, (…) 그리고 **자기 자신으로부터** 스스로를 긍정하고 받아들일 수 있는지는 말할 수 없다. 오직 창조적 부류에게만 이것이 **어느 정도** 가능해 보인다.[22]

하지만 랑크처럼 이렇게 말할 수도 있다. 가장 차원이 높고 가장 개별화된 창조적 부류조차 오로지 어느 정도만 자율성을 다룰 수 있다. 사실 인간은 자신의 힘으로 설 수 없고 서지도 않는다. 따라서 인간은 죽음을 '자신의 것'으로 만들 수 없다. 도덕적 의존성(죄)은 인간 조건의 자연적 동기이며, 자신을 넘어선 그 무엇으로부터 면죄받아야 한다. 한 젊은 혁명가는 언젠가 나에게 이렇게 훈계했다. "죄는 동기가 아닙니다." 그는 **자신의** 죄가 혁명 소조小組에 대한 복종에 흡수되었음을 결코 보지 못했다. 따라서 계몽주의의 약점은 인간 본성을 이해하지 못한다는 점이었는데, 확실히 아직도 이해하지 못하고 있다. 마르쿠제는 한 웅변적인 대목에서 "겁쟁이가 되기 위한 양심", 즉 영웅적 승화의 뿌리 뽑기를 요청한다.[23] 하지만 이 논리는 너무 안이하다. 비록 자신이 겁쟁이임을 받아들인다 해도, 인간은 여전히 구원받길 원한다. 인간에게서 자기 삶의 의미의 토대가 되는 '너머'에 대한 필요를 제거할 수 있는 어떠한 '조화로운 발전'도, 아동 양육 프로그램도, 자립도 존재하지 않는다. 속류 마르크스주의의 오류는 죽음에 대한 두려움의 깊이와 보편성을 간과했다는 점이었다. 마르쿠제는 이를 바로잡았다. 다른 오류는 실존적 죄의 생래성을 보지 못했다는 점이었다. 이 점에서는 마르쿠제도 마찬가지로 실패한다. 사회 이론의 임무는 어떻게 사회가 생래적 두려움을 악화시키고 이용해 먹는지 보여주는 일이지만, 어떻게 지도자가 두려움을 이용하는지 보여주거나 인간이 '두려움을 감당해야' 한다고 주장하는 것만으로 두려움을 없앨 수 있는 방법은 없다. 인간이 여전히 서로의 머리를 취하려 하는 이유는, 자신의 머리가 돌출되어 있기에 노출되고 죄가 있다고 느끼기 때문이다. 사회 이론의 임무는 죄를 해명해서 없애거나 경솔하게 여전히 파괴적인 또 다른 이데올로기 속으로 죄를 흡수시키는 것이 아니라, 죄를 중화하여 진정으로 창조적이고 삶을 증진하는 이데올로기로 표현하는 것이다.

따라서 우리에게 남겨진 질문은, 우리가 누구에게 속죄할 것인가이다. 내가 이해하는 한 이는 사회에 대한 과학을 위한 계몽주의적 탐색의 대단원이다. 그 질문은 마르크스주의의 비판적 사유와 비극적 차원의 어떤 결합일 터이고, 인간 부자유의 불가피성에 관한 전망일 터이다. 여기서 과학은 역사적 종교들과 같은 자리를 공유할 것이다. 그것은 모두 잘못된 지각, 저열한 영웅 시스템에 대한 비판인 것이다. 다시 말해 사회에 대한 과학은 구약성서의 예언가들, 아우구스티누스, 키르케고르, 막스 셸러, 윌리엄 호킹William Hocking이

구상했던 것과 유사한 학문일 것이다. 즉 이는 우상 숭배에 대한 비판이자, 권력과 속죄를 원하는 인간 욕구의 극화에 지나치게 협소하게 초점을 맞춘 대가에 대한 비판일 터이다.[24]

노먼 브라운이 빼어난 세 쪽에 걸쳐 잘 정리했듯, 종교의 예언적 기능은 정신분석의 기능과 매한가지다. 바로 "억압된 것의 귀환", 즉 우리가 무의식에 두었던 문화적이고 사적인 소망 환상들 대신, 무의식으로부터 경험적 현실의 진정한 지각이 방출되는 것이다.[25] 종교와 정신분석은 모두 인간에게 그의 근원적 피조물성을 보여주고, 인간의 승화의 척도를 인간의 눈에서 끄집어낸다. 종교와 정신분석은 모두 환상의 동일한 원천을 발견했다. 그 원천은 삶을 망가뜨리는 죽음에 대한 두려움이다. 종교는 또한 프로이트와 마찬가지로 어려운 사명을 갖는다. 자기 인식의 두려움에 대한 극복이 그것이다. 자기 인식이 인간의 가장 어려운 임무인 까닭은, 개인에게 자신의 자존감이 어떻게 세워졌는지 드러낼 위험이 있기 때문이다. 자존감은 자신의 피조물성과 죽음을 부정하기 위해 타인의 권력에 기반해서 세워졌다. 성격은 벌레를 닮았으면서 신도 닮은 인간의 고통스런 양면성을 감추는 필수적인 허위이다. 그 허위는 인간 조건에 대한 절망, 절망의 악취와 부패로 촘촘하게 엮인 인간 조건의 기적적인 면모다. 탈억압으로서의 종교는 인간에 관한 두 진실, 즉 신과 닮은 면뿐만 아니라 벌레를 닮은 면도 드러낼 것이다. 인간은 세상에서 평온하게 살아가기 위해 이 둘을 모두 부정한다. 종교는 이 이중 부정을 신에게는 모든 것이 가능하다고 계속 주장함으로써 극복했다. 인간에게는 자신의 벌레 같은 힘 너머에 영원히 고정되고 결정되어 있는 듯 보이는 것이, 신에게는 자신의 뜻을 행하기 위해 자유롭게 열려 있는 것이다.

이는 새로운 영웅주의, 성인聖人의 영웅주의의 가능성을 부여한다. 이는 자기 자신의 신을 닮은 면을 포함하는 창조된 대상의 기적에 대해 근원적인 경외심을 지니고 살아가는 것을 뜻했다. 성 프란체스코가 새와 꽃 같은 일상 세계의 계시에 대해 느끼는 놀라운 매혹을 기억하자. 또한 이는 신의 비할 데 없는 위엄과 권능으로 인해, 자신의 죽음을 두려워하지 않게 된다는 뜻이기도 하다. 따라서 종교는 두려움에 사로잡힌 동물의 특수한 문제를 극복하면서, 동시에 그 동물에게 경험적 현실이 진정 무엇인지 보여준다. **만일** 우리가 우리 자신과 세상에 대한 깨달음을 억압했던 두려움에 사로잡힌 동물이 아니었다면, **그렇다면** 우리는 창조주 신을 믿고 신의 창조를 찬양하면서, 평화롭게 살아가고 죽음을 두려워하지 않게 될 것이다. 따라서 정신분석의 이상과 마찬가지로, 종교적 성인위聖人位의 이상은 지각의 개방이다. 여기서 종교와 과학이 만난다.

하지만 나는 사회에 대한 과학이 조직화된 종교에 병합된다고 말하는 건 아니다. 전혀 그렇지 않다. 우리는 전통적 종교 영웅주의가 세속 사회의 영웅 시스템에 얼마나 손쉽게 굴복했는지 너무도 잘 알고 있다. 오늘날 종교인은 왜 젊은이들이 교회를 저버렸는지 의아해하지만, 바로 그 이유는 조직화된 종교가 거의 공공연히 파탄이 나버린 상업적-산업적 영웅 시스템에 드러내놓고 찬성했기 때문이라는 건 알고 싶어 하지 않는다. 이 시스템은 너무도 명백하게 현실을 부정하며, 죽음에 대항해 전쟁 기계를 만들고, 관료주의적 헌신으로 신성함을 추방한다. 인간은 사물로 취급되고, 세상은 그들의 크기로 축소된다. 교회는 이 소유, 전시, 조작이라는 공허한 영웅성에 찬성한다. 내 생각에 오늘날 기독교가 곤경에 빠진 까닭은 그 신화가 죽었기 때문이 아니라, 모든 신자가 본받아 살아갈 직접적이고 개인적인 존재로서의 영웅적 성인이라는 이상을 제공하지 못하기 때문이다. 도착적인 방식으로 교회는 창조의 기적과, 이 세상에서 영웅적인 무언가를 수행해야 할 필요 둘 다로부터 등을 돌렸다. 기독교의 초창기 약속은 고대 세계가 염원했던 사회적 정의를 단번에 실현하겠다는 것이었다. 기독교는 이 약속을 전혀 완수하지 못했고, 오늘날에도 여전히 그 약속으로부터 멀리 떨어져 있다. 기독교가 하나의 영웅 시스템으로 진지하게 받아들여지지 못하는 곤경에 처해왔다는 건 놀랍지 않다.[26] 더 나쁜 건 교회가 역사 내내 그래왔듯 여전히 영웅적이지 못한 전쟁을 축복하고 집단 증오와 희생물을 정당화한다는 것이다. 이는 모두가 잘 알고 있는 오래된 이야기여서 더 따져볼 필요도 없다. 하지만 이상적 영웅주의에 대한 이런 종류의 배신은 오늘날 젊은이에게 점점 더 분명해지는 듯하다. 이러한 점은 심지어 조직화된 종교 스스로에게도 분명해지고 있으며, 그들은 어떻게 파탄 난 영웅 시스템과 결별하고 젊은이에게서 억압되어 있는 상상력과 영웅적 충동을 되찾을 수 있을지 어리둥절해하고 있다. 물론 한 가지 길은 전통적 복음주의의 재천명인데, 이런 복음주의는 여전히 특별한 순결성과 가치에 대한 영웅적 헌신을 통해 삶과 죽음에 대한 과장된 두려움을 극복할 방도를 제공하고 있는 듯하다. 파울 틸리히와 다른 이들이 매우 훌륭하게 서술했듯, 이 딜레마로부터 빠져나오는 손쉬운 길은 없다. 조직화된 사회는 종교적 영웅주의에 대한 필연적 부정을 나타내는 듯하다. 오늘날 미합중국에서는 대니얼 베리건* 같이 용기 있는 사제들이 이 진리를 다시 입증하고 있다. 즉 종교적 성인위(영웅주의)가 사회 자체의 영웅적 신격화 시스템을 위협할 때, 사회는 그에 대항하여 움직일 것이다. 그 시스템이 얼마나 자기 패배적이고 비도덕적으로 변하든 상관없이 말이다.

또한 사회에 대한 과학이 부분적으로 비극적 전망에 침윤되어 있다고 해도, 이는 교조적 보수주의자에게 어떠한 위안도 줄 수 없을 것이다. 인간은 사물의 구도에서 인간의 한계가 불가피하다고 쉽게 받아들일 수 없다. 만약 우리가 인간 본성의 '악마적' 측면과 인간의 타락성을 이야기한다면, 우리는 이에 대해 숙명론적이거나 냉소적일 수 없다. 만약 우리가 유토피아에 회의적이고 악마를 인정한다면, 이는 천사의 편에서 더 잘 싸우게 해줄 뿐이다. 오늘날 지적 보수주의는 실제로 맹공격을 펼치고 있으며, 몇몇 최상의 사상가를 모으고 아주 교묘하게 좌파적 사유를 불신하게 만들고자 한다. 에드먼드 버크 같은 사상가를 찬양하고, 인간 조건의 비극, 역사의 어리석음, 인간의 자연적 한계에 관한 심오하게 신학적이고 철학적인 논평을 제공하는 건 괜찮다.[27] 하지만 이는 교정 수단이 아닌, 사회적 행동과 사회적 정의 성취의 대체물로, 시스템 자체와 전통적인

* [옮긴이] Daniel Berrigan(1929~2016). 미국의 예수회 신부이자 반전평화운동가이다. 베트남전쟁에 대한 적극적인 반대로 널리 알려졌으며, 미국 내 반핵운동을 선도적으로 이끈 인물이기도 하다.

집단 애국주의에 대한 변명으로 주어진다. 이는 오늘날 대부분의 '지적이고 도덕적인 보수주의'를 근본적으로 부정직하고 위선적인 것으로 만든다.

나는 교조적 형태의 마르크스주의가 심리학을 통해 풍부하게 보충되어야 한다는 데 동의한다. 심리학은 어떻게 인간이 부자유를 환영하고, 어떻게 인간 본성의 기본 동기가 변하지 않고 남아 있는지 보여준다. 하지만 나는 또한 보수주의자가 흔히 주장하는 바와 달리, 재능의 차이가 그 정도로 생물학적이거나 유전적이진 않다는 걸 안다. 복종하면서 자신의 권력을 양도할 자유도 보수주의자의 생각만큼 자유롭지는 않다. 물론 사회가 지속되는 이유는, 혼돈보다 구조를 선호하고 사회가 제공하는 안전과 안락 덕택에 기꺼이 잠을 청하는 대다수의 조용한 합의 때문이다. 그러나 사회는 또한 (샤먼과 왕이 한때 그랬듯) 다수의 머리 위에 죽음, 권력, 불멸성의 이데올로기를 부과하고, 그것으로 그들을 지배한다. 정치한 마르크스주의적 질문은 각 사회와 각 시대에 이렇게 제기되어야 한다. '신비화하는 권력을 어떻게 제거할 것인가?' 최면과 신비화를 부리는 재주꾼과 그 과정은 폭로되어야 한다. 이는 우리가 사회에서 구조적 부자유와 심리적 부자유 모두에 맞서 싸워야만 한다고 말하는 또 다른 방식이다. 과학의 임무는 이 두 차원 모두를 폭로하는 일일 터이다.

현재 우리가 사회과학 이론에 대해 환멸을 느끼는 이유 중 하나는, 이론이 이 해방적 목적에 별로 한 일이 없었기 때문이다. 보수주의의 관점과 마르크스주의의 관점 사이에서 필수적인 균형을 갖추려는 영리한 사회과학자들조차 이 점에서는 글렀다. 게하르트 렌스키

Gerhard Lenski의 중요한 저술인《권력과 특권Power and Privilege》의 마지막 세 쪽을 읽으면, 우리는 미래의 전망을 얻게 된다. 하지만 그 미래는 아주 느리고 완만하고 과학적인 미래로서, 정신 나간 세상이 당면한 문제들과는 여전히 관련이 없다. 그가 우리에게 전하고 싶은 것은 보수주의와 마르크스주의의 혼합을 참을성 있게 점검하고 정제하고 확장하는 데 전념하여, 알려지지 않은 미래로 멀리 확장되어갈 확정되지 않은 프로그램이다. 나는 사회 이론이 없어져야 하고 완성되지 않아야 마땅하다고 주장하려는 것이 전혀 아니다. 내 말은 양 진영의 최상의 사유를 결합하는 보편적이고 비판적인 사회에 대한 과학이 **현재의** 현실이며, 이는 지체될 필요가 없다는 것이다. 현재 시점에서 우리는 영웅 시스템에 대한, 죽음을 부정하는 시스템과 그 시스템이 초래하는 희생에 대한 강력한 비판을 보유하고 있다. 그 시스템은 사회적 정의에 대한 지속적인 부정에 토대를 둔, 완성되지 못한 삶에 울리는 조종弔鐘이다. 사회계급 간의 불평등과 자유에 대한 국가적 억압에 토대를 둔, 내부 희생물에게 울리는 조종이다. 사회 내부의 불만을 다른 데로 돌리고 사회적 문제를 군사적 행동으로 마법처럼 바꾸는 데 일조하는, 외부 희생물에게 울리는 조종이다. 희생물을 이용하는 정부가 어떤 형태를 띠든, 그 용도는 여전히 동일하다. 즉 사악한 사회적 배치를 정화하고, 내부 문제 해결의 실패로부터 다른 데로 관심을 돌리게 하는 것이다. 과학자는 자신들의 고유한 과학 토론장에서 이 문제를 폭로해야 한다. 진정한 종교에서와 마찬가지로, 과학에서도 덜떨어진 애국주의를 위한, 혹은 대규모 사회적 허위의 폭로를 미래의 어느 날로 미루기 위한 손쉬운 피난처는 없다.

나는 보수주의자와 급진주의자의 정서가 자신의 말과 일치한다면, 그들이 그러한 과학을 통해 결합하지 못할 이유가 없다고 본다. 양쪽 모두 공개된 공적 정보를 신뢰하며, 대중의 책임은 물론 의식도 증진하길 바란다. 양 진영의 사유는 모두 지도자의 권한에 제한을 두는 데 찬성하며, 지도자의 최면을 거는 재주와 그 한계를 폭로하고자 한다. 결국 이는 민주주의의 가장 소중하고 가장 장엄한 특성으로서, 민주주의는 이러한 비판적 기능들을 계속 살아 숨 쉬게 만들고자 애쓴다. 문제는 늘 지도자가 대체로 가장 막강한 애국자라는 사실에 있다. 이는 그가 비판적 거리를 거의 두지 않고, 가장 진심 어린 포옹과 가장 뜨거운 눈물로, 죽음을 부정하는 현재진행 중인 시스템을 끌어안는다는 뜻이다. 질부르크가 아주 날카롭게 지적했듯, 지도자는 자신의 머리를 문화적 상징이라는 구름 속에 완전히 처박고 살아간다. 그는 추상적 세계, 즉 굶주림과 고통과 죽음 같은 구체적 현실과 동떨어진 세계에서 살아간다. 지도자의 두 발은 땅에서 떨어져 있으며, 흡사 장례지도사처럼 혹은 검시관이나 사형집행인처럼 자신의 의무를 수행한다. 그는 자신이 하는 일의 현실로부터 일종의 감정적이고 심리적인 분리 상태에 있다.[28] 그 결과 지도자는 실제로 이 세상의 인간 존재에 대해 제한된 책임감만을 지닌 상태에 놓인다. 그런데 이 상태에서 그는 얼마나 큰 권력을 지니는가! 모든 사태가 편향되어 있고 다소 으스스하다. 질부르크는 이것이 마치 강박적 신경증이나 정신증과 흡사하다고 말한다. 단어, 상징, 섀도복싱 등을 통해, 너무나 많은 박동하는 삶이 국민국가에 의해 너무도 태연하게 부서지는 건 놀랍지 않다.

애석하지만 모두 사실이다. 하지만 우리는 이상적 세계에서 살고 있지 않다. 그러한 세상을 꿈꾸고 유토피아의 환상을 받아들이길 원한다면, 우리는 자신이 어떤 지도자를 원하게 될지를 이미 알고 있다. 가장 적게 관념화하고 반대하는 사람, 각자의 삶과 그 삶의 고통 모두를 있는 그대로 마주하는 사람이다. 이는 그 인물이 죽음이라는 현실을 최우선의 문제로 알고 있다고 말하는 또 다른 방식이다. 우리는 사색에 빠져 있는 동안 그 사색이 갈 데까지 가보게 놔둘 수도 있고, 우리가 정확히 이러한 자질을 지닌 지도자를 선택하리라고 상상할 수도 있다. 그 지도자는 삶과 죽음에 대한 **자기 자신의** 공포를 스스로 의식하고 있으며, 문화적 시스템을 영웅적 초월의 방식으로, 그러나 절대적이지 않고 상대적이며 초시간적이지 않은 방식으로 이해하고 있다고 말이다. 이는 우리의 지도자가 '제대로 분석된' 인물이길 우리가 원하리라고 말하는 또 다른 방식일 것이다. 물론 최고의 분석도 이러한 수준의 자의식적이고 비극적인 정교함을 만들어낸다고 보장할 수 없다는 점을 논외에 두면 말이다.

하지만 민주주의는 유토피아를 시나브로 잠식한다. 왜냐하면 민주주의는 자유로운 자기비판의 흐름을 통해 신비화의 문제를 이미 스스로 해결하고 있기 때문이다. 우리는 유토피아적 사색을 밀고 나가서, 진정으로 자유로운 사회의 척도는 죽음에 대한 핵심적 두려움을 인정하고 그 자체의 영웅적 초월 시스템에 의문을 던지는 정도에 달려 있으리라고 말할 수 있다. 그리고 이는 정확히 민주주의가 오랫동안 수행해온 일이다. 이것이 권위주의자가 항상 민주주의를 비웃는 이유다. 민주주의는 스스로를 깎아내리는 일에 우스꽝스러울 정도로 전념하는 듯하다. 비판, 풍자, 예술, 과학의 자유로운 유통은 문화적 허구에 대한 끊임없는 공격이다. 오랫동안 알려진 바처럼, 이것이 플라톤에서 마오쩌둥에 이르는 전체주의자가 이런 활동을 통제해야 했던 이유다. 오늘날 정신의학과 사회과학의 대단원을 살펴보면, 이들은 인간적 의미의 허구적 성격에 대한 아주 철저한 자기 폭로를 표상한다. 이보다 이론적으로 더 강력하게 해방적인 것은 없다. 리프턴은 심지어 자기 조롱과 희화화가 자신의 문화적 세계의 참상과 불합리를 초월하려고 시도하는 새로운 유형의 현대인의 징후라고 포착하기도 했다.[29]

결론

만일 내가 나 자신이 아는 가장 유토피아적 환상에 나약하게 굴복하길 원했다면, 그 환상은 모든 분야를 주도하는 인물들로 이루어진 세계적 과학 집단이 인간의 불행에 관한 합의된 일반 이론에 따라 일하는 그림이었을 것이다. 그들은 인류에게 스스로 만들어낸 불행과 스스로 초래한 패배의 이유를 밝혀줄 것이다. 그들은 어떻게 각 사회가 그 자체로 권력과 속죄의 극화를 구현하는 영웅 시스템인지 해명해줄 것이다. 또 어떻게 이것이 곧 인류의 독특한 아름다움이자 파괴적 악마주의인지, 어떻게 인간이 세상에 절대적 순수성과 선량함을 도입하기 위해 노력하는 바람에 스스로 패배했는지 해명해줄 것이다. 그들은 가족적 관계의 국가들이 지닌 다양한 영웅 시스템의 비非절대성을 주장하고 선전할 것이다. 그리고 인류의 불가능한 목표와 역설의 대가를 지속적으로 산정하여 공표할 것이다. 어떻게 주어진 사회가 죄와 죽음의 공포에 대한 책임을 이웃에게 전가함으로써 그것을 없애려 지나치게 애쓰는지 알려줄 것이다. 그러면 인간은 고통 속에서도 자기 자신 및 자기 세계와 합일을 이루기 위해 분투할 수 있을 것이다.

하지만 나는 이것이 환상임을 안다. 그런 집단이 이 지구상에서 얼마나 인기 있고 영향력이 있을지 상상할 수 있다. 즉 그 집단은 모든 국가를 위한 완벽한 희생양이 될 것이다. 그래서 이제는 아마도 경험을 통해 정신을 차렸을 진정한 계몽주의 몽상가처럼, 나는 내 눈길을 별자리로 돌려 다른 행성에서 온 더 현명한 방문자가 그러한 세계적 과학 집단을 어떻게 찬양할지 상상해본다. 하지만 아무것도 변하지 않는다. 우리 과학자들은 여전히 인간 군중에게 절망하고, 우리의 열망을 (이제는 우주복을 걸친) 외계의 장삼이사들에게 영원히 돌려야 할까? 또는 어쩌면 월터 M. 밀러의 위대한 과학소설 《리보위츠를 위한 찬송》에 나오는 수도승처럼, 우리는 신중하게 지켜온 우리의 원고를 이 행성에서 다른 행성으로 쏘아 올려야 할지도 모른다. 그리고 그곳 역시 우리가 그토록 고생해서 엮어낸 악에 관한 지혜를 무시하는 바람에 잿더미가 될 때, 그 원고를 또 다른 세계로 쏘아 올려야만 한다. 인간이 마침내 자신의 내달림을 통제할 수 있는 장소를 찾는, 일종의 우주로의 영원한 순례랄까.

다행히 그 누구도 미래에 관해 권위를 내세울 수 없다. 사건의 다양성은 너무도 복잡해서, 지식인이 환상에서든 현실에서든 예언자로 진지하게 받아들여지길 원하는 것은 사기다. 위대한 윌리엄 제임스의 말년의 사유 중 하나는, 모든 것을 마친 뒤에는 건네줄 충고가 없다는 것이다. 프로이트 정도의 위상을 지닌 사람이 예언하길 꺼린다면, 나는 분명 예언의 어떤 조짐에도 기웃거리지 않을 터이다. 우리가 부글거리는 온 지구에 걸쳐 넓은 그물을 던질 때, 우리는 그 누구도 인간의 가능성에 관해 말할 수 없다는 것을 인정해야 한다. 인간 본성을 이해했고 역사와 비극의 가장 큰 그림을 그릴 수 있었던 사상가들은 항상 뒤로 물러나 머리를 절레절레 내둘렀다. 하지만 내 생각에 최소한의 견고한 성취는 존재한다. 비록 프로이트의 비관론을 훨씬 뛰어넘을 수는 없지만, 적어도 우리는 그 비관론을 경험적이고 과학적인 명제에 복속시켰다. 이는 프로이트가 만족스럽게 해내지 못했던 일이다.

내가 보기에 이는 인간사에 이성의 여지를 남겨두는 듯하다. 인간이 동물적 두려움 때문에 살해한다면, 그 두려움은 항상 점검되고 진정될 수 있을 것이다. 하지만 인간이 탐욕 때문에 살해한다면, 도살은 영원히 치명적이다. 나치 수용소에서 살아남은 작가 엘리 위젤은 텔레비전 인터뷰에서 했던 아쉬움 섞인 발언에서 이 모든 사태를 집약했다. "인간은 인간적이지 않다." 하지만 인간이 사악한 동물이기 때문에 인간적이지 않다고 말하는 것과, 자신의 한계를 넘는 승리를 확보하려 애쓰는 두려움에 떠는 동물이기 때문에 인간적이지 않다고 말하는 것은 전혀 다르다. 허먼 멜빌의 《빌리 버드》에 담긴 교훈은, 인간에게는 극심한 공포를 이성처럼 보이게 할 절실한 필요가 있다는 것이다. 인간을 추하게 살아가도록 만드는 것은 타고난 동물적 버둥거림이 아니라, 극심한 공포를 숨기는 가장이다. 내가 보기에 이는 이제 악 자체가 비판적 분석에 적합한 대상이며, 아마도 이성의 지배를 받을 수 있다는 뜻이다. 프로이트는 심지어 오래된 본능적 만족조차 거부하게 할 수 있는 문화적 발전이 미래에 이뤄질 수도 있다고 성찰했다.[30] 죽음에 대한 공포와 영웅주의의 형식에 영향을 줄 수 있고, 그리하여 그것들이 야기했던 끔찍한 파괴성을 둔화시킬 수 있는 문화적 발전에 관해 사색하는 일은 훨씬 더 수월하다.

이는 프로이트 이후의 사유가 얻은 진정으로 위대한 수확이다. 이는 과학이 구도에서 제외되지 않는 고차원적 수준에서, 과학과 비극의 통합을 우리에게 제공한다. 우리는 분명 이 지구상에서 우리가 지닌 조건으로는 위대한 일을 결코 성취할 수 없을 것이다. 하지만 우리는 또 다시 비합리주의라는 저울에 견고한 무언가를 던져 평형을 깰 수 있다. 인간 운명에 영향을 끼치려 했던 사유의 실패에 관한 모든 것을 고려해볼 때, 우리는 이미 우리 시대의 위대한 일들을 목격했다. 마르크스주의는 이미 인간의 생존에 엄청난 영향력을 행사했다. 그것은 러시아에서 히틀러를 막아냈고, 지구상의 가장 많은 사람이 겪는 쓸데없고 오래된 불행을 제거했다. 프로이트 사유의 비극적이고 진정한 의미가 마침내 충분히 이해되었을 때, 우리가 그 사유에서 어떤 이득을 얻게 될지는 전혀 알 수 없다. 어쩌면 프로이트의 사유는 파괴를 상쇄할 바로 그 이성의 세부 척도를 우리에게 소개할 것이다.

인용문헌 및 미주

아서 호카트, 오토 랑크, 노먼 브라운의 저술은 본문에서 자주 언급되기에 다음과 같이 약자로 표기한다.

아서 M. 호카트 Arthur Maurice Hocart

K *Kingship*, 1927(London: Oxford University Press, 1969).

PM *The Progress of Man*(London: Oxford University Press, 1933).

KC *Kings and Councilors*, 1936(Chicago: University of Chicago Press, 1970), ed. Rodney Needham.

LGM *The Life-giving Myth*(London: Methuen, 1952), ed. Lord Raglan.

SO *Social Origins*(London: Watts, 1954), foreword by Lord Raglan.

오토 랑크 Otto Rank

PS *Psychology and the Soul*, 1930(New York: Perpetua Books, 1961).

AA *Art and Artist*, 1932(New York: Agathon Press, 1968).

ME *Modern Education: A Critique of its Fundamental Ideas*(New York: Knoff, 1932).

WT *Will Therapy and Truth and Reality*, 1936(New York: Knopf, 1945, one-volume edition).

BP *Beyond Psychology*, 1941(New York: Dover Books, 1958)[《심리학을 넘어서》, 정명진 옮김, 부글북스, 2015].

노먼 O. 브라운 Norman Oliver Brown의 *Life Against Death: The Psychoanalytical Meaning of History*(New York: Viking, 1959)는 LAD로 축약.

권두 인용문

1. William James, *The Varieties of Religious Experience*(New York: Mentor, 1958), pp. 137~138[《종교적 경험의 다양성》, 김재영 옮김, 한길사, 2000, 231쪽].

서문

1. Rank, PS, pp. 143~145.
2. Leo Tolstoy, *A Confession,* 1882(London: Oxford University Press, 1961 edition), p. 24[레프 니콜라예비치 톨스토이, 《톨스토이 고백록》, 박문재 옮김, 현대지성, 2018, 39쪽].
3. Rank, BP, p. 208[《심리학을 넘어서》, 234쪽].
4. 위의 책, p. 63[《심리학을 넘어서》, 70쪽].
5. Ernest Becker, *The Denial of Death*(New York: The Free Press, 1973)[《죽음의 부정》, 노승영 옮김, 한빛비즈, 2019].

1장

1. Hocart, SO, p. 87.
2. Hocart, PM, p. 133.
3. Mircea Eliade, *Cosmos and History*(New York : Harper Torch books, 1959), pp. 44 이하[《우주와 역사: 영원회귀의 신화》, 정진홍 옮김, 이학사, 1999].
4. Hocart, K, p. 201.
5. Claude Lévi-Strauss, *Structural Anthropology*(New York: Basic Books, 1963), pp. 132 이하; *The Savage Mind*(London: Weidenfeld and Nicolson, 1966)[《야생의 사고》, 안정남 옮김, 한길사, 1996].
6. Johan Huizinga, *Homo Ludens*, 1950(Boston: Beacon Press, 1960), p. 53[《호모 루덴스》 개정판, 이종인 옮김, 연암서가, 2018, 123쪽].
7. Hocart, KC, pp. 289~290.
8. 위의 책, pp. 37, 290.

9. William James, *The Varieties of Religious Experience*(New York: Mentor, 1958), p. 119[《종교적 경험의 다양성》, 김재영 옮김, 한길사, 2000, 204쪽].
10. Helmut Schoeck, *Envy: A Theory of Social Behavior*, 1969(New York: Harcourt, Brace & World, 1970), p. 86.
11. Alan Harrington, *The Immortalist*(New York: Random House, 1969), p. 115.
12. Erving Goffman, *Interaction Ritual*(New York: Doubleday Anchor Books, 1967)[《상호작용 의례》, 진수미 옮김, 아카넷, 2013]; *The Presentation of Self in Everyday Life*(New York: Doubleday Anchor Books, 1959)[《자아 연출의 사회학》, 진수미 옮김, 현암사, 2016].
13. Hocart, KC, pp. 285~286.
14. Robert Hertz, *Death and the Right Hand*(New York: The Free Press, 1960).
15. Hocart, K, p. 198.
16. Rank, AA, 특히 5~10장을 보라. 또한 G. Van der Leeuw, *Religion in Essence and Manifestation*(New York: Harper Torchbooks, 1963)과 Mircea Eliade, *Cosmos and History*도 참조하라.
17. Hocart, SO, pp. 92 이하.
18. 위의 책, p. 21; Hocart, K, pp. 25, 152.
19. Hocart, K, pp. 190 이하.
20. 위의 책, pp. 199 이하.
21. 위의 책, pp. 201~202, 224.
22. Hocart, PM, p. 133.
23. Hocart, K, p. 243.
24. Claude Lévi-Strauss, *The Savage Mind*.
25. Ernest Becker, *The Denial of Death*.(New York: The Free Press, 1973)[《죽음의 부정》, 노승영 옮김, 한빛비즈, 2019].
26. Hocart, KC, pp. 53~54.
27. Hocart, SO, p. 35.

2장

1. Brown, LAD.
2. Géza Róheim, *Psychoanalysis and Anthropology*(New York: International Universities Press, 1969).
3. Brown, LAD, p. 261.
4. Marcel Mauss, *The Gift*(Glencoe: The Free Press, 1954)[《증여론》, 이상률 옮김, 한길사, 2002].
5. Brown, LAD, p. 271.
6. G. Van der Leeuw, *Religion in Essence and Manifestation* vol. 2(New York: Harper Torchbooks, 1963), chap. 50.
7. 위의 책, p. 356.
8. Hocart, LGM, pp. 102~103.
9. Géza Róheim, "The Evolution of Culture," *International Journal of Psychoanalysis* vol. 15, 1934, p. 401.
10. Brown, LAD, p. 269.
11. 위의 책, p. 268.
12. 위의 책.
13. Rank, WT, p. 87.
14. 파울 틸리히(Paul Tillich)의 "삶의 애매성"에 관한 논의가 실린 *Systematic Theology* vol. 3(Chicago: University of Chicago Press, 1963)[《조직신학 4》, 유장환 옮김, 한들출판사, 2008]을 참조하라.
15. A. J. Levin, "The Fiction of the Death Instinct," *Psychiatric Quarterly* vol. 25, 1951, p. 269.
16. Harry H. Turney-High, *Primitive War: Its Practice and Concepts* (Columbia: University of South Carolina Press, 1971), pp. 196~204를 참조하라.
17. A. J. Levin, "The Fiction of the Death Instinct," p. 268. 이 논의는 J. C. Moloney, *The Magic Cloak*(Wakefield, Mass.: Montrose Press, 1949), p. 213의 논의를 확장한 것이다.
18. Brown, LAD, pp. 265~266.
19. 위의 책, p. 280.

20. G. Van der Leeuw, *Religion in Essence and Manifestation* vol. 2, pp. 463 이하를 참조하라.
21. 위의 책, pp. 468~469.

3장

1. Brown, LAD, p. 252.
2. Claude Lévi-Strauss, *A World on the Wane*(London: Hutchinson & Co., 1961).
3. Jean-Jacques Rousseau, *The First and Second Discourses,* 1755(New York: St. Martin's, 1964), ed. R. D. Masters[《인간 불평등 기원론》, 주경복 옮김, 책세상, 2018].
4. Brown, LAD, p. 242.
5. Jean-Jacques Rousseau, *The First and Second Discourses,* p. 141 [《인간 불평등 기원론》, 104쪽].
6. 위의 책, p. 174[《인간 불평등 기원론》, 146쪽].
7. 위의 책, p. 149[《인간 불평등 기원론》, 113~114쪽].
8. W. C. Lehman, *Adam Ferguson and the Beginnings of Modern Sociology*(New York: Columbia University Press, 1930), pp. 82 이하.
9. Gunnar Landtman, *Origin of the Inequality of the Social Classes*(Chicago: University of Chicago Press, 1938), chap. 3.
10. 위의 책, p. 54.
11. 위의 책, pp. 55 이하.
12. Morton H. Fried, *The Evolution of Political Society*(New York: Random House, 1967), 특히 pp. 182 이하를 참조하라.
13. Rank, ME, p. 13.
14. Rank, BP, p. 103[오토 랑크,《심리학을 넘어서》, 정명진 옮김, 부글북스, 2015, 118쪽].
15. Robert H. Lowie, *Lowie's Selected Papers in Anthropology*(Berkeley: University of California Press, 1960), ed. Cora Du Bois. pp. 279 이하.

16. Thomas Hobbes, *The Leviathan*, 1651(New York: Liberal Arts, 1958), chap. 11 [《리바이어던》 1권, 진석용 옮김, 나남출판, 2008, 138쪽].
17. Mircea Eliade, *Shamanism: Archaic Techniques of Ecstasy*(New York: Pantheon, 1964)[《샤머니즘: 고대적 접신술》, 이윤기 옮김, 까치, 1992]를 참조하라.
18. Paul Radin, *The World of Primitive Man*(New York: Grove Press, 1960), p. 140.
19. 위의 책, chap. 7 "The Crises of Life and Their Rituals."
20. 위의 책.
21. W. C. Lehman, *Adam Ferguson and the Beginnings of Modern Sociology*, pp. 113 이하.
22. Brown, LAD, pp. 251~252.
23. 위의 책, p. 252.
24. Gerhard Lenski, *Power and Privilege*(New York: McGraw-Hill, 1966), p. 105.

4장

1. Paul Radin, *The World of Primitive Man*(New York: Grove Press, 1960), pp. 213 이하.
2. Morton H. Fried, *The Evolution of Political Society*(New York: Random House, 1967), pp. 117~118.
3. Hocart, KC, p. 138.
4. 위의 책, p. 134.
5. 위의 책, pp. 134, 206.
6. Hocart, K, p. 209.
7. 위의 책, p. 41.
8. 위의 책, p. 45.
9. Henri Frankfort, *Ancient Egyptian Religion*(New York: Harper Torchbooks, 1961), pp. 56~57.
10. Hocart, KC, p. 203.

11. 위의 책, p. 154.
12. 위의 책, p. 139.
13. 위의 책, p. 153.
14. Robert H. Lowie, "Some Aspects of Political Organization among the American Aborigines," in Cora Du Bois, ed., *Lowie's Selected Papers in Anthropology*(Berkeley: University of California Press, 1960), chap. 21; Paul Radin, *The World of Primitive Man*, pp. 214~215.
15. Morton H. Fried, *The Evolution of Political Society*, p. 180.
16. Géza Róheim, "The Evolution of Culture," *International Journal of Psychoanalysis* vol. 15, 1934, p. 402를 참조하라.
17. Hocart, PM, p. 237.

5장

1. Karl Lamprecht, *What Is History?*(New York: Macmillan, 1905), p. 29.
2. Rank, PS, p. 87.
3. Brown, LAD, p. 285.
4. Rank, PS, p. 18.
5. 위의 책, p. 38. 또한 Emile Durkheim, *Incest: The Nature and Origin of the Taboo*, 1897(New York: Lyle Stuart, 1963), p. 109를 참조하라.
6. F. M. Cornford, *From Religion to Philosophy*, 1912(New York: Harper Torchbooks, 1957), p. 109를 참조하라.
7. Rank, BP, p. 126[《심리학을 넘어서》, 142쪽].
8. 위의 책, p. 125[《심리학을 넘어서》, 141쪽].
9. A. Moret and G. Davy, *From Tribe to Empire*(New York: Knopf, 1926), p. 360.
10. "Religion, Magic and Morale," in Douglas G. Haring, ed., *Japan's Prospect*(Cambridge, Mass.: Harvard University Press, 1946), chap. 7.

11. Rank, BP, pp. 162 이하[《심리학을 넘어서》, 181쪽 이하].
12. 위의 책, p. 135[《심리학을 넘어서》, 152쪽].
13. 위의 책, p. 128[《심리학을 넘어서》, 144쪽].
14. 위의 책, p. 127[《심리학을 넘어서》, 144쪽].
15. 위의 책, p. 128[《심리학을 넘어서》, 144~145쪽].

6장

1. Brown, LAD, pp. 127~128.
2. 위의 책, p. 248.
3. 위의 책, p. 283.
4. 위의 책, p. 286.
5. 위의 책, pp. 279, 281, 283.
6. Mary Douglas, *Purity and Danger: An Analysis of Concepts of Pollution and Taboo* (British Penguin Books, 1966), pp. 85~86 [《순수와 위험》, 유제분·이훈상 옮김, 현대미학사, 1997, 117쪽].
7. Brown, LAD, p. 247.
8. Gunnar Landtman, *Origin of the Inequality of the Social Classes*(Chicago: University of Chicago Press, 1938), pp. 60~61을 참조하라.
9. G. Elliot Smith, *Human History*(New York, 1929). Stanton A. Coblentz, *Avarice: A History*(Washington: Public Affairs Press, 1965), p. 24에서 재인용.
10. Hocart, LGM, p. 99.
11. Brown, LAD, p. 247.
12. Hocart, LGM, p. 101.
13. Géza Róheim, "The Evolution of Culture," *International Journal of Psychoanalysis* vol. 15, 1934, p. 402.
14. Hocart, LGM, p. 103.
15. Oswald Spengler, *The Decline of the West*(New York: Knopf, 1939, one-volume edition), p. 489[《서구의 몰락》 3권, 박광수 옮김, 범우사, 1995, 459쪽].

16. Brown, LAD, pp. 246, 248.
17. 위의 책, p. 251.
18. 위의 책, p. 295.
19. 위의 책, pp. 289~293.
20. Placide Tempels, *Bantu Philosophy*(Paris: Présence Africaine, 1959), p. 118.
21. Rank, BP, p. 128[《심리학을 넘어서》, 145쪽].
22. Brown, LAD, p. 215.
23. 최근 미국인의 삶에서 돈이 차지하는 상징적 역할에 관해서는 휴 덩컨(Hugh Duncan)의 짧지만 탁월한 장 "Money as a Form of Transcendence in American Life," *Communication and Social Order*(New York: Bedminster Press, 1962), chap. 26을 참조하라.
24. 위의 책, p. 278.
25. 위의 책, p. 279.
26. Gerald Heard, *The Ascent of Humanity: An Essay on the Evolution of Civilization from Group Consciousness through Individuality to Super-Consciousness*(London: Jonathan Cape, 1929), p. 71, 주석 5.
27. Brown, LAD, p. 272.
28. 위의 책, pp. 280, 283.

7장

1. Rank, BP, pp. 58~59[《심리학을 넘어서》, 163쪽].
2. Wilhelm Reich, *The Mass Psychology of Fascism*, 1933(New York: Farrar, Straus & Giroux, 1970), pp. 334 이하[《파시즘의 대중심리》, 황선길 옮김, 그린비, 2006, 464쪽].
3. 위의 책, p. 339[《파시즘의 대중심리》, 465쪽].
4. Erich Neumann, *Depth Psychology and a New Ethic*(London: Hodder & Stoughton, 1969), p. 40.
5. Carl Jung, "After the Catastrophe," *Collected Works* vol. 10(Princeton, N. J.: Bollingen, 1970), p. 203[〈대재앙 이후〉, 《전환시대의 문명》, 정명진 옮김, 부글북스, 2019, 139쪽].

6. 위의 책[〈대재앙 이후〉, 《전환시대의 문명》, 139쪽].
7. Erich Neumann, *Depth Psychology and a New Ethic*, p. 50.
8. Carl Jung, "After the Catastrophe," p. 216[〈대재앙 이후〉, 《전환시대의 문명》, 161쪽].

8장

1. Elias Canetti, *Crowds and Power*(London: Gollancz, 1962), p. 448[《군중과 권력》, 강두식·박병덕 옮김, 바다출판사, 2010, 594쪽].
2. Jean-Jacques Rousseau, "Discourse on the Origin and Foundations of Inequality among Men," in *The First and Second Discourses*, 1755(New York: St. Martin's, 1964), ed. R. D. Masters, p. 161[《인간 불평등 기원론》, 주경복·고봉만 옮김, 책세상, 2018].
3. Lewis Mumford, *The Myth of the Machine: Technics and Human Development*(New York: Harcourt, Brace & World, 1966)[《기계의 신화 1: 기술과 인류의 발달》, 유명기 옮김, 아카넷, 2013].
4. 위의 책, p. 225~226[《기계의 신화 1: 기술과 인류의 발달》, 414쪽].
5. 위의 책, pp. 220~221[《기계의 신화 1: 기술과 인류의 발달》, 406~407쪽].
6. 위의 책, pp. 58, 116, 218, 226 이하[《기계의 신화 1: 기술과 인류의 발달》, 102, 199~200, 402~403쪽, 415쪽 이하].
7. 위의 책, pp. 149~150, 308[《기계의 신화 1: 기술과 인류의 발달》, 257~258, 548쪽].
8. 예컨대 다음 문헌을 참조하라. Georges Gusdorf, *L'Experience humaine du sacrifice*(Paris: Presses Universitaires de France, 1948); Louis Bouyer, *Rite and Man: Natural Sacredness and Christian Liturgy*(Notre Dame, Ind.: University of Notre Dame Press, 1963); Henri Hubert and Marcel Mauss, *Sacrifice: Its Nature and Function*, 1898(Chicago: University of Chicago Press, 1964); G. Van der Leeuw, *Religion in Essence and Manifestation* vol. 2(New York: Harper Torchbooks, 1963), chap. 50.
9. Lewis Mumford, *The Myth of the Machine*, pp. 185~186[《기계의

신화 1: 기술과 인류의 발달》, 349~350쪽].

10. 이와 유사하면서 설득력 있는 진술로는 Herbert Marcuse, "The Ideology of Death," in H. Feifel, ed., *The Meaning of Death*(New York: McGraw-Hill, 1965), p. 75[〈죽음의 이데올로기〉, 정동호 엮음, 《죽음의 철학》, 청람문화사, 1986, 225쪽]를 참조하라.
11. 이 대목은 Henri Hubert and Marcel Mauss, *Sacrifice*와 G. Van der Leeuw, *Religion* vol. 2, p. 356에서 인용했다.
12. Leo Alexander, "Sociopsychologic Structure of the SS," *Archives of Neurology and Psychiatry* vol. 59, 1948, p. 626.
13. Harry H. Turney-High, *Primitive War: Its Practice and Concepts* (Columbia: University of South Carolina Press, 1971), pp. 189 이하. 이 입장은 *Myth of the Machine*, p. 218[《기계의 신화 1: 기술과 인류의 발달》, 357쪽]에서 멈퍼드의 가설과 상충한다.
14. Elias Canetti, *Crowds and Power*, pp. 139~140[《군중과 권력》, 187~188쪽]을 참조하라.
15. Johan Huizinga, *Homo Ludens*, 1950(Boston : Beacon Press, 1955), p. 91[《호모 루덴스》 개정판, 이종인 옮김, 연암서가, 2018, 191쪽].
16. Elias Canetti, *Crowds and Power*, p. 228[《군중과 권력》, 302~303쪽].
17. 위의 책, p. 230[《군중과 권력》, 305~306쪽].
18. Gunnar Landtman, *Origin of the Inequality of the Social Classes* (Chicago: University of Chicago Press, 1938), pp. 42 이하.
19. *Vancouver Sun*, British Columbia, Canada, Oct. 15, 1971.
20. Rank, WT, p. 130.
21. Sigmund Freud, "Thought for the Times on War and Death" and "Why War?," *Collected Papers,* vols. 4 and 5, 1932(New York: Basic Books, 1959)[〈전쟁과 죽음에 대한 고찰〉과 〈왜 전쟁인가?〉, 《문명 속의 불만》 신판, 김석희 옮김, 열린책들, 2020].
22. Sigmund Freud, "Thought for the Times on War and Death," *Collected Papers* vol. 4, p. 314[〈전쟁과 죽음에 대한 고찰〉, 《문명 속

의 불만》 신판, 69쪽].

23. Alan Harrington, *The Immortalist*(New York: Random House, 1969), p. 49.
24. 도미티아누스 황제가 생존 **과정** 자체를 경험하는 방식에 관한 카네티(Elias Canetti)의 흥미로운 통찰로는 *Crowds and Power*, p. 234[《군중과 권력》, 311~312쪽]을 참조하라.
25. 위의 책, pp. 138~140[《군중과 권력》, 185~188쪽].
26. Rank, PS, pp. 73~74(강조는 인용자).
27. Jordan Scher, "Death: The Giver of Life," in H. M. Ruitenbeek, ed., *Death: Interpretations*(New York: Delta Books, 1969), pp. 103~104.
28. Gregory Zilboorg, "Fear of Death," *Psychoanalytic Quarterly* vol. 12, 1943, p. 472.
29. Rank, BP, pp. 40~41[《심리학을 넘어서》, 43쪽].
30. Alan Harrington, *The Immortalist*, pp. 138~139.
31. Gregory Zilboorg, "Fear of Death," pp. 473~474.
32. Hugh D. Duncan, *Communication and Social Order*(New York: Bedminster Press, 1962), p. 127.
33. Hugh D. Duncan, *Symbols in Society*(New York: Oxford University Press, 1968), p. 242. 또한 Hugh D. Duncan, *Symbols and Social Theory*(New York: Oxford University Press, 1969), pp. 266~267도 참조하라.
34. Hugh D. Duncan, *Communication and Social Order*, p. 131.
35. Herman Feifel, ed., *The Meaning of Death*(New York: McGraw-Hill, 1965), p. 62에서 재인용.
36. Rank, BP, pp. 168~169[《심리학을 넘어서》, 188~199쪽].
37. Brown, LAD, 10쪽에서 재인용.
38. Hugh D. Duncan, *Communication and Social Order*, p. 132.
39. Hugh D. Duncan, *Symbols in Society*, p. 39.
40. 위의 책, pp. 39~40.
41. Kenneth Burke, "The Rhetoric of Hitler's 'Battle'," *The Philosophy*

of Literary Form(New York: Vintage Books, 1957)를 참조하라. 또한 Hugh D. Duncan, *Communication and Social Order*, 특히 17, 18장과 *Symbols in Society* 4장도 참조하라.

42. Arthur Koestler, *Darkness at Noon*[《한낮의 어둠》, 문광훈 옮김, 후마니타스, 2010]과 Hugh D. Duncan, *Symbols and Social Theory*, p. 304의 참고문헌을 참조하라.
43. Kenneth Burke, in Hugh D. Duncan, *Symbols and Social Theory*, p. 269; Hugh D. Duncan, *Communication and Social Order*, p. 127.
44. Robert J. Lifton, *Revolutionary Immortality: Mao Tse-tung and the Chinese Cultural Revolution*(New York: Vintage Books, 1968), p. 40.
45. 위의 책, p. 81.
46. 위의 책, pp. 68 이하.
47. Rank, BP, pp. 40~41[《심리학을 넘어서》, 43쪽].
48. Robert J. Lifton, *Revolutionary Immortality*, pp. 7~8.
49. Alan Harrington, *The Immortalist*, p. 131.
50. Brown, LAD, 14장의 종합명제를 참조하라.
51. Robert J. Lifton, *Revolutionary Immortality*, p. 25.
52. 위의 책, p. 84.
53. Hugh D. Duncan, *Symbols in Society*, chap. 4; *Symbols and Social Theory*, chap. 23.
54. Alan Harrington, *The Immortalist*, p. 64.
55. Ernest Becker, *Beyond Alienation*(New York: Braziller, 1967), pp. 182~195를 참조하라.
56. James C. Moloney, *The Magic Cloak*(Wakefield: Montrose Press, 1949); A. J. Levin, "The Fiction of the Death Instinct," *Psychiatric Quarterly* vol. 25, 1951; Herbert Marcuse, "The Ideology of Death"를 참조하라.

9장

1. Jean-Jacques Rousseau, *The First and Second Discourses*, 1755(New York: St. Martin's, 1964), ed. R. D. Masters, p. 129[《인간 불평등 기원론》, 주경복·고봉만 옮김, 책세상, 2018].
2. 위의 책, p. 149[《인간 불평등 기원론》, 113쪽].
3. 위의 책, pp. 179~180[《인간 불평등 기원론》, 153~154쪽].
4. 위의 책, pp. 151, 179[《인간 불평등 기원론》, 116~117, 153쪽].
5. James Frazer, *The New Golden Bough*, 1890(New York: Criterion Books, 1959, 축약본), ed. T. H. Gaster, pp. 54~60, 223 이하[《황금가지》 1권, 박규태 옮김, 을유문화사, 2005, 229~241, 626쪽 이하].
6. Gerald Heard, *The Ascent of Humanity*(London: Jonathan Cape, 1929), pp. 68 이하.
7. Elias Canetti, *Crowds and Power*(London: Gollancz, 1962), pp. 225~278, 411~434[《군중과 권력》, 강두식·박병덕 옮김, 바다출판사, 2010, 301~375, 545~575쪽].
8. Arthur Koestler, "The Urge to Self-destruction," in A. Tiselius and S. Nilsson, eds., *The Place of Value in a World of Facts: Proceedings of the Fourteenth Nobel Symposium*(New York: Wiley, 1970), pp. 301~304. 또한 Arthur Koestler, *The Ghost in the Machine*(New York: Macmillan, 1967), chap. 15도 참조하라.
9. Ernest Becker, *The Birth and Death of Meaning*(New York: The Free Press, 1971 edition), p. 172.
10. Erich Fromm, *The Heart of Man: Its Genius for Good and Evil*(New York: Harper & Row, 1964)[《인간의 마음》, 황문수 옮김, 문예출판사, 2002].
11. Julius Hecker, *Russian Sociology*(London: Chapman and Hall, 1934), pp. 119~120.
12. Robert J. Lifton, *Revolutionary Immortality: Mao Tse-tung and the Chinese Cultural Revolution*(New York: Vintage Books, 1968)의 책 앞 인용문에서 재인용.
13. Harry H. Turney-High, *Primitive War: Its Practice and Concepts*

(Columbia: University of South Carolina Press, 1971)의 8~10장을 참조하라. 해결되지 못한 슬픔이 살해 동기가 된다는 점에 대해서는 Ronald Kuhn의 고전적 연구인 "The Attempted Murder of a Prostitute," in Rollo May et al., eds., *Existence: a New Dimension in Psychiatry and Psychology*(New York: Basic Books, 1958)를 참조하라.

14. Arthur Koestler, "Urge to Self-destruction," p. 302.
15. Konrad Lorenz, *On Aggression*(New York: Harcourt, Brace & World, 1966), p. 403.
16. Sigmund Freud, *Group Psychology and the Analysis of the Ego*(New York: Bantam Books edition, 1965)[《집단 심리학과 자아 분석》,《문명 속의 불만》 신판, 김석희 옮김, 열린책들, 2020].
17. Arthur Koestler, *The Ghost in the Machine*, pp. 251~253.
18. 위의 책, p. 234.
19. Erich Fromm, *The Heart of Man*, p. 56[《인간의 마음》, 90~91쪽].
20. Gerhard Lenski, *Power and Privilege*(New York: McGraw-Hill, 1966), pp. 441~443.
21. 위의 책, p. 105.
22. Clyde Kluckhohn, *Navaho Witchcraft*(Boston : Beacon Press, 1944), pp. 89, 95.
23. John G. Kennedy, "Psychosocial Dynamics of Witchcraft Systems," *International Journal of Social Psychiatry* vol. 15, 1969, p. 177를 참조하라. 아울러 정신분석학 내부에서 이 문제를 놓고 마르크스주의자 Otto Fenichel부터 Alexander Mitscherlich까지 이르는 사람들이 벌인 논란에 대해서는 Alexander Mitscherlich, "Psychoanalysis and the Aggression of Large Groups," *International Journal of Psychoanalysis* vol. 52, 1971, pp. 161~167을 참조하라.
24. Kenneth Burke, "The Rhetoric of Hitler's 'Battle'," *The Philosophy of Literary Form*(New York: Vintage Books, 1957), pp. 187~188.

10장

1. Paul Ricœur, *Symbolism of Evil*(New York: Harper & Row, 1967), p. 351[《악의 상징》, 양명수 옮김, 문학과지성사, 1994, 324쪽].
2. Charles H. Cook, Jr., "Ahab's 'Intolerable Allegory'," *Boston University Studies in English* vol. 1, 1955~1956, pp. 45~52.
3. Sigmund Freud, *Civilization and Its Discontents*, 1929(London: Hogarth, 1969), p. 82[《문명 속의 불만》, 《문명 속의 불만》 신판, 김석희 옮김, 열린책들, 2020, 342쪽].
4. Sigmund Freud, *The Future of an Illusion*, 1927(New York: Doubleday Anchor Books, 1964), p. 12[《어느 환상의 미래》, 《문명 속의 불만》 신판, 김석희 옮김, 열린책들, 2020, 180쪽].
5. Carl Jung, *The Psychology of the Transference*(Princeton, N. J. : Princeton University Press, 1969), p. 56[《전이의 심리학》, 《인격과 전이》, 한국융연구원 C. G. 융 저작 번역위원회 옮김, 솔출판사, 2004, 231쪽].
6. Rank, ME, p. 200.
7. Sigmund Freud, "Observations on Transference-Love," *Collected Papers* vol. 2, 1915(New York: Basic Books, 1959), p. 388[〈전이-사랑에 대한 관찰〉, 《프로이트에게 배우는 정신분석 치료 기법》, 한동석 옮김, 씨아이알, 2016, 153~154쪽].
8. Rank, BP, p. 272[《심리학을 넘어서》, 306쪽].
9. Rank, PS, p. 192.
10. Rank, BP, p. 273[《심리학을 넘어서》, 306쪽].
11. Ira Progoff, *The Death and Rebirth of Psychology* 1956(New York: Dell, 1964), p. 262.
12. 위의 책, p. 81에서 재인용.
13. Rank, WT, p. 253.
14. Carl Jung, *The Psychology of the Transference*, pp. 71~72[《전이의 심리학》, 《인격과 전이》, 251~252쪽].
15. Erich Fromm, "The Social Philosophy of 'Will Therapy'," *Psychiatry* vol. 2, 1939, pp. 229~237.

16. 랑크의 균형 잡힌 관점은 Rank, BP, p. 15[《심리학을 넘어서》, 10쪽]를 참조하라.
17. Paul Pruyser, *A Dynamic Psychology of Religion*(New York: Harper & Row, 1968), p. 8.
18. 이 논제는 몇몇 학자가 연구해왔으며, 내가 알기로 가장 최근에는 시드니 훅의 연구가 있다. Sidney Hook, *The Hero in History*(Boston: Beacon Press, 1955).
19. Julius Hecker, *Russian Sociology*(London: Chapman & Hall, 1934), pp. 119~120.
20. Herbert Marcuse, "The Ideology of Death," in H. Feifel, ed., *The Meaning of Death*(New York: McGraw-Hill, 1965)[〈죽음의 이데올로기〉, 정동호 엮음, 《죽음의 철학》, 청람문화사, 1986].
21. 위의 글, p. 74[〈죽음의 이데올로기〉, 《죽음의 철학》, 224쪽].
22. Rank, ME, p. 232(강조는 인용자).
23. Herbert Marcuse, "The Ideology of Death," p. 72[〈죽음의 이데올로기〉, 《죽음의 철학》, 221쪽].
24. 또한 Rank, WT, p. 62; Erich Fromm, *Beyond the Chains of Illusion*(New York: Simon & Schuster, 1962), pp. 56 이하[《의혹과 행동》, 최혁순 옮김, 범우사, 1999, 81쪽 이하]; William F. Lynch, *Images of Hope*(New York: Omega Books, 1965)을 참조하라.
25. Brown, LAD, pp. 231~233.
26. Rank, BP, p. 128[《심리학을 넘어서》, 144쪽].
27. *The Intercollegiate Review: A Journal of Scholarship and Opinion*을 참조하라.
28. Gregory Zilboorg, "Authority and Leadership," *Bulletin of the World Federation of Mental Health* vol. 2, 1950, pp. 13~17.
29. Robert J. Lifton, "Protean Man," *Partisan Review*, Winter, 1968, pp. 13~27.
30. Sigmund Freud, *The Future of an Illusion*, p. 13[《어느 환상의 미래》, 《문명 속의 불만》 신판, 180~181쪽].

인류의 불온한 꿈, 불멸의 유토피아

1973년 퓰리처상을 안겨준 역작《죽음의 부정》에서 베커는 유한성을 부정하고 초월하려는 인간의 실존적 욕망이 세상의 악을 만들어낸 근원이라고 보았다. 문명의 구조나 사회조직이 아니라 인간 주체의 존재론적 조건에서 악의 발생을 설명하는 취지로 보면 문화인류학자보다 심리학자나 정신분석가의 논리에 더 가깝다. 실제로 이 책은 '악의 정신분석' 혹은 '죽음의 공포에 관한 심리학'이라는 부제를 달아도 그럴듯해 보일 만큼 정신분석의 개념들이 자주 등장한다. 그런데 이렇게 요약하고 말면 베커 사상의 진면목을 모두 소개했다고 할 수 없다. 실존적 죽음을 부정하려는 욕망에서 곧바로 악이 유래한다기보다, 필멸을 초월하여 상징적 불멸성을 성취하기 위한 사회적이고 집단적인 장치들에 그 욕망이 매개됨으로써 비로소 악은 정당화된다. 베커의 문화인류학적 접근법은 이 책에서 일종의 사회적 정신분석의 형태로 전개되며, 악 그 자체가 아니라 인간이 만들어낸 집단적 상징 기제인 '영웅주의'의 양상을 깊이 파헤친다.

1975년 베커 사후에 나온《악에서 벗어나기》는《죽음의 부정》의 후속편으로서, 인류가 현존하는 영웅주의 기제들의 파괴성을 극복하고 악에서 헤어날 수 있는 가능성을 적극 타진한다. 이 책에서 저자가 던지는 화두는 인간의 자발적 예속성이다. 이 화두는 "인간이 자신의 소비 능력 이상으로 생산하기 위해 기꺼이 쾌락을 포기하는, 즉 자신을 부정하는 태도를 어떻게 설명할 수 있을까?"라는 경제적 의문이 되기도 하고, "왜 인간은 그렇게 신비에 감싸이길 염원하며, 그토록 기꺼이 족쇄에 결박되려고 하는가?"라는 정치적 질문으로도 제기된다. 베커는 인류의 이 "자발적 자기소외"가 무의식적 욕망이 발현된 일종의 증상에 가깝다고 분석한다. 전자는 마르크스가 자본주의 생산양식을 분석하면서 제기했었고, 후자는 스피노자가 처음 던졌던 질문이고 질 들뢰즈가 《안티 오이디푸스》에서 새롭게 다루기도 했다. 이 철학적 물음은 프로이트가 정신분석의 대전제인 쾌원리Lustprinzip를 위반하는 사례를 통해 인류사적 중요성을 지닌 난제로 설정하기도 했다.

《죽음의 부정》에서 인간의 자발적 자기소외가 발생하는 원인을 삶의 무의미가 주는 공포를 극복하려는 인간의 몸부림으로 본다면, 이 책에서는 인간이 동물성/육체성에서 탈피하려는 욕망으로 인해 생겨난 불가피한 결과로 설명한다. 라이히가 적절하게 지적했듯, 인간은 동물이 되고 싶지 않은 것이다. 베커에 따르면, 원시시대부터 현대에 이르기까지 인간의 행동을 촉발하는 주요 동기는 바로 이 동물성의 거부이며, 이는 인간이 다양한 형태의 '불멸성의 상징'에 의존하는 문화적 존재임을 증명한다. 물리적으로 불가능한 불멸성을 상징의 형태로 희구하고 의미화하려는 모순된 인간의 동기는 우주를 관장하는 보이지 않는 힘(권력)에 절대적으로 의탁함으로써 해결될 수 있다. 대우주의 원리를 따르고 숭배하는 일은 곧 인간 자신이 하나의 소우주로서 자연의 운행을 통제할 수 있다는 믿음과 맞닿아 있다.

죽음을 물리치기 위해 비가시적 우주 존재를 숭배하는 행위는 온갖 제의와 의식을 통해 틀을 갖춘다. 제의 형식이 서고, 제물이 마련되며, 제물로 바쳐질 희생양이 선택되는 일련의 절차가 확립된다. 이와 더불어 제의를 주관하는 공동체의 우월한 지도자와 제의 집행의 임무를 띤 샤먼과 사제의 무리 같은 특권 집단이 생겨난다. 공동체의 안녕과 기복을 비는 제물로 바쳐질 희생양의 역할은 내부의 우두머리나 부족 간의 전쟁에서 획득한 포로들에게 할당된다. 개별 존재가 아니라 불멸성을 향한 공동의 제의와 형식을 갖춘 인간 집단은 더 이상 자연과 운명의 힘에 취약하지 않고 비가시적 존재의 힘과 호응하는 지상의 통제력을 누리게 된다. 제의를 위한 경제활동과 희생양 만들기의 형식은 모두 인간이 타고난 동물성을 일종의 죄로 간주하고 거기서 벗어나기 위한 기나긴 속죄의 과정으로 인식된다. 악은 이 속죄 과정의 불가피한 부산물일 따름이다.

악의 첫 번째 모습은 '인간 불평등'이고, 두 번째는 '자연의 대상화'이다. 원시의 평등주의적 공동체에서 널리 시행된 포틀래치 전통은 가시적 신을 욕망하는 집단적 욕구와 제의의 중앙집중화를 통해 특권적 집단이 권력을 누리고 대중들은 거기에 자발적으로 복종하는 불평등한 사회적 구조로 진화한다. 베커의 이 밑그림은 인간 불평등이 권력과 압제를 행하는 계급과 국가의 성립에서 비롯한다고 보는 루소 및 그를 추종한 마르크스주의의 입장과 다르다. 베커가 보기에 루소는 인간의 노예화가 주체의 의지와 무관한 구조적 권력에 있다고 명시하며, 이는 마르크스주의가 표방해 온 정치적 해방의 서사에서 가장 극명하게 드러난다. 불평등의 기원인 사적 소유와 특권계급, 그리고 국가의 폐지가 곧 인간해방의 기치로 정립된다.

베커는 이러한 명확한 정치적 의제가 현실에서 왜 실현 불가능할 뿐만 아니라 실제로 이미 실패한 프로젝트인지 비판하고자 한다. 베커에겐 인간의 예속성과 불평등 자체가 아니라 '자발성'이 문제이다. 아니 좀 더 정확히 표현하자면, 인간 충동의 '내달림 drivenness'이다. 그가 마르크스주의 사상 및 당시의 소비에트 사회주의가 표방한 의제들에 깊은 의구심을 표한 바탕에는 자기소외를 욕망하는 인간의 자발성에 대한 천착이 깃들어 있다.

> 이제 우리는 "자연 상태"의 인간이 자유롭다가 나중에야 자유롭지 않게 된다는 생각이 얼마나 공상적인지 알 수 있다. 인간은 자유로웠던 적이 없으며, 자신의 본성에서 자유로울 수 없다. 인간은 **자신의 내부에** 지속적인 삶의 유지를 위해 필요한 속박을 지니고 있다. 랑크가 잘 알려주듯, 루소는 단지 인간 본성의 모든 측면을 이해할 수 없었을 따름이다. 즉 루소는 "모든 인간 존재가 또한 똑같이 자유롭지 못하다는 것, 다시 말해 우리는 태어날 때부터 권위를 필요로 하며 심지어 자유로부터 감옥을 만들어내기도 한다는 것을 알 수 없었다."(본문 84~85쪽)

이는 어쩌면 인간관의 차이일 수 있다. 루소의 낭만적 인간관과 달리 베커는 인간이 자신을 속박하고 옥죄는 권위를 존재론적으로 필요로 하는 존재라는 입장에 굳건히 서 있고, 따라서 그는 마르크스주의 원리를 심리학과 정신분석의 인간에 대한 심오한 통찰로 보완하기 위해 애쓴다. 그렇게 보면《악에서 벗어나기》는 문화인류학의 관점에서 마르크스주의 정치학과 프로이트주의 정신분석을 결합하여 새로운 정치적 의미를 길어 내려는 노력의 일환이다. 베커가 루소와 결별해야 했고 프로이트가 아닌 랑크와 브라운의 새로운 심리학에 더 큰 의미를 부여했던 일은 결코 우연이 아니다.

비가시적 우주 존재에 의탁했던 공동체의 제의는 가시적 권력에 대한 자발적 의탁과 자기예속의 영속화로 인해 쇠퇴한다. 인간은 이제 세속적 권력의 화신들과 동일시함으로써 적대적 타인을 합법적으로 지배할 수 있을 뿐만 아니라 자연 역시 자신의 목적과 욕망에 이용할 수 있는 대상으로 소유한다. 가시적 권력과의 동일시 기제는 영웅주의를 산출한다. 이 영웅주의는 인간이 자신의 삶 자체를 죄로 간주하여 기나긴 속죄에 나서게 만드는 증여 행위를 통해 작동한다. 집단에 소속된 구성원으로서 가시적 권력에 증여하고 그 권력을 공동체의 영웅으로 숭배하는 문화적 장치는 실존적 속죄의 방편이자 경제적 잉여 창출의 과정이기도 하다. 죄가 개별 인간이 마주한 두려움과 무기력함의 경험이라면, 동일시할 수 있는 가시적 영웅을 보유한 집단에 소속되는 일은 이 죄를 적극적으로 이겨내려는 방편이자 더 많은 승리, 더 풍부한 삶을 보장하는 지름길이다.

베커의 영웅주의 분석이 갖는 또 하나의 독창성은 현대의 영웅주의가 강력한 권력자만이 아니라 '돈'이라는 물질적 표상을 통해서도 작동한다는 논리를 파헤친 점이다. 돈은 신종 '불멸성의 이데올로기'이자 물신物神이다. 돈은 현대인에게 불멸성의 단일한 상징으로서 자신의 확장과 영속성을 자기가 속한 세계의 모든 중요한 대상과 사건에 확장해서 연결시킬 수 있는 공인된 수단이다. 돈은 가시적 힘과 비가시적 힘, 즉 영웅의 권력과 불가해한 운명의 우주론적 통합이자 인간의 집단적 적대가 정제된 물신을 표상한다. 돈의 소유는 제한되지 않는 세속적 권력의 획득을 뜻하고, 이를 통해 어떤 개인이라도 우주론의 중심에 서서 두 세계를 포괄하면서 속죄를 이루고 자신의 불멸의 가치를 나타낼 수 있는 기회를 부여받는다.

돈의 획득이 경제적 권력이라는 좁은 의미를 넘어 가시적 권력에 대한 탐닉을 표상할 뿐만 아니라 속죄 및 영웅주의 논리의 방편이기도 하다는 점은 현대사회가 이러한 구조적 악의 발생 기제들을 통해 작동한다는 사실과도 부합한다. 베커는 특히 국민국가 혹은 민족국가의 차원—혹은 멈퍼드의 용어로 하자면 '거대기계'—에서 벌어지는 적대의 논리에 주목한다. 끝없는 전쟁과 반목, 대량 살상, 인종청소, 나치와 소비에트의 집단학살과 같은 끔찍하고 사악한 행위를 다시 한번 인간의 '자발적 예속성'의 차원에서 해명하고자 한다. 영웅주의는 세계가 우리의 욕망에 부합하도록 만들기 위해 모든 것을 소진하는 활동이다. 그리고 우리 모두는 동등하게 하찮고 무기력한 동물로서 우주를 강제하려고 노력하며, 세상이 우리의 충동에 봉사하게 만들기 위해 기꺼이 집단의 영웅들에 자신을 투사한다. 악은 이렇게 스스로를 영속화하려는 적극적이고 자발적인 열정을 지닌 사람의 무의식적 속죄 욕망에 기반을 두기에, 각 개인이 희생양 만들기의 집단직 환상으로부터 의식적으로 빠져나오는 일은 쉽지 않다. 따라서 그 누구라도 예루살렘의 아이히만이 되어 죄의식 없이 버젓하게 악행을 저지를 수 있다. 역설적이지만, 무수한 아이히만들에게 희생양 만들기는 속죄의 일환이기 때문이다. 국가의 이름으로 이루어지는 모든 적대와 폭력은 악을 물신화한다.

베커는 사회악의 본질을 다루는, 이 책의 핵심을 이루는 대목에서 현대 인류가 마주한 영웅주의의 문제를 과학자의 냉철한 눈으로 해명하고자 한다. 베커는 만일 우리가 마르크스주의와 정신분석의 통찰을 결합한 이상적 과학자들의 집단지성에 의탁할 수 있다면, 많은 딜레마들을 해명할 수 있으리라는 희망을 표한다. 어쩌면 그들은 "인류가 스스로 만들어낸 불행과 스스로 초래한 패배의 이유를 밝혀줄"지 모르고, "어떻게 각 사회가 그 자체로 권력과 속죄의 극화를 구현하는 영웅 시스템인지 해명해줄" 터이다. 어떻게 자발적 예속성이 인간의 독특한 아름다움이자 파괴적 악마주의를 만들어내는지, 나아가 어떻게 세상에 절대적 순수성과 선량함을 도입하려는 인간의 오래된 욕망이 인류의 파국을 몰고 왔는지 알려 줄지 모른다.

하지만 베커가 묘사한 불멸의 유토피아, 다시 말해 인류의 오래된 불온한 꿈은 인간의 본성에 대한 새로운 이해와 수용이 없이는 불가능할 터이다. 따라서 인간은 본래 선한 존재이기에 순수성을 억압하는 제도와 구조가 근본 문제라고 보는 이른바 '진보적' 입장과 인간 생명체의 핵심에 악의 본능이 자리 잡고 있기에 사회는 적절한 악의 통제를 위해 반드시 필요하다는 보수적 태도는 베커에게 같은 동전의 양면일 따름이다. 사실 베커에게 인간의 본성에 대한 물음의 더 본질적 측면은 인간의 '공격성'을 어떻게 이해하고 개념화할 것인가의 문제이다. 그리고 이 문제는 인간악을 이론적으로 해명하는 과제와 직결된다. 베커의 잠정적 결론은 악의 추동력이 "정당한 자기 확장과 영속화를 향한 인간의 갈망"이라는 관점이다.

> 악을 초래하는 가장 커다란 원인은 모든 인간적 동기를 하나의 거대한 역설에 포함시켰다. 선과 악은 너무도 분리 불가능하게 얽혀 있어서 구별할 수 없다. 악은 선을 낳고, 선한 동기는 악을 낳는 듯하다. 그 역설은 **악에 대한 영웅적 승리를 추구하는 인간의 충동으로부터 악이 발원한다**는 점이다. 인간을 가장 괴롭히는 악은 자신의 취약성 vulnerability이다. 인간은 자기 삶의 절대적 의미를, 우주 속에서 그 의미의 중요성을 보장하는 일에 무력해 보인다. 따라서 인간은 **이 삶과 이 세계에서** 자신의 우주적 영웅주의를 완수하려 노력함으로써, 악의 창궐을 보장한다.(본문 242쪽)

속죄와 영웅 시스템이 죄를 길어 내고 희생양을 만들 듯, 동물성과 유한성, 즉 죽음과 고통에 결부된 인간의 존재론적 취약성을 극복하려는 인간의 모든 욕망과 영웅적 행위는 아이러니하게도 사회적 악의 생산으로 귀착된다. 이 기막힌 역설에 기반을 두지 못하는 모든 인간해방의 논리는 또 다른 악의 진원지가 된다. 집단에 귀속하려는 인간의 욕망 역시 동일한 역설에 근거한다. 개별 주체가 자발적으로 집단에 스스로를 바치는 이유는 그 집단의 불멸성을 동일시하고 공유함으로써 자신의 상징적 영속성을 보장받고 싶어 하는 욕망 때문이다. 베커가 힘주어 강조하듯, "인간은 죽지 않기 위해서 기꺼이 죽으려 한다."

이 불온한 인류의 꿈에서 불온성을 제거하여 유토피아의 희망으로 발전시킬 수 있는 전망을 어디서 찾을 수 있을까. 베커는 사회이론의 통합을 하나의 방법으로 제시하면서 과학적 합의에 커다란 기대를 건다. 이 합의가 "파괴적이지 않지만 승리를 구가하는 유형의 사회 시스템을 위한 설계"에 뜻을 모으는 것인 한 베커는 그가 비판적으로 검토해 온 계몽주의의 전통에 맥을 두고 있다고 봐야겠다. 이 합의의 창출은 인간에게 스스로가 초래하는 악을 내적으로 관리하고 통제할 '면역 시스템'의 구축을 지향하는데, 그 최종 목표는 "인간의 가장 저급한 동기들을 고려에 넣는 사회적 이상"의 산출이다. 다시 말해, 타고난 취약성을 속죄하는 일환으로 행해졌던 모든 인간적 증오와 적대의 대상을 "어떤 특수한 계급이나 인종"이 아니라 "가난, 질병, 억압, 자연재해 등의 현실적 사태," 혹은 더 나아가 '기후변화'와 '자본주의 사회생태계' 같은 비인격적 객체로 향하게 할 수 있다. 가능한 프로젝트다.

출간된 지 오랜 시간이 지났음에도 베커의 입장과 인류학 이론은 현재의 상황에 여러모로 적용 가능한 현실 판단의 지침을 준다. 왜 트럼프와 같은 포퓰리즘적 지도자에 대중들이 열광하는지, 그런 집단의 우두머리가 어떻게 대중들의 속죄 욕망을 활용하여 영웅주의 시스템을 작동하는지 생생하게 이해할 수 있는 실마리를 제공한다. 그뿐만 아니라 기후변화와 핵전쟁의 위협을 알면서도 왜 인간들이 불편과 고통을 감수하면서도 자본의 논리를 기꺼이 따르고 기술의 노예가 되어 자멸의 길을 향해 스스로 나아가는지도 설명해준다. 이런 베커의 인식에 불만 아닌 불만을 하나 보태자면, 인류의 새로운 미래를 위한 그의 구상이 너무도 인간중심적이라는 사실이다. 어쩌면 인류의 죄는 취약성을 핑계로 삼아 비인간 존재들과 지구 행성 전체를 속죄의 대상으로 삼아 온 인간중심주의의 역사 그 자체는 아닐까. 독자들의 깊은 사유를 기대한다.

이 글을 번역하면서 출판사와 편집자에 큰 신세를 졌다. 편집자는 난삽한 초고를 인내심 깊게 꼼꼼히 읽고 정성 들인 논평을 달아주어서, 원고를 수정하는 과정이 무척 수월했다. 출판사는 가르치는 본업 때문에 늘 늦어지고 뒤로 밀리는 검토와 수정작업의 더딤을 묵묵히 기다리며 응원해 주었다. 깊이 감사드린다. 초고를 넘기고 수정원고를 검토하는 사이에 서울을 벗어나 자연이 더 가까운 곳으로 집을 옮겼다. 이 인류학의 고전을 번역한 일과 더불어 최근에 내가 했던 가장 보람 있는 일이다. 그 과정을 함께한 가족들에게 고마움을 전한다.

2022년 세밑,

원주 봉산골에서 강우성

찾아보기

ㄱ

ㄴ

ㄷ

ㄹ

ㅁ

ㅂ

ㅅ

ㅈ

ㅋ

ㅌ

ㅍ

ㅎ

악에서 벗어나기

초판 1쇄 발행 | 2023년 1월 31일
초판 2쇄 발행 | 2024년 1월 15일
지 은 이 | 어니스트 베커
옮 긴 이 | 강우성
펴 낸 이 | 이은성
편 집 | 구윤희·홍원기
디 자 인 | 백지선
펴 낸 곳 | 필로소픽

주 소 | 서울시 종로구 창덕궁길 29-38, 4-5층
전 화 | (02) 883-9774
팩 스 | (02) 883-3496
이 메 일 | philosophik@naver.com
등록번호 | 제2021-000133호

ISBN 979-11-5783-287-3 93100

필로소픽은 푸른커뮤니케이션의 출판 브랜드입니다.